U0825806

Chuanbo Chaiyouji Yaodian Jie

船舶柴油机要点解

yu Chuanbo Fuji Dian-xian-mian

与船舶辅机点线面

吴增华 著
魏 安 主 审

人民交通出版社股份有限公司
China Communications Press Co.,Ltd.

内 容 提 要

本书从轮机专业中普船员和操作级船员学习、考证和工作实践的需要出发，对船舶柴油机的术语、理论、检测、调整、思辨和机损案例启示、材料应用、机型品牌等进行多方面归纳总结，以提高学员对船舶柴油机的全面认识。通过对船舶辅机各主要设备进行“重点、线索、方面”梳理，培养船员对船舶设备的科学认识，树立用“一把钥匙开不同锁”思维模式。

本书作为相关教材的必要补充，对提高船员综合素质有积极帮助。同时，对在职船员考证，亦可作为复习、提高的有效应考参考资料。

图书在版编目(CIP)数据

船舶柴油机要点解与船舶辅机点线面 / 吴增华著. — 北京：人民交通出版社股份有限公司，2019.8

ISBN 978-7-114-15775-2

Ⅰ.①船… Ⅱ.①吴… Ⅲ.①船用柴油机 ②船舶辅机 Ⅳ.①U664.121 ②U664.5

中国版本图书馆 CIP 数据核字(2019)第 179534 号

书　　名：船舶柴油机要点解与船舶辅机点线面
著 作 者：吴增华
责任编辑：张征宇　郭晓旭
责任校对：孙国靖　扈　婕
责任印制：张　凯
出版发行：人民交通出版社股份有限公司
地　　址：(100011)北京市朝阳区安定门外外馆斜街3号
网　　址：http://www.ccpress.com.cn
销售电话：(010)59757973
总 经 销：人民交通出版社股份有限公司发行部
经　　销：各地新华书店
印　　刷：北京鑫正大印刷有限公司
开　　本：787×1092　1/16
印　　张：14.25
字　　数：312千
版　　次：2019年8月　第1版
印　　次：2019年8月　第1次印刷
书　　号：ISBN 978-7-114-15775-2
定　　价：35.00元

序

习近平总书记强调，经济要发展，国家要强大，交通特别是海运首先要强起来。作为建设海洋强国的国家队、主力军，一直以来，中国远洋海运集团对船员素质都有着高标准、严要求。我们深知，船员素质高低取决于教育培训质量，高质量的教育培训需依靠一大批教学艺术精湛的航海教师，所以，当吴增华老师把书稿给我要我做个序时，我是十分乐意和欣慰的！一来，我曾任海运技校校长，作为老同事我们一起为提高船员素质奋斗过；二来，目前我仍然在航运一线工作，深知提高船员素质的重要性和紧迫性。

"施教之功，贵在引导，要在转化，妙在开窍"。吴老师这本力作思路创新，居高临下对专业主课进行层层剖析，逐个解答难点，有效联系实际，所用素材、案例、图片、问题，都是多年教学经验的积累，结合中普船员和操作级船员学习、考证和船上工作实际需要，针对性强，相信是一本十分实用、好用的教辅资料，结合到相关教学中去，必定能有效提高学员专业理论知识和实操技能，促进船员综合素质提高。

我知道吴老师是勤奋实干的人，又善于总结提高，以前他撰写教学论文，几乎年年得奖，专业建设更是把好手，出过大力。现在写出这本专业著作，业务水平又上了一个新台阶！

张景华

2019 年 6 月 20 日

前言

船舶轮机专业的学员，在学完柴油机理论、实操后，往往感觉知识、技能内容很多，既深又广，且繁杂锁碎，缺乏共性规律体现，亟须对各知识体系进行系统归纳和总结梳理。因此，如何提高学员的科学思辨和应考水平，提高解决实际问题的能力，也是教师要面对并加以解决的"问题"。基于这个考虑，本人以大型船舶的主机、发电原动机为对象，对船舶柴油机重要知识、技能的术语概念、主要理论、重要数据、零件材料、品牌代号、测量调整、管理原则和相关案例，进行归纳、解析，从多个角度梳理知识，以利读者更好地掌握其规律和联系，对柴油机进行总体把握。

同时，船舶辅机内容包括船上主机之外的所有机械设备，包罗万象，繁杂分散，各种设备独立成章，联系甚少。为帮助学生找到联系的纽带，避免机械、空洞乏味地记忆，本人在多年的教学实践中，总结出"点、线、面"教学法："点"就是抓住重点，突出重点，讲透重点；"线"就是要帮助学生在学习各章内容时，形成正确的思路串成有机的一条联系线，避免死记硬背，同时要注意线中各环的逻辑关系，碰到疑难问题应能从已知的上环或再上环推演，顺藤摸瓜；"面"指针对课题，在"线"的基础上，从不同的侧面去加深认识，丰富已知，即主干形成后，再添枝叶，逐渐达到"成竹在胸"的境界。学员利用这一方法去学习，可以培养科学、严密的思维范式，想得透、记得牢。

本书分两篇，第一篇分六章，主要内容包括柴油机专用术语与数据，柴油机重要概念与理论，柴油机重要测量与调整，船舶柴油机相关思辨与机损案例，柴油机主要零件使用材料总结，船舶柴油机主要品牌等。第二篇分八章，主要内容包括船用泵及其管路系统，分油机，船用活塞式空压机，船舶制冷与空调，船舶辅助锅炉，船舶海水淡化装置，液压舵机，起货机、起锚机、绞缆机等。

对柴油发动机这一重要设备，从多方面进行系统的知识、技能归纳、梳理，找出其规律性、相关性、系统性，得出有实用价值的结论，运用于学习，备用于考试，应用于实际操控，利于学员业务水平的有效提高，是第二篇的思维方法。

对八种船舶辅助设备，应用同一个"套路"方法，深挖素材，举一反三，把繁杂的各种设备变为能用同一把钥匙打开的锁，使学员“开锁”本领显著增强，是本书第二篇的特点。

本书由广州航海学院教授魏安老师主审；中远海运散货运输有限公司广州共享中心党委书记、老校长张景华同志作序，在此表示诚挚谢意！由于作者水平有限，书中难免存有不足和错误，殷切希望广大读者批评指正。

编　者

2019 年 6 月

目录

第一篇　船舶柴油机要点解

第二篇　船舶辅机点线面

第一篇　船舶柴油机要点解

第一章
柴油机专用术语与数据

第一节　专 用 术 语

(1)**压燃式内燃机**——是内燃机的一种,通过对气缸内气体压缩,压力达3~6MPa,相应温度达600~700℃,超过柴油自燃温度210~270℃而燃烧。有别于靠火花塞点火的汽油机,并在内燃机中有最高的热效率,见图1-1、如图1-2。

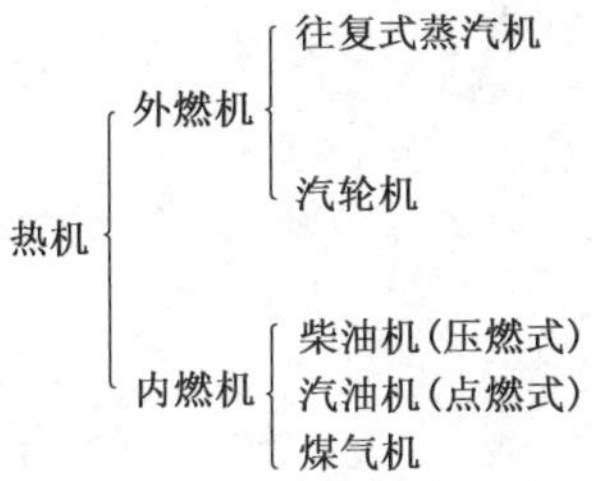

图1-1　热机分类图

图1-2　某轮船柴油发电机

(2)**冲程**(S)——又叫行程,是指活塞在气缸中的最大位移。它等于曲柄半径R的2倍,见图1-3。

(3)**压缩比**(ε)——压缩前气缸容积(即气缸总容积)与压缩后气缸容积(即燃烧室容积)之比,这也是几何压缩比。一般柴油机的压缩比为$\varepsilon=11\sim19$。机型越大,压缩比越小。高增压柴油机在过去曾一度采用低压缩比,以保证柴油机足够的机械强度。目前为提高经济性,仍然采取增大压缩比的措施,如现代大型柴油机压缩比已提高到16~19。

(4)**右旋和左旋柴油机**——观察者由柴油机功率输出端向自由端看,正车时按顺时针方向旋转的柴油机称为右旋(转)柴油机,正车时按逆时针方向旋转的柴油机称为左旋柴油机,见图1-4。

某些船舶的推进装置采用双机双推进装置。在这种船舶上,由艉部向艏部看,布置在机舱右舷的柴油机为右旋柴油机,亦称右机;布置在机舱左舷的柴油机为左旋柴油机,亦称左机。在这种动力装置中,为便于操纵管理,右机的操纵侧即凸轮轴侧布置在柴油机左侧(内侧),而排气侧布置在右侧;左机的操纵侧布置在柴油机的右侧(内侧)。

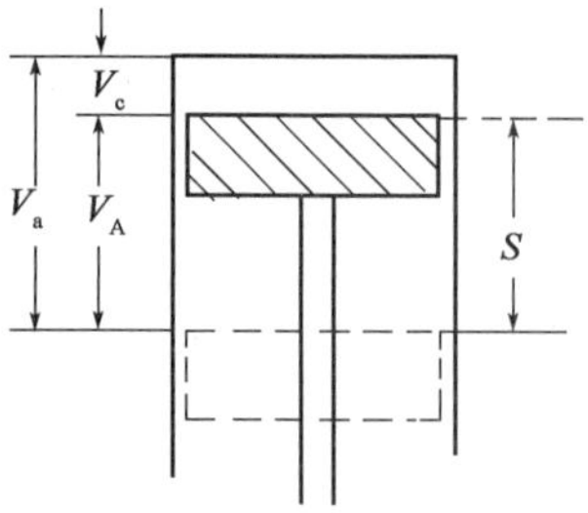

图 1-3　冲程示意图

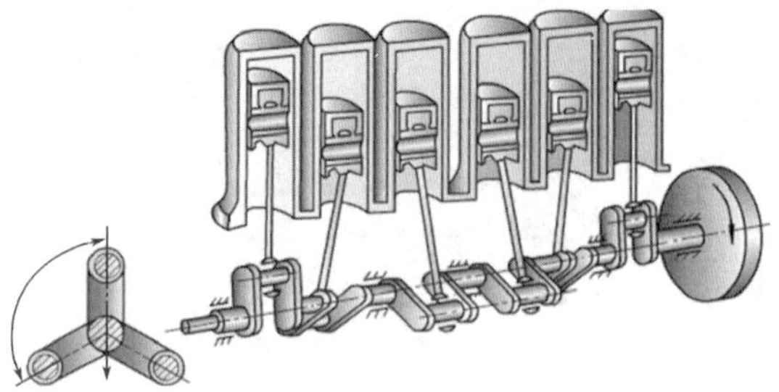

图 1-4　曲轴回转,左旋柴油机

单台布置的船舶主柴油机通常均为右旋柴油机。

(5)**曲柄角**——也叫曲轴转角(CA),一般规定上止点为零度,按正车方向,旋转一周为360°CA,见图 1-5。

a)柴油机飞轮外形

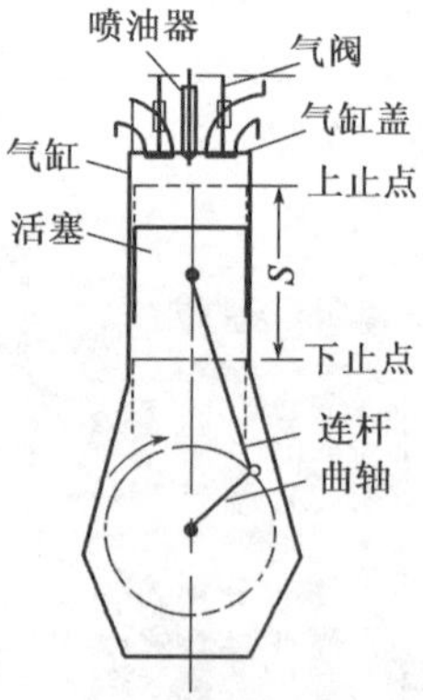

b)曲轴旋转图

图 1-5　曲轴转角示意图

(6)**柴油机正时**——与柴油机工作循环相关的各种阀件的启闭时刻叫正时,用曲柄偏离上(或)下止点的角度表示,它包括气阀正时、喷油正时、起动正时等。把各种正时反映在一个图上,就构成了柴油机的正时图,见图 1-6。

(7)**正时齿轮**——由曲轴驱动,决定配气、喷油、起动等正时的齿轮,它由曲轴齿轮、中间齿轮和凸轮轴齿轮等组成,在齿轮上刻有定时记号,以便拆卸后装复时不至弄错,见图 1-7 所示。

(8)**气阀重叠角**——柴油机工作时,进气阀会提前开启,排气阀要迟后关闭,因此,进、排气过程在上止点前后必然存在部分重叠,即进、排气阀同时开启状态。这段进、排气阀在上止点前后同时开启状态的曲轴转角,称为气阀重叠角。

在气阀叠开期间,进气管、燃烧室、排气管三者连通一起。这时由于进气压力高于排气压力以及排气气流的抽吸作用,新鲜空气由进气管进入燃烧室。一方面新鲜空气将燃烧室中残存的废气清扫到机外;另一方面新鲜冷空气对燃烧室壁面进行了冷却。这种冷却是很可贵的,因为它冷却了由冷却水难以冷却到的一些高温燃烧室壁面;在气阀叠开期间,新鲜空气对燃烧室的清扫称为燃烧室扫气。因进气压力高,增压机的气阀重叠角大于普通机,所以才存在燃烧室扫气的可能。

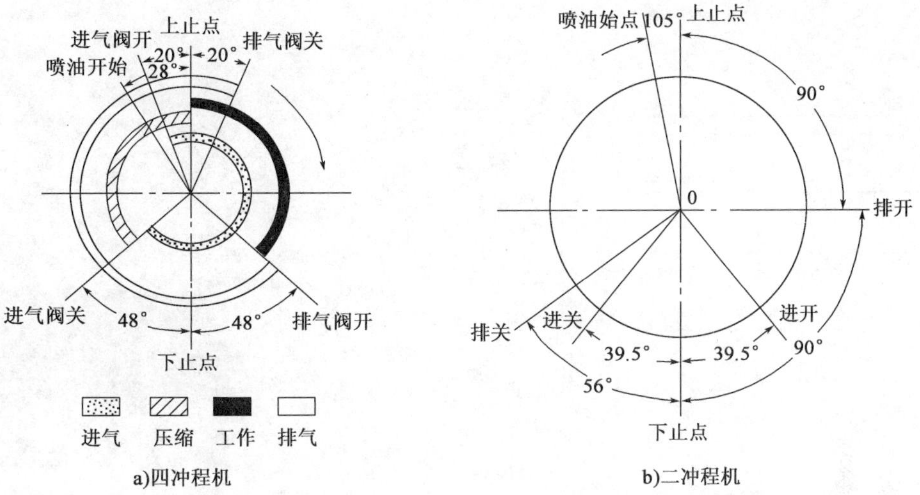

图 1-6　四冲程机与二冲程机气阀定时图

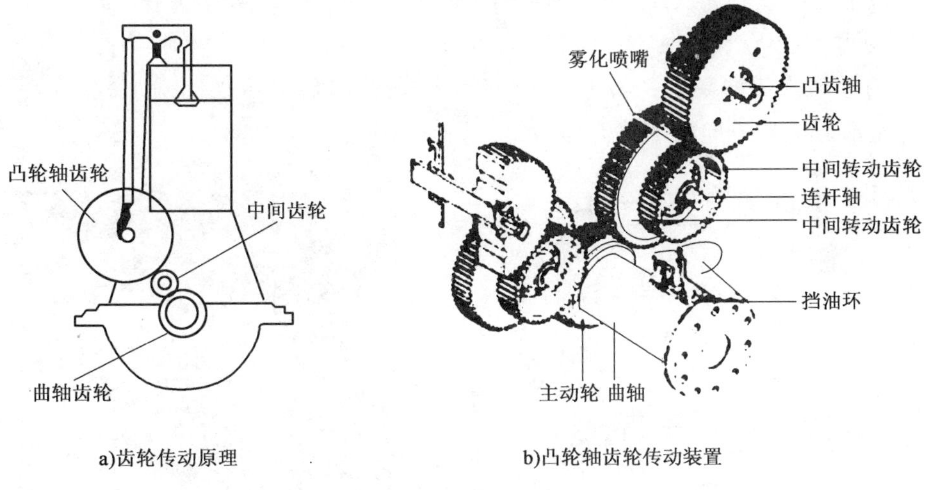

图 1-7　柴油机正时齿轮示意图

(9)**扭曲环**——从活塞环断面看,环被切掉一角,由于环断面不规整,环产生扭曲,故称扭曲环,见图 1-8。内切口扭曲环是将内侧上角切去,外切口扭曲环是将外侧下角切去。工作时环在环槽中始终保持倾斜状态,提高了环的磨合性、密封性和刮油能力。安装时常将内切槽环放在第一道,以利润滑。

(10)**承磨环**——十字头式活塞上的承磨环(也称减磨环,图 1-9)是专为改善活塞与气缸套的磨合而设置的。超短裙活塞可不装承磨环,短裙活塞装 1 ~ 2 道承磨环,长裙活塞装 2 ~ 4

道承磨环。通常,承磨环由青铜材料制造,直径比活塞裙部的直径大。在磨合中,先是承磨环与气缸套磨合,待承磨环逐渐磨平后,磨合过的气缸套再与活塞裙逐渐接触进行磨合。因此,承磨环的作用就是加速气缸磨合。

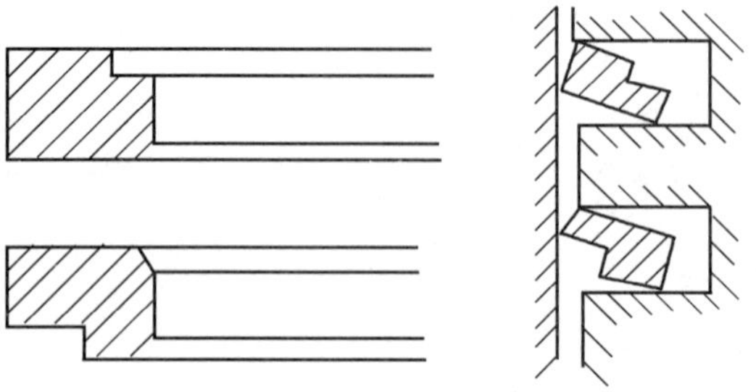
a)扭曲环断面　b)扭曲环工作中

图 1-8　扭曲环

图 1-9　十字头式活塞上的承磨环

在使用中如发现承磨环已经磨平,可不必马上换新。缸套有不正常的磨损和擦伤,或当承磨环出现单边严重磨损或碎裂时,则在对气缸套进行修整的同时换下承磨环,当气缸套、活塞换新时,承磨环亦应予以换新。

(11)**浮动式活塞销**——热车后,销可在销座孔内自由转动的活塞销,叫浮动式活塞销。其优点是沿着圆周方向活塞销磨损均匀,见图 1-10。

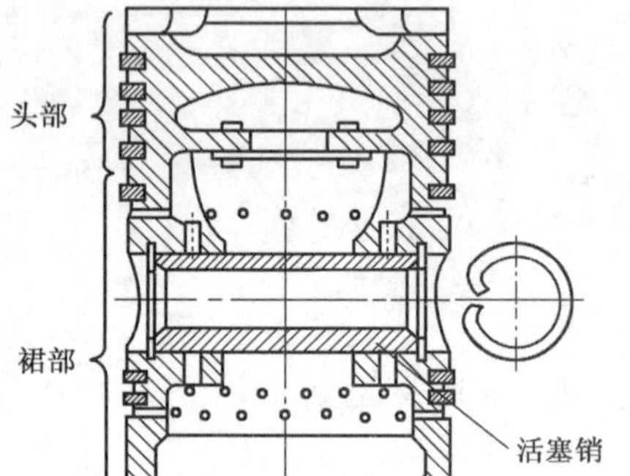

a)活塞销装配图

b)活塞销立体图

图 1-10　浮动式活塞销

(12)**冷却式活塞**——即轴向散热型,使用冷却介质(如淡水、滑油)对活塞顶内腔进行强制冷却的活塞。在此类活塞中,为保证大部分热量从轴向散热,活塞顶采用薄壁结构。同时为减小径向散热,保护第一道活塞环温度不致太高而使活塞顶部内腔环带的过渡圆角半径较小,并有时在第一环上方的活塞头外圆表面车制一道隔热环槽。此种活塞广泛用于大、中型柴油机。

筒形柴油机活塞的冷却方式大致可分为以下三种：

①自由喷射冷却。润滑油在压力作用下通过在曲轴、连杆中的钻孔，由主轴承经此孔道送至连杆小端，再经连杆小端上部的喷嘴喷出冷却活塞顶，然后落入曲轴箱。此种冷却方式多用在强化程度不高的小型柴油机中。

②循环冷却。借助于专设的冷却机构把压力润滑油送入活塞顶内腔中循环冷却（先周围，后中部）。此时需在活塞顶内部设循环腔或埋入蛇形管。此种冷却方式可对活塞顶部进行均匀而有效的冷却，但对强化程度很高的现代柴油机仍不能满足要求。

③振荡冷却。在活塞顶内腔中设置大容积的冷却空间，并利用进、出口位置不同，保证冷却腔中的冷却液只充满 40% ~60%，并以一定的循环速度流过。由于活塞运动的往复惯性力，使得冷却液在腔室中产生上下冲刷振荡，加强对活塞顶的冷却作用。此种振荡速度（与活塞平均速度同量级）与冷却液循环流速叠加可产生较大的冷却液速度，加强了冷却液的扰动作用，从而提高了对活塞顶的冷却效果，因而在大、中型强载柴油机上普遍采用。

（13）**平衡块**——指在缸数较少的柴油机中，用于平衡曲柄偏心质量产生的离心力而设置的配重，见图 1-11。

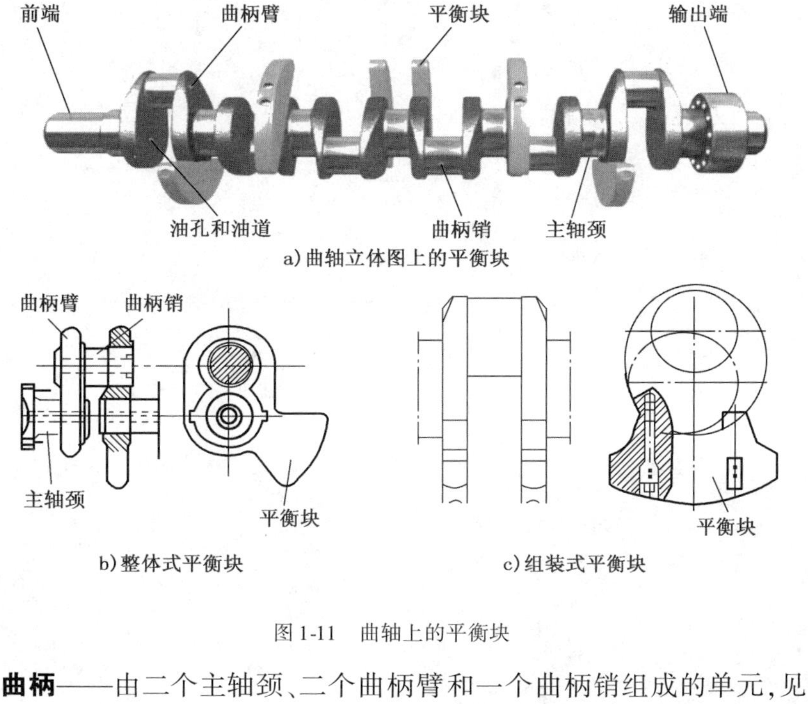

a）曲轴立体图上的平衡块

b）整体式平衡块　　c）组装式平衡块

图 1-11　曲轴上的平衡块

（14）**单位曲柄**——由二个主轴颈、二个曲柄臂和一个曲柄销组成的单元，见图 1-12。多缸柴油机曲轴可看成是由若干个单位曲柄构成，对分析研究曲轴工作带来便利。

（15）**拐档差**——曲柄在上、下止点（或左、右水平位置）的拐档值之差称为拐档差，又称开档差、臂距差，用来判断曲轴实际直线度。曲轴的拐档差越大，曲轴弯曲变形越严重。

（16）**组合式曲轴**——将曲轴的不同部分分开制造，然后运用一定的连接工艺将之连为一个整体的曲轴称组合式曲轴，见图 1-13。组合式曲轴普遍应用于大型低速柴油机中，采用组合式主要是为了制造方便,解决曲轴制造设备能力的限制问题。曲轴的组合方式可分为套合式和焊接式两种,其中套合式曲轴的套合方法除红套外,还有冷套方法。

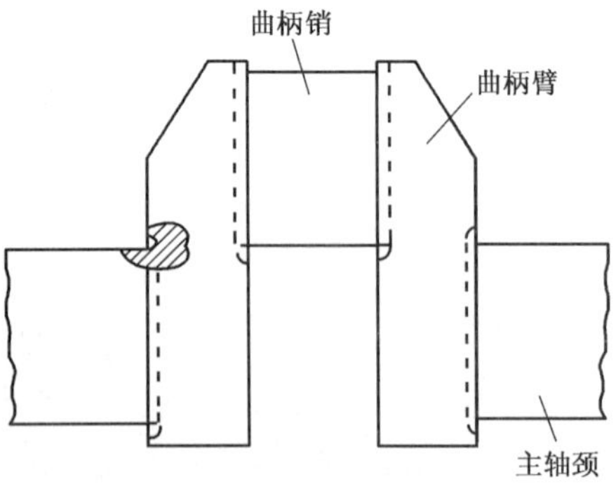

图 1-12　单位曲柄

图 1-13　组合式曲轴

(17)**曲轴红套滑移**——组合式或半组合式曲轴的主轴颈与曲柄臂套合处相对位置发生错动的现象称为曲轴红套滑移。曲轴红套滑移将直接影响滑移曲柄以后各缸的定时、燃烧和功率。滑移方向即滑移曲柄相对主轴颈转动方向不同将使曲柄夹角增大或减小。

曲轴红套滑移的产生主要是由于曲轴受到过大的冲击扭转作用。过大的转矩超过了曲柄臂对主轴颈的紧固力,就会产生松动和相对运动。航行中螺旋桨打到礁石、缆绳、冰块或气缸中发生咬缸、水击、超负荷等,都会产生过大的转矩;曲轴红套质量不佳,如过盈量太小、加热温度不足、配合表面太粗糙或不清洁等均会使紧固力不足,即便正常运转也会产生滑移。

曲轴红套滑移的检查:曲轴发生红套滑移时的征兆是柴油机气缸定时不正,严重时有后燃、冒黑烟现象;柴油机剧烈振动;停车后再不能起动等。

(18)**薄壁轴瓦**——高速机常用,内浇 0.5mm 厚的合金,见图 1-14。薄壁轴瓦最大特点是疲劳强度高,造价低,互换性好。厚壁轴瓦为中速机常用,内浇 2 ~ 5mm 厚的合金。

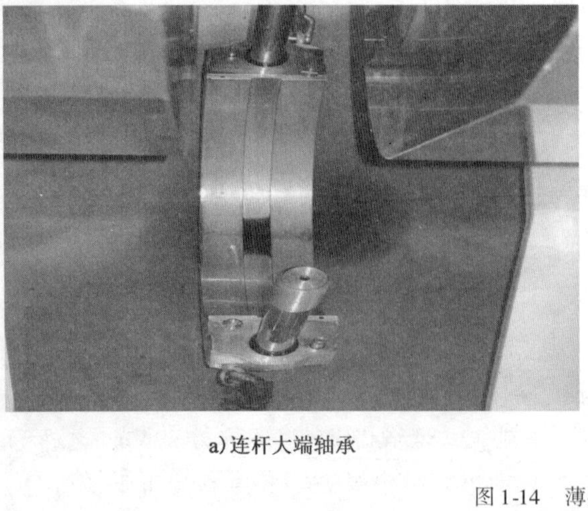

a)连杆大端轴承

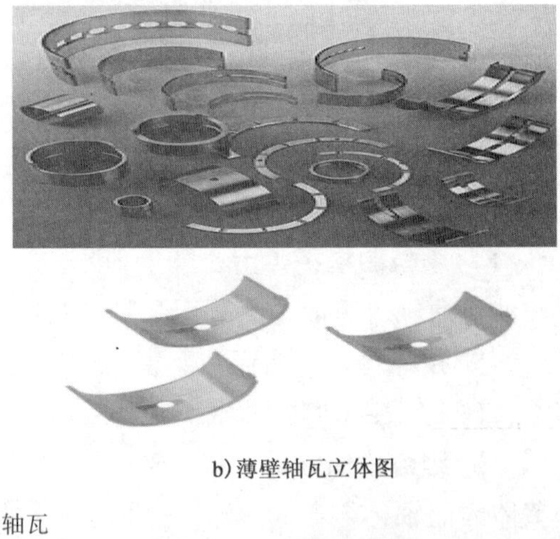

b)薄壁轴瓦立体图

图 1-14　薄壁轴瓦

(19)**倒挂式主轴承**——现代筒形柴油机为了减轻质量,在结构上普遍采用无机座结构。即将气缸体和机架做成一体,将轴承座布置在机体的横梁上,用螺栓把轴承盖倒挂在机体上以支承曲轴,这种结构称为倒挂式主轴承,如图1-15所示。

采用倒挂式主轴承可以省去机座,机体底部只需装一个轻便的油底壳,这样,可以减轻柴油机的质量和缩小柴油机的尺寸。

这种结构广泛地应用在高、中速柴油机中,也是当前筒形活塞柴油机的主流结构。由于轴承盖受到气体力和惯性力的作用,轴承盖和其连接螺栓应该有足够高的疲劳强度。对于中、小型柴油机,倒挂式主轴承的轴承盖只采用倒挂的连接螺栓固紧,见图1-15a)。对于大功率中速机,轴承盖除用倒挂螺栓紧固到机体上之外,还用横向螺栓把轴承盖侧面与机架紧固到一起,使下部类似于封闭式结构,提高了主轴承和机体的刚性,避免了柴油机工作时机体下部张开而造成的较大塌腰变形,因此,可以满足柴油机增压度提高的需要,见图1-15b)。

倒挂式主轴承结构在拆装和维修曲轴时,需将整个机体倒置,故维修不太方便。

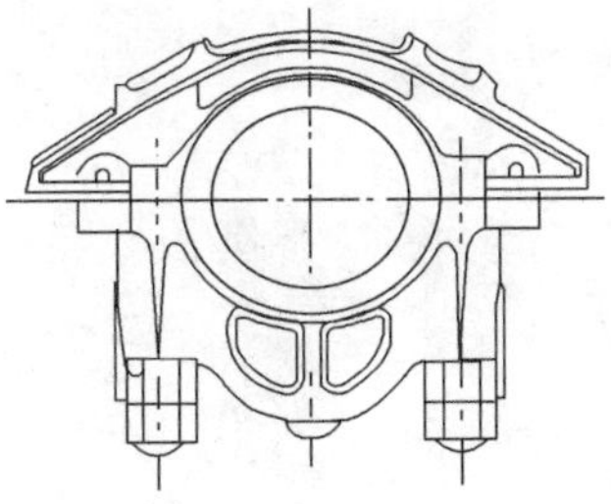
a)倒挂式主轴承例一

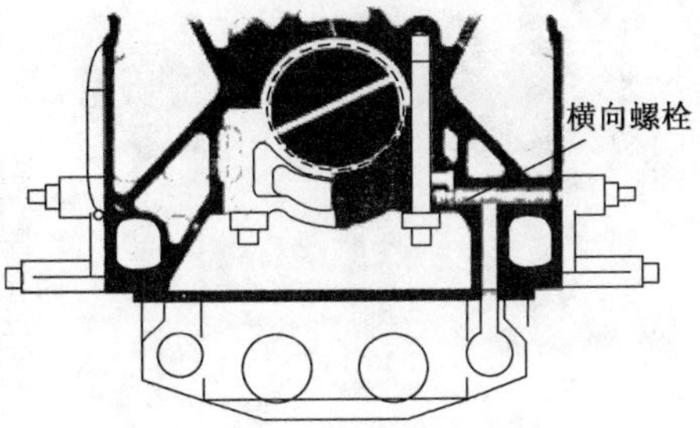

b)倒挂式主轴承例二

图1-15　倒挂式主轴承

(20)**气阀间隙**——冷车时,机械式气阀传动机构中要在摇臂端和气阀阀杆之间留有一定的间隙,以便柴油机运转时气阀机构受热后有膨胀的余地,这称为气阀间隙,如图1-16所示。没有足够的气阀间隙,气阀受热后将向气缸内伸长,变成不能关闭。

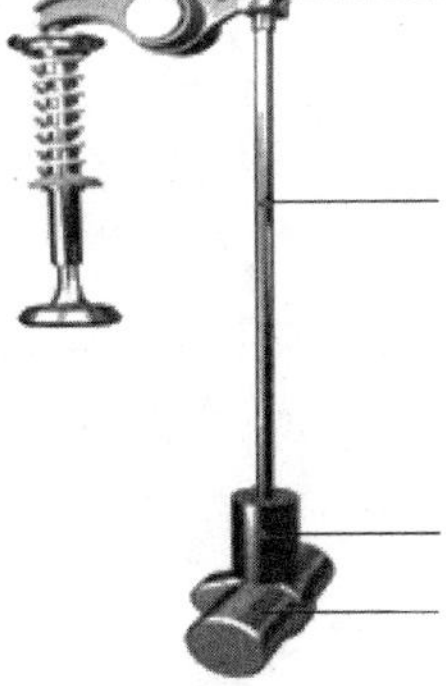

a)气阀传动机构图

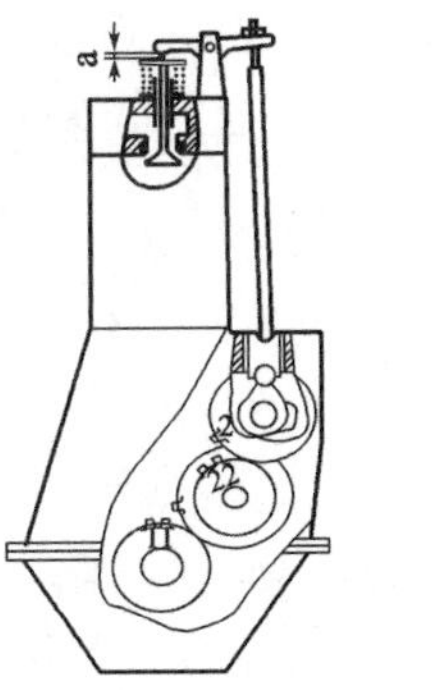

b)气阀机构装配图

图1-16　气阀间隙示意图

因为温度高、尺寸大时，气阀膨胀的数值也大，所以排气阀比进气阀、增压机比非增压机、大型机比小型机的气阀间隙大。

(21) **旋转式排气阀**——通过旋阀器作用，使排气阀一边往复运动，一边能旋转运动。气阀机构采用旋阀器的作用是可以减少气阀阀座积炭；可以使阀受热、散热均匀；可以防止阀杆、导管卡阻。

(22) **喷油提前角**——喷油瞬时与柴油机上死点之间的曲柄夹角，从5°CA 至31°CA 不等。在上死点前喷油，是考虑燃油喷入气缸后还有一个滞燃期。低速机较小，高速机较大。

(23) **供油始点**——柱塞上行中，回油孔刚被封死，燃油开始被压缩，这就是供油始点。喷油器实际的喷油始点要稍迟些。

(24) **有效行程**——柱塞上行中，图 1-17a) 图，柱塞从供油始点（上端面关闭油孔）到供油终点（斜边打开回油孔），即图 1-17 中柱塞从 b) 图移动到 c) 图位置，柱塞移动的距离。由工作原理可知，柱塞上行全程中，一头一尾的行程都是无效行程。

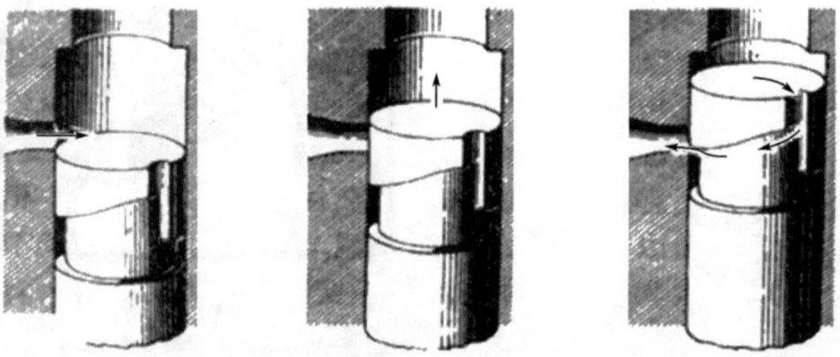

a)柱塞上行　　b)供油始点　　c)供油终点

图 1-17　柱塞泵油过程中的有效行程

(25) **零油位**——对于回油孔调节式高压油泵，柱塞直槽对准回油孔这个位置称为零油位。此时柱塞虽能往复运动，但不形成压油，有效行程为零。将加油手柄置于停车位置时，各缸应对应零油位，以保证可靠停车。

(26) **等容卸载式出油阀**——如图 1-18 中 h 为出油阀的卸载行程，阀在落座前 h 距离时已把高压油管与油泵的工作空间隔断。因阀在落座前又下行 h 距离，高压油管中的容积增大，使管中燃油压力因容积增大而迅速降低，从而能缩短燃油喷射过程的尾喷阶段。由于这种卸载容积在各种转速下都是不变的，所以叫等容卸载。

(27) **启阀压力**——喷油器开始喷射时的最低喷射压力。压力高，燃油雾化效果好，应予保证，但也不是越高越好，应调至说明书规定范围。

(28) **滞燃期**——滞燃期又称着火落后期，它从喷油开始的时刻点 a 起到混合气着火燃烧、气缸内压力明显升高偏离不喷油的纯压缩曲线的点 b 为止，见图 1-19。

(29) **后燃期**——停止喷油点 d 以后的燃烧期，也即自最高温度点至燃烧终点这段，见图 1-19。后燃期因气缸内温度开始下降，活塞下行，工质膨胀比减小，致使燃油燃烧的热效率较低。后燃的存在使排气温度提高并由此使柴油机机件的热负荷增加，冒黑烟。因此，后燃现象愈短愈好。一般柴油机在低负荷时后燃期将缩短，低速机的后燃期短于高速机。喷油器雾化不良、滴漏、气缸漏气、换气不好等，均使后燃增加。

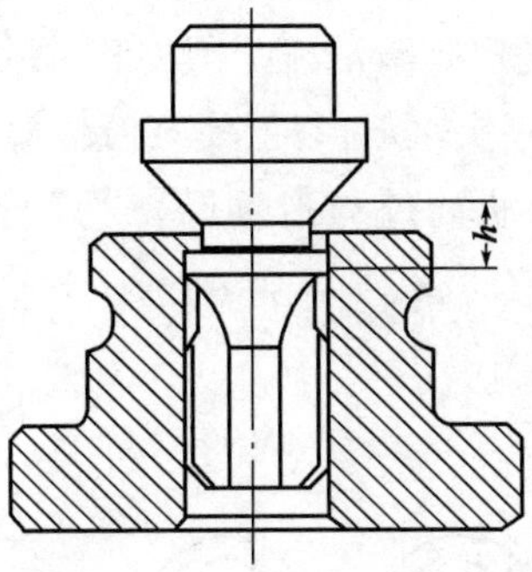

图 1-18　等容卸载式出油阀

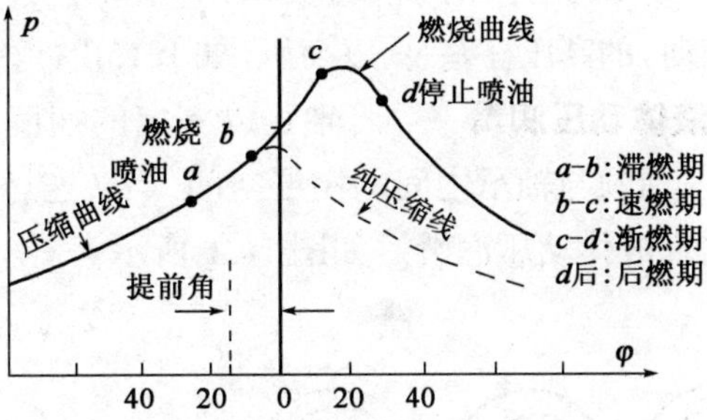

图 1-19　柴油机燃烧压力与曲柄角关系图

(30)**二次喷射**——在喷油泵供油结束,喷油器针阀落座后又第二次开启,形成再次喷射的现象称二次喷射,如图 1-20b)所示。

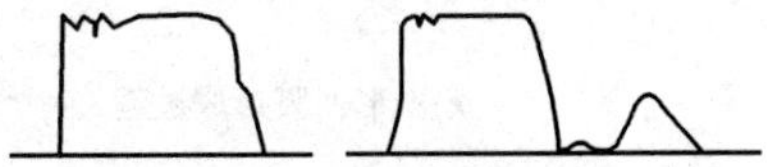

图 1-20　二次喷射压力变化图

二次喷射使喷油持续期延长,后燃严重,排温升高,零部件过热,经济性降低。同时二次喷射是燃油在很低的压力下喷入缸内,导致燃油雾化不良,排气冒黑烟,甚至喷孔积炭堵塞。

判断有无二次喷射的最可靠方法是测量喷油器针阀的升程曲线。在管理中可通过燃油消耗率增大、排温高、喷孔积炭等加以判断。

出现二次喷射的主要原因是当供油终止喷油泵出油阀落座时,隔断了高压油管与泵腔之间的通路,使泵端的燃油回流速度突然滞止为零;泵端压力由于回油速度突然滞止而上升,当该上升压力波以音速传递到喷油器端,在其压力大于针阀启阀压力时,针阀又重新开启。

产生重复喷射的具体外因是:喷油器喷孔部分堵塞;出油阀减压作用被削弱(如减压环带磨损);换用了内径和长度较大或刚性较小的高压油管;喷油器启阀压力较低等。

(31)**可变喷油正时机构**——为了提高部分负荷(多为常用负荷)的经济性,需提高其爆发压力。方法是调节其供油定时,即在部分负荷时,保证其最高爆发压力基本不变,同时在高负荷运转时又要控制其最高爆发压力不超定值。为此,需要在喷油泵中增设一套专门的供油定时调节机构,此机构在国外称为可变喷油定时机构(Variable Iection Timing Unit,简称 VIT)。

目前船用柴油机喷油泵使用的可变喷油定时(VIT)机构主要采用定时齿条机构、VIT 凸轮和柱塞头部特殊的线型等三种结构形式。

(32)**边界润滑**——金属表面能牢固地吸附润滑油中的一些分子,形成一层极薄的油膜,这层薄膜厚度通常在 0.1μm 以下,称为边界膜,由边界膜实现的润滑叫作边界润滑。

(33)**液体润滑**——两运动表面被一层一定厚度(通常为 1.5 ~ 2μm 以上)的滑油液膜完全隔开,由液膜的压力平衡外载荷。此时两运动表面不直接接触,摩擦只发生在液膜界内的滑油膜内,使表面间的干摩擦变成液体摩擦,磨损少,是一种理想的润滑状态。

(34)**液体静压润滑**——从外部向摩擦表面供给有一定压力的液体,借助于液体的静压力产生油膜以平衡外载荷为液体静压润滑。如二冲程柴油机的十字头轴承，由于其工作特点使它难以实现液体动压润滑，为了提高它的工作可靠性，措施之一是提高滑油压力或专设一个由十字头带动(或电动)的高压柱塞泵，以高压(如 1.1MPa)直接向十字头轴承供油，实现液体静压润滑。

(35)**液体动压润滑**——若轴颈以一定的速度回转，借助轴颈与滑油摩擦力的作用，滑油被携带进入轴颈与轴承之间的楔形空间，当转速达到一定值时，楔形空间的油压就会使轴颈偏心浮起，实现液体动压润滑。如图 1-21 所示。

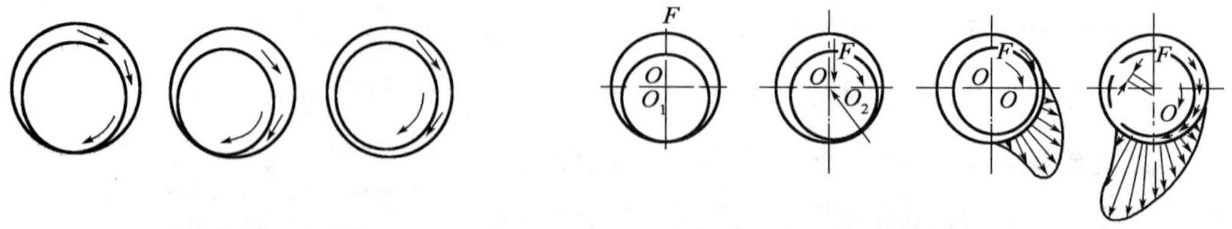

a)楔形油膜形成过程　　b)动压润滑压力示意图

图 1-21　液体动压润滑油膜(楔形油膜)形成过程

(36)**拉缸**——指活塞环与气缸套，或活塞(常为裙部)与气缸套之间，两个相对运动的表面的相互作用而造成的表面损伤。这种损伤在程度上有所不同，故可分为划伤、拉缸和咬缸，但在广义上我们统称为拉缸。

由于柴油机强化程度的提高、超长行程的发生和劣质燃油的使用，使柴油机的活塞、活塞环、气缸套等燃烧室的部件在十分恶劣的条件下工作，这往往会引起初期磨合不良，从而造成拉缸问题。

(37)**开式冷却**——只有一套外来冷却水系统，冷却水从外引来，冷却柴油机后排出机外，即“外来外去”，如图 1-22 所示。必要时可引回部分机后排出水以调节水温。特点是简单，多在内河或陆地小型机、海船救生艇、应急消防泵柴油机使用。

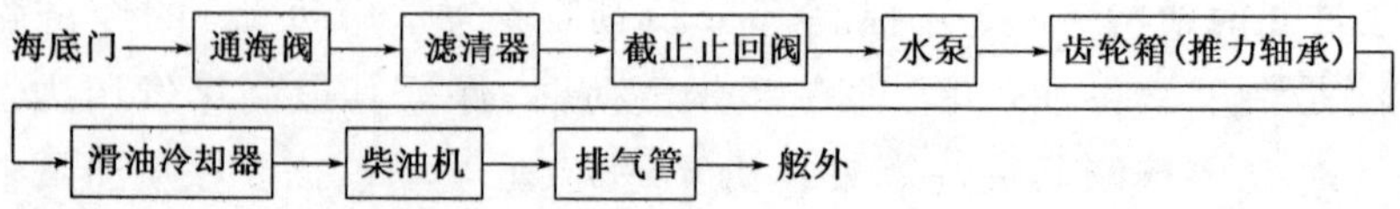

图 1-22　开式(海水)冷却系统框图

(38)**闭式冷却**——一套淡水系统，一套海水系统，因淡水冷却柴油机，海水冷却淡水，实现对外散热，淡水是机内封闭循环，所以要设高位膨胀水箱，如图 1-23 所示。特点是比较完善，常用于海船主机、发电柴油机。

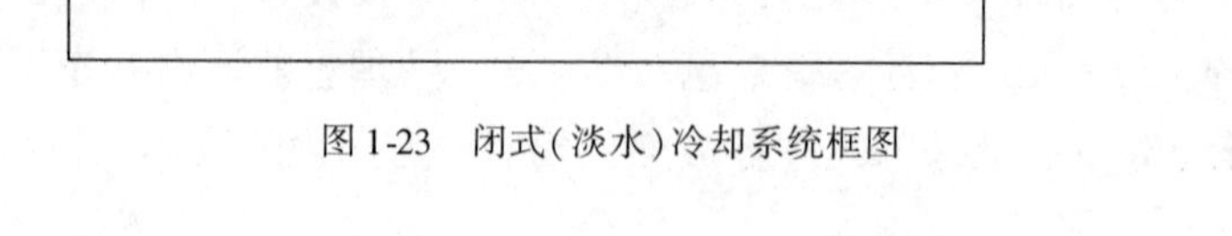

图 1-23　闭式(淡水)冷却系统框图

(39)**湿式润滑**——润滑后的机油汇集到曲轴箱油底壳,后又抽去进行系统润滑。柴油机油底壳起到了循环柜的作用,如图 1-24 所示,常用于中、小型柴油机。

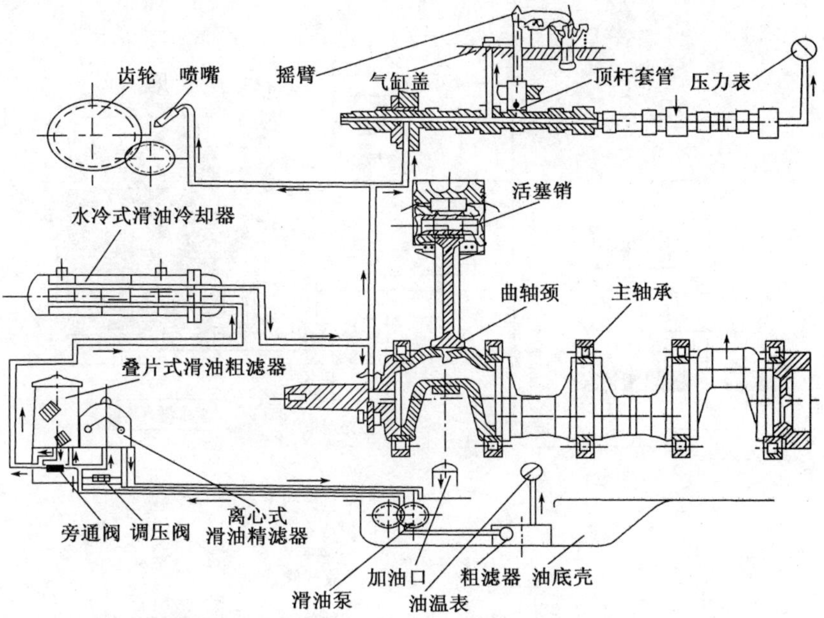

a) 135型柴油机湿式润滑系统

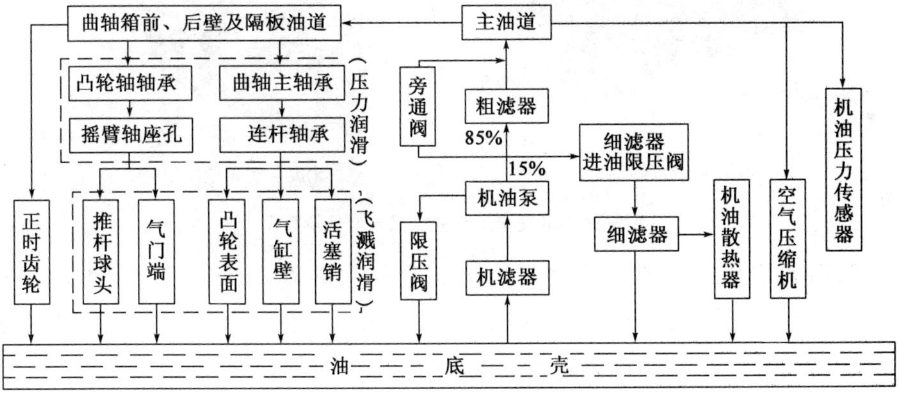

b) 湿式润滑系统对应框图

图 1-24　135 柴油机湿式润滑系统

(40)**干式润滑**——专设滑油循环柜,润滑后的油汇集到曲轴箱油底壳,后被泵进循环柜内集中积聚,然后再泵去进行系统润滑。因油底壳不积聚油,故称干式润滑,见图 1-25。当船舶摇摆时,由于曲轴箱内润滑油量少,滑油振荡对曲轴箱锤击力小。船舶倾斜时,压力泵仍能从滑油循环柜吸入滑油,保证了柴油机的润滑油供应。常用于大、中型柴油机。

(41)**机械增压**——直接由柴油机本身驱动压气机的增压方式,如图 1-26a)所示。随着增压压力的提高,柴油机所消耗的功率随之增大,因此,机械增压只适于增压压力小于(0.15 ~ 0.17) $\times 10^3$kPa 的低增压柴油机。

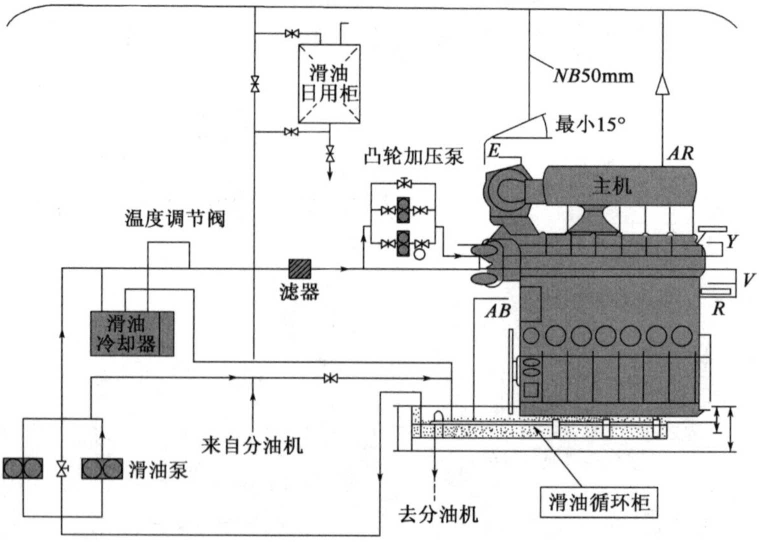

图 1-25　大、中型柴油机干式润滑系统

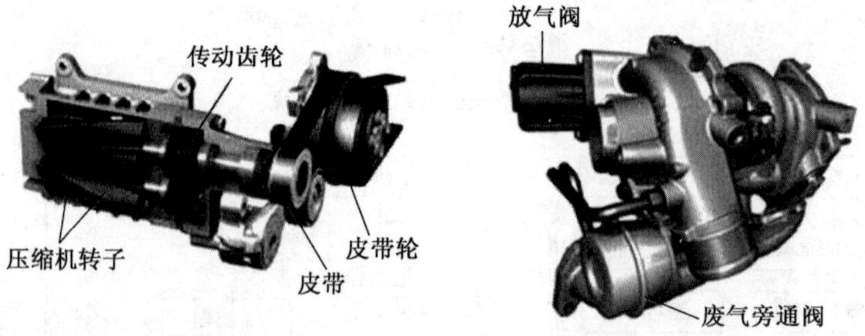

a)机械增压图　　b)废弃涡轮增压图

图 1-26　机械增压与废气涡轮增压示意图

(42)**废气涡轮增压**——利用柴油机排出的废气吹动涡轮机，由涡轮机带动压气机，如图 1-26b)所示。这不仅提高了柴油机的功率，还利用了废气能量，提高了动力装置的经济性。

(43)**定压增压**——结构特点是所有各缸的排气支管都接到一根排气总管上。排气总管的容积足够大，以致各缸排气进入总管时只起微小的压力波动，总管中的废气去驱动增压器。如图 1-27a)所示。

(44)**脉冲增压**——结构特点是各缸排气管经过分组直接与废气涡轮相连，中间没有容积很大的排气总管，各缸的排气支管及与涡轮的连接管做得短而细，以减小其容积。由于排气管容积相当小，排气阀与排气口开启后，排气管中的压力因废气的冲入而迅速提高，在排气管中形成所谓的脉冲压力波，能使脉冲动能直接被涡轮利用，故叫脉冲增压。如图 1-27b)所示。脉冲涡轮增压在设计良好的情况下，可以利用脉冲动能的 40% ~50%。

(45)**扩压器**——气体由流道截面较小的一端进入，前进一段距离后由截面较大的一端排出，产生流速减小、压力增加的效应器，如图1-28。即把图1-30所示的流体流动方向倒过来。增压器中由扩压器把新鲜空气速度能降下来，转化为更高的压力供入柴油机。

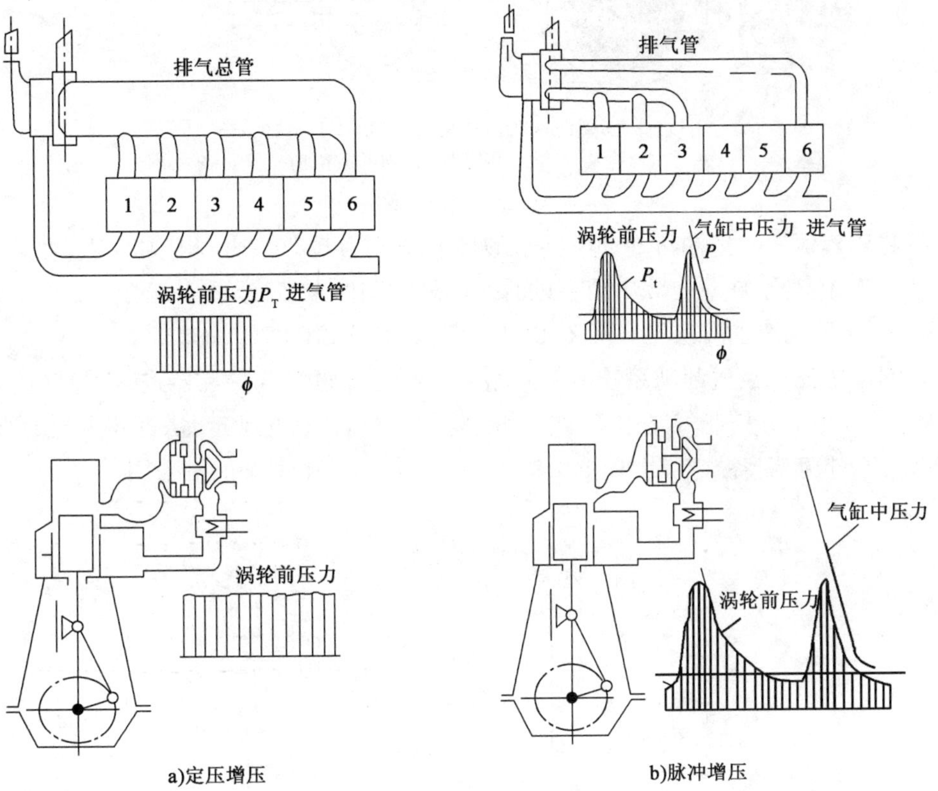

图1-27　废气涡轮定压增压与废气涡轮脉冲增压

(46)**喷嘴环**——与扩压器相反，气体由流道截面较大的一端进入，前进一段距离后由截面较小的一端排出，产生流速增加、压力减小的效应器，如图1-29、图1-30所示。增压器中的废气，就是由喷嘴环把废气压力能转化为更大速度能去冲击涡轮使其高速旋转的部件。

图1-28　扩压器

图1-29　喷嘴环

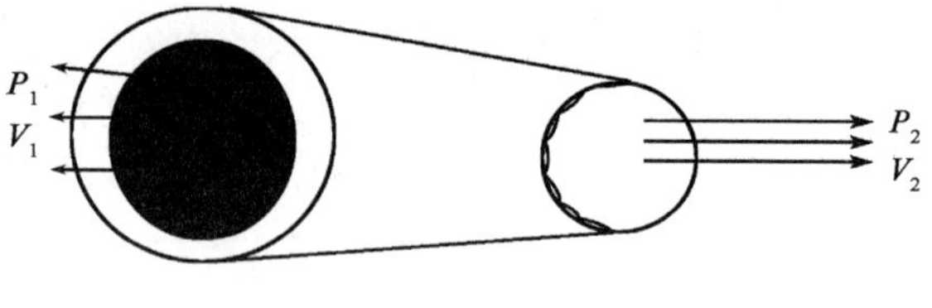

图 1-30 喷管原理图

(47)**起动转速**——柴油机起动所要求的最低转速为起动转速。因为转速太低时,压缩过程进行缓慢,气体对气缸壁的散热和通过活塞环处的漏泄较多,致使压缩终点温度下降。压缩终点温度低,达不到燃油自燃发火的要求,柴油机也不可能自行转动起来。

(48)**间接式压缩空气起动系统**——主路空气不是经过空气分配器进入气缸,而是留在主起动阀旁,只有小部分控制气路连入空气分配器,去控制各缸起动定时,打开主起动阀,才让主路空气进入气缸,实现各缸起动,如图 1-31 所示。常在大、中型柴油机采用。

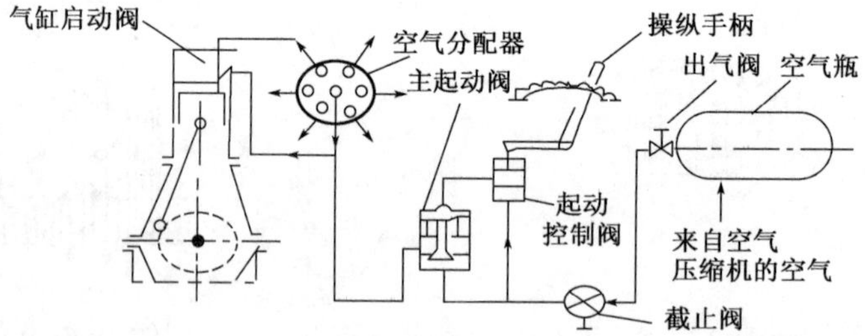

图 1-31 间接式压缩空气起动系统

(49)**全制式调速器**——在从最低稳定转速到最高转速的全部运转范围内,均能自动调节油量以保持任一设定转速不变,这样的调速器称全制式调速器,见图 1-32。这种调速器广泛用于船舶主机及柴油发电机组。

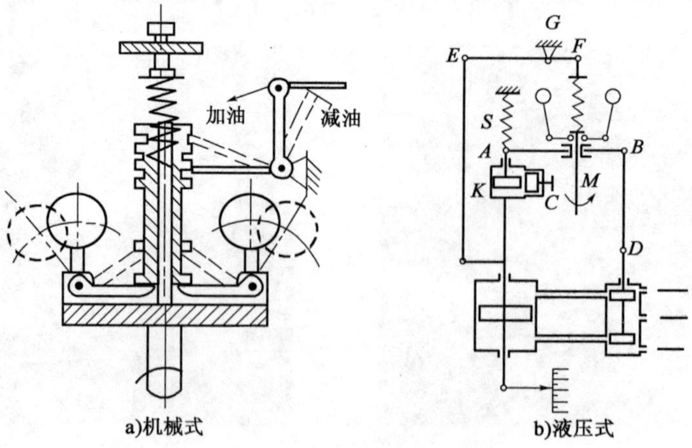

图 1-32 机械式与液压式全制式调速器

(50)**示功图**——是气缸内工质压力随气缸容积或曲轴转角变化的图形,如图 1-33 为柴油机测出的多种示功图。

通过示功图可研究缸内的燃烧过程、燃烧放热规律,计算缸内温度,评估扫气过程,计算柴油机指示功率,确定柴油机最大爆发压力和压缩压力等。它能以图像形式显示缸内的工作过程,而且测试仪器简单实用。

用机械示功器可以测取 *P—V* 示功图(图 1-33a)、*P—V* 转角示功图(图 1-33b)、弱弹簧示功图、纯压缩图,也可用手拉测取手拉展开示功图(图 1-33c)和梳形示功图(图 1-33d)等,用气电示功器或电子示功器可测取 *P—ϕ* 示功图。

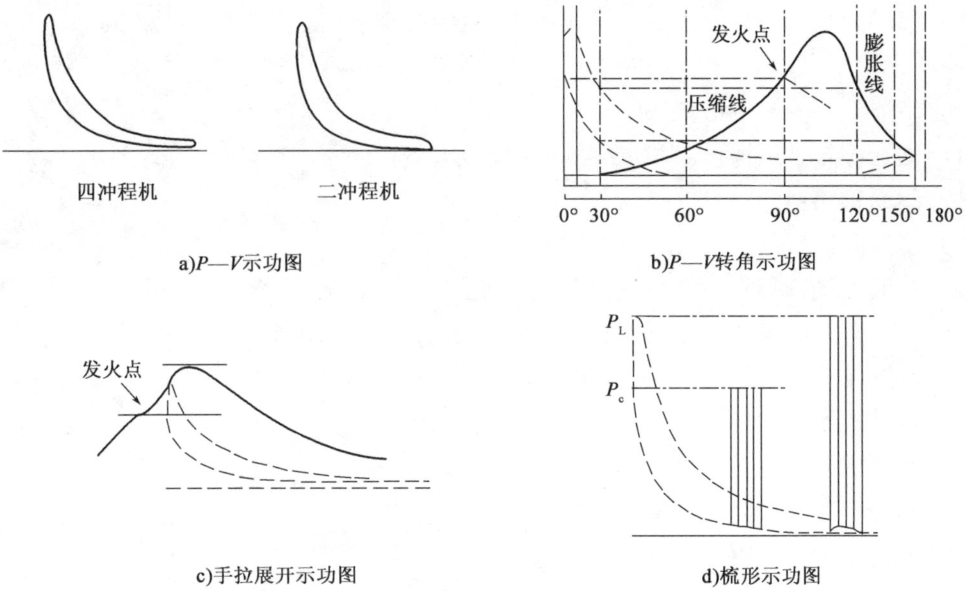

图 1-33　柴油机测出的多种示功图

第二节　重要数据

设计、制造、管理、修理柴油机离不开数据,考试也要考相关数据。为了应考和做出正确管理判断,本书汇集了柴油机课程的综合数据,学员在学习中收集到的其他数据,可以添加进去,形成更完整的"数据库"。

本节还列出了小型高速柴油机代表 6135 的主要参数,列出了中型机 MAN B&W 23/30 的主要参数(含各辅助系统),以及现代大型低速机的典型之一 6S50MC-C 的主要参数,目的是让读者对某一机型有个总体概念,对有代表性的三种机型有横向对比。

本节目的在于从数字中认识柴油机,体会和对比各种机型代表的参数变化,树立起"立体""灵动"的柴油机概念。

(一)柴油机重要综合数据

(1)柴油机功率范围:0.6~80000kW/台,并具有生产100000kW/台能力。

(2)常用压缩比:11~22。

(3)柴油机热效率:30%~55%。

(4)二、四冲程柴油机作功能力比:(1.6~1.8)/1。

(5)二冲程换气角:120~150°CA。

(6)压缩压力\对应温度:3~6MPa\600~700℃。

(7)爆炸压力\对应温度:5~8MPa\1400~1800℃。

(8)最高爆炸压力已达13MPa,甚至18MPa;缓燃期瞬时温度1700~2000℃。

(9)柴油机自燃温度:210~270℃。

(10)转速低、中、高划分线:300\1000r.p.m。

(11)轴瓦中合金层厚度:厚瓦3~6mm;薄瓦0.5~1mm。

(12)阀面锥角:45°\30°。

(13)小型高速机阀线宽:1.5~2.5mm。

(14)一般经气阀导管的散热量占气阀总散热量的25%。

(15)六缸常用的发火顺序:四机1—5—3—6—2—4;二机1—6—2—4—3—5。

(16)八缸V型发火顺序:1—2—4—3。

(17)四缸机发火次序:1—4—3—2。

(18)拐档差允许值约:S/10000。S为冲程。

(19)不同机型气阀间隙范围:0.2~1.1mm。

(20)常用机型的气阀间隙:mm。

机型105、110、135、160、180、250、300对应进气阀间隙分别为0.20、0.25、0.25、0.30、0.45、1.15、0.9;对应排气阀间隙分别为0.25、0.30、0.30、0.35、0.50、1.35、1.10。

(21)柱塞套筒偶件配合间隙:0.002~0.003mm;针阀与针阀体偶件配合间隙0.02~0.04mm。

(22)会造成高温腐蚀的温度:550℃以上。

(23)高增压柴油机排气阀阀盘温度:650~800℃;进气阀阀盘温度:450~500℃。

(24)轻柴油的热值约:43340kJ/kg;重柴油热值约:42700kJ/kg。

(25)对燃油(尤其是劣质燃油)在船舶上均采用分段预热法,如在贮油柜预热温度约为30~38℃,在沉淀柜为60℃,在离心分油处为90~95℃,在日用油柜中以70~80℃为宜;雾化加热器应保证雾化黏度(12~25mm^2/s),而且为了补偿压力对黏度的影响,应再提高10~15℃。为避免加热后迅速积垢,预热温度不得超过150℃。重油(渣油)喷射前的加热温度110~150℃。

(26)转速为100r.p.m的柴油机燃烧时间:1/20s。

(27)转速为1500r.p.m的柴油机燃烧时间:1/300s。

(28)一般中、高速机喷油提前角:10~37°CA。

(29)四冲程柴油机空气消耗量:6.5kg/(kW·h);二冲程机空气消耗量:8.5kg/(kW·h)。

(30)缸盖触火面上可能有不同用途孔5~6个。

(31)注油孔一般均布8~12个。

(32)气缸注油压力:2MPa。

(33)直流扫气柴油机气缸注油率大致范围:0.6~0.8g/kW·h。

(34)冷却水压力:海水0.1~0.2MPa;淡水0.2~0.3MPa。

(35)冷却水出机温度:开式50~55℃;闭式70~90℃。

(36)起动空气压力:1.2~3MPa。

(37)为保证柴油机迅速和连续多次起动,满足机动操纵时的要求,空气瓶中的气压应经常保持在2.5~3.0MPa之间。

(38)起动空气量须保证在不补气、冷车下正、倒车交替起动不少于12次。

(39)对每台不能换向的主机起动至少冷机连续起动6次。

(40)根据我国海船建造规范规定,起动空气瓶应保证至少有2个空气瓶,瓶内压力为2.5~3.0MPa。

(41)最少起动缸数:四冲程柴油机6缸;二冲程柴油机4缸。

(42)柴油机起动转速的范围,一般高速柴油机:80~150r/min;中速柴油机:60~70r/min;低速柴油机:25~30r/min。

(43)主机的换向时间应不大于15s。

(44)排烟管废气温度不超过450~500℃。

(45)脉冲增压排气管分组,每组不能多于3个缸。

(46)普通柴油机喷油启阀压力15~35MPa;蓄压式电喷机的喷油压力高达100~140MPa。

(47)喷孔2~9个,喷孔直径约为0.25~1.25mm。

(48)轻柴油按凝点的高低分为10号、0号、-10号、-20号、-35号五个。

(49)重柴油按凝点的高低分为10号、20号、30号三个。

(50)十六烷值:高速机40~60;中速机35~50。

(51)滑油压力:0.15~0.4MPa;高速强载机压力:0.8~0.9MPa。

(52)活塞环的正常磨损率在0.1~0.5mm/kh之间。

(53)活塞环槽端面的磨损率小于0.01mm/kh。

(54)活塞环寿命:一般为8000~10000h。

(55)铸铁气缸套的正常磨损率一般不大于0.1mm/kh。

(56)镀铬气缸套的正常磨损率一般应不大于0.01~0.03mm/kh。

(57)气缸体与气缸套液压试验时,其试验水压为0.7MPa。

(58)从使用观点,燃油的使用温度应至少高于浊点3~5℃。

(59)从船舶安全角度,船用燃油的闪点(闭口)应不得低于60~65℃。

(60)从防爆防火观点,在船舶上允许倾倒燃油或敲开容器的环境温度与其闪点相比应低于闪点17℃。

(61)按我国有关规定,燃油的相对密度指20℃燃油密度与4℃水密度之比。

(62)我国规定:

船用低速主柴油机的最低稳定转速 n_{min} 应不大于30% n_b(标定转速);

船用中速主柴油机的最低稳定转速 n_{min} 应不大于40% n_b(标定转速);

船用高速主柴油机的最低稳定转速 n_{min} 应不大于45% n_b(标定转速)。

(63)低增压的增压压力一般不大于0.15MPa。

(64)中增压的增压压力一般不大于0.15~0.25MPa。

(65)高增压的增压压力一般不大于0.25~0.35MPa。

(66)超高增压的增压压力一般要大于0.35MPa。

(67)目前增压柴油机功率已达非增压机功率的300%。

(68)大型增压器转子转速1万r/min;小型增压器转子转速高,在4万~5万r/min之间。

(69)为了防止曲轴箱油迅速氧化变质,应控制其使用温度一般不高于65℃。

(70)液压调速的滑油在正常情况下的换油周期一般是6个月。

(71)调速器连续工作时推荐的使用滑油温度范围:60~90℃。

(72)由于滑油污染造成的故障占调速器故障的50%。

(73)柴油机摩擦损失约占机械损失的40%。

(74)柴油机主要部件故障占柴油机故障总数的90%左右,其中燃烧室部件故障约占故障总数50%。

(75)机体、机座质量占柴油机总质量:25%~40%。

(76)曲轴造价占柴油机造价20%左右。

(77)燃油费占营运成本:30%~40%。

(二)国产某品牌6135柴油机(小型、高速、四冲程)主要参数

(1)气缸数:6。

(2)气缸排列:单行立式。

(3)气缸直径:135mm。

(4)活塞行程:150mm。

(5)冲程数:4。

(6)燃烧形式:直接喷射式。

(7)压缩比:16.5。

(8)净功率:150hp。

(9)转速:1500r/min。

(10)最低怠转速:500±30r/min。

(11)最高怠转速:1980r/min。

(12)燃油消耗率:≤185g/psh。

(13)机油消耗率:≤2g/psh。

(14)净重:1160kg。

(15)外形尺寸:1453×772×1270。

(16)气门间隙:进0.30mm\排0.35mm。

(17)供油提前角:34°~37°。

(18)喷油启阀压力:190±5kgf/cm^2。

(19)喷油泵转速:900rpm。

(20)曲轴转向(面向输出端):逆时针。

(21)起动方式:24V电起动。

(22)气缸套型式:湿式气缸套。

(23)重要螺栓(母)装配扭紧力矩:

连杆螺栓25~28kgf·m;

曲轴螺栓22~25kgf·m;

缸盖螺栓22~25kgf·m;

飞轮螺栓22~25kgf·m。

(24)冷却水出水温度:70℃~90℃。

(25)配气定时:

进气门开在上死点前12°;

进气门关在下死点后56°;

排气门开在下死点前56°;

排气门关在上死点后12°。

(三)ZJMD-MAN B&W 23/30系列中型、中速、四冲程柴油机机型参数(表1-1)

表1-1

<table>
<tr><th rowspan="3">名称</th><th rowspan="3" colspan="2">项　目</th><th rowspan="3">计算单位</th><th colspan="8">型　号</th></tr>
<tr><th colspan="2">T23L-4ED</th><th colspan="3">T23L-4E</th><th colspan="3">L23/30</th></tr>
<tr><th>发电用或主机</th><th>主机</th><th>发电用 50Hz</th><th>发电用 60Hz</th><th>主机</th><th>发电用 50Hz</th><th>发电用 60Hz</th><th>主机</th></tr>
<tr><td rowspan="10">主要技术数据</td><td colspan="2">型式</td><td></td><td colspan="8">立式、单排、四冲程、直接喷射、涡轮增压、中冷、回气阀</td></tr>
<tr><td colspan="2">气缸直径</td><td>mm</td><td colspan="8">225</td></tr>
<tr><td colspan="2">活塞行程</td><td>mm</td><td colspan="8">300</td></tr>
<tr><td colspan="2">单缸工作容积</td><td>L</td><td colspan="8">11.9</td></tr>
<tr><td colspan="2">压缩比</td><td></td><td colspan="8">12.5:1</td></tr>
<tr><td colspan="2">气缸中心距</td><td>mm</td><td colspan="8">370</td></tr>
<tr><td colspan="2">气缸数</td><td>缸</td><td colspan="5">5、6</td><td colspan="3">6、8</td></tr>
<tr><td rowspan="3">最大持续功率</td><td>5缸</td><td rowspan="3">kW</td><td></td><td></td><td>550</td><td>525</td><td></td><td></td><td></td><td></td></tr>
<tr><td>6缸</td><td>550</td><td>588</td><td>660</td><td>630</td><td>660</td><td>810</td><td>780</td><td>810</td></tr>
<tr><td>8缸</td><td></td><td></td><td></td><td></td><td></td><td>1080</td><td>1040</td><td>1080</td></tr>
</table>

续上表

名称	项目	计算单位	型号							
			T23L-4ED		T23L-4E			L23/30		
			发电用或主机	主机	发电用		主机	发电用		主机
					50Hz	60Hz		50Hz	60Hz	
主要技术数据	最大持续功率转速	r/min	750	800	750	720	800	750	720	825
	活塞平均速度	m/s	7.5	8.0	7.5	7.2	8.0	7.5	7.2	8.25
	平均有效压力	MPa	1.23		1.48	1.47	1.39	1.81	1.82	1.65
	最高爆炸压力	MPa	11.0		11.5			13.0		
	单缸超负荷功率	kW	101		121			148.5		
	超负荷转速	r/min	775		825			850		
	最低稳定转速	r/min	300		320			330		
	增压压力	MPa	0.23		0.26		0.23	0.285		0.28
	柴油机旋转方向		顺时针或逆时针							
配气系统	发火次序（从前端向飞轮） 5缸		1—2—4—5—3							
	发火次序（从前端向飞轮） 6缸		1—4—2—6—3—5							
	发火次序（从前端向飞轮） 8缸		1—2—4—6—8—7—5—3							
	配气定时	曲轴角度	进气阀开:上止点前50°							
			进气阀关:下止点后14°							
			持续进气时间:244°							
			排气阀开:下止点前46°							
			排气阀关:上止点后46°							
			持续排气时间:272°							

名称	项目		计算单位	型号			
				T23L-4E		L23/30	
				6缸	8缸	6缸	8缸
燃油系统	燃油消耗率		g/kW·h	200			
	燃油滤清器	型号		SBL20半自动清洗滤器			
		进、出口直径	mm	Dg.20			
		滤芯精度		261目/英寸			
		流量	m^3/h	1~2			
		滤器后燃油压力（轻油、柴油）	MPa	0.2~0.3			
	喷油泵	型式		单体柱塞泵			
		型号		Lorange PYO-G053		Lorange PYO-G061	
		柱塞直径	mm	$\phi18$			
	喷油器	型式		多孔轴针式			

续上表

<table>
<tr><td rowspan="3">名称</td><td colspan="2" rowspan="3">项 目</td><td rowspan="3">计算单位</td><td colspan="4">型 号</td></tr>
<tr><td colspan="2">T23L-4E</td><td colspan="2">L23/30</td></tr>
<tr><td>6 缸</td><td>8 缸</td><td>6 缸</td><td>8 缸</td></tr>
<tr><td rowspan="6">燃油系统</td><td rowspan="3">喷油器</td><td>型号</td><td></td><td colspan="2">Lorange</td><td colspan="2">VTO-G056</td></tr>
<tr><td>喷孔参数</td><td></td><td colspan="2">8 ×0.32 ×145°</td><td colspan="2">8 ×0.33 ×148°</td></tr>
<tr><td>喷射压力</td><td>MPa</td><td colspan="4">32.0</td></tr>
<tr><td rowspan="3">燃油输送泵</td><td>型式</td><td></td><td colspan="4">单级齿轮泵</td></tr>
<tr><td>流量</td><td>m^3/h</td><td colspan="2"></td><td colspan="2"></td></tr>
<tr><td>压力</td><td>MPa</td><td colspan="2">0.3 ~0.5</td><td colspan="2">MDO:0.25 ~0.3
MFO:0.5 ~0.7</td></tr>
<tr><td rowspan="10">滑油系统</td><td colspan="2">滑油消耗率</td><td>g/kW · h</td><td colspan="4">1 ~1.5</td></tr>
<tr><td rowspan="4">滑油滤清器</td><td>型号</td><td></td><td colspan="4">SZL65AI 双筒纸质滤器</td></tr>
<tr><td>进、出口直径</td><td>mm</td><td colspan="4">Dg.65</td></tr>
<tr><td>滤芯精度</td><td>μm</td><td colspan="4">20 ~30</td></tr>
<tr><td>流量</td><td>m^3/h</td><td colspan="4">25、50</td></tr>
<tr><td rowspan="2">滑油滤清器</td><td>滑油滤器后压力</td><td>MPa</td><td colspan="4">0.3 ~0.4</td></tr>
<tr><td>滑油滤器后压力降</td><td>MPa</td><td colspan="4">0.05 ~0.1</td></tr>
<tr><td rowspan="3">滑油泵</td><td>型式</td><td></td><td colspan="4">单级齿轮泵</td></tr>
<tr><td>流量</td><td>m^3/h</td><td colspan="2">16</td><td>16</td><td>20</td></tr>
<tr><td>压力</td><td>MPa</td><td colspan="2">0.3 ~0.4</td><td colspan="2">0.3 ~0.4</td></tr>
<tr><td rowspan="14">冷却系统</td><td rowspan="4">空气冷却器</td><td>型号</td><td></td><td colspan="2">LK27</td><td colspan="2">LK52</td></tr>
<tr><td>热交换值</td><td>kW</td><td>141</td><td>188</td><td>245</td><td>325</td></tr>
<tr><td>海水流量</td><td>m^3/h</td><td>27</td><td>36</td><td>36</td><td>48</td></tr>
<tr><td>空冷器后空气温度</td><td>℃</td><td colspan="4">35 ~55</td></tr>
<tr><td rowspan="4">滑油冷却器</td><td>热交换值</td><td>kW</td><td>68</td><td>90</td><td>80</td><td>105</td></tr>
<tr><td>滑油流量</td><td>m^3/h</td><td>16</td><td>16</td><td>16</td><td>18</td></tr>
<tr><td>冷却器前滑油温度</td><td>℃</td><td colspan="4">60 ~75</td></tr>
<tr><td>冷却器后滑油温度</td><td>℃</td><td colspan="4">45 ~60</td></tr>
<tr><td rowspan="6">淡水冷却器</td><td>热交换值</td><td>kW</td><td>314</td><td>418</td><td>260</td><td>340</td></tr>
<tr><td>淡水流量</td><td>m^3/h</td><td colspan="2">36</td><td>36</td><td>36</td></tr>
<tr><td>海水流量</td><td>m^3/h</td><td>27</td><td>36</td><td>36</td><td>48</td></tr>
<tr><td>淡水压力</td><td>MPa</td><td colspan="4">0.1 ~0.25</td></tr>
<tr><td>海水压力</td><td>MPa</td><td colspan="4">0.1 ~0.25</td></tr>
<tr><td>气缸出口冷却水温度</td><td>℃</td><td colspan="4">70 ~85</td></tr>
</table>

续上表

名称	项目		计算单位	型号 T23L-4E 6缸	型号 T23L-4E 8缸	型号 L23/30 6缸	型号 L23/30 8缸
冷却系统	淡水泵(海水泵)	型式		离心泵			
		流量	m^3/h	36		S. W. 55 S. W. 36	
		压力	MPa	0.1～0.25		0.1～0.25	
		叶轮径向间隙	mm	0.38～0.50		—	
		冷却水容量	L	335	440	335	440
起动与控制	起动空气压力		MPa	1.5～3.0			
	控制空气压力		MPa	0.7～0.8			
	起动空气瓶容量(8次)		m^3/h	0.15	0.20	0.15	0.2
	超速停车	标定功率时正常数值	r/min	750	800	825	
		报警和自动停车值	r/min	≤880	≤940	≤970	

(四)大型、低速、二冲程主柴油机6S50MC-C参数(表1-2)

表1-2

序号	型号6S50MC-C含义	6表示6缸,S表示超长冲程,50表示缸径500mm,MC表示二冲程、十字头式、定压增压强化柴油机,船用带凸轮轴,最后一个C表示紧凑型
1	行程与缸径比	S:D=4:1
2	功率	9480kW
3	总重	210t
4	长度	6765mm
5	高度	8900mm
6	价格	约1200万
7	飞轮齿数	46个
8	遥控系统型号	NABCOM-Ⅱ
9	调速器型号	NABCOMGOV
10	转速指示范围	150RPM

续上表

10	试航主轴转速(r/min)		额定轴马力(hp)	台架试验转速(r/min)
	50% MCR	106.8	3575	100.8
	70% MCR	122.3	5363	115.4
	85% MCR	127.5	6078	120.3
	100% MCR	134.6	7150	127
11	控制空气气源		0.7MPa	
12	排气阀弹簧空气气源		0.7MPa	
13	安全空气气源		0.7MPa	
14	进入主机的燃油黏度		10～15cSt	
15	进入主机的燃油压力		7～8bar,报警最小6.5bar	
16	通过滤器的燃油压差		0.2～0.5bar	
17	滑油进口温度(系统油)		40～50℃	
18	柴油机滑油出口温度(滑油冷却器进口)		50～60℃	
19	滑油冷却油出口温度		50～60℃,报警最大65℃	
20	滑油进口压力(系统油)		1.8～2.2bar	
21	ABB 增压器透平侧油杯温度		70～115℃	
22	活塞冷却油进口压力(主机运行状态)		2.2bar,最小报警1.4bar	
23	至主轴承的滑油进口压力(主机运行状态)		2.2bar,最小报警1.2bar	
24	压气机螺旋壳体出口处的压力		0～2000mm 汞柱	
25	主轴承金属本体温度		50～60℃	
26	曲柄销轴承金属温度		50～60℃	
27	十字头轴承金属温度/油出口温度		50～60℃	
28	推力轴承块温度		55～65℃	
29	滑油进口温度		40～50℃,最大报警60℃	
30	凸轮轴滑油出口温度		70℃	
31	排气集管温度		100～500℃	
32	MAN 增压器滑油出口温度		70～90℃	
33	MAN 增压器滑油出口压力		1.3～1.5bar	
34	进入空冷器的冷却水压力		10～32bar	
35	滑油冷却器海水温度		10～32℃	
36	海水冷却进口压力		2.0～2.5bar	
37	淡水冷却进口压力(在进口总管处)		3.0～3.5bar	
38	淡水冷却进口温度(在进口总管处)		65～70℃	
39	各缸淡水出口温度		80～85℃	
40	各排气阀淡水冷却水出口温度		80～85℃	
41	增压器淡水冷却水出口温度		80～85℃	
42	透平前废气温度		380～430℃	
43	增压器后废气压力		300mm 水柱	

(五)目前世界最大机型(MAN/B&W 公司 K108MC 型)柴油机参数(一缸,表 1-3)

MAN/B&W 公司 K108MC 型参数 表 1-3

功率	kW/cyl	6950
	BHP/cyl	9450
气缸直径	mm	1080
活塞行程	mm	2660
平均有效压力	bar	18.2
最高燃烧压力	MPa	14.2
活塞平均速度	m/s	8.33
转速	r/min	94

注:K108MC 型机,14 缸功率可达 80080kW;且有增加到 18 缸,功率达 103000kW 的可能。

第二章
柴油机重要概念与理论

一、发动机的理论循环

(一)内燃机的理论循环有三种基本形式

(1)等容加热循环——Otto 循环(图 2-1a)。由绝热压缩 1—2、等容加热 2—3(加热量 Q_1)、绝热膨胀 3—4 及等容放热 4—1(放热量 Q_2)等过程组成。点燃式内燃机(如汽油机)按此循环工作。

(2)等压加热循环——Diesel 循环(图 2-1b)。与等容循环不同之处仅在于是在等压条件 2—3 下加入热量 Q_1。早期的空气喷射式柴油机按此循环工作,现代高增压柴油机亦有向此循环发展的趋势。

(3)混合加热循环——Sabathe 循环(图 2-1c)。是在等容加热 2—3 与等压加热 3—4 混合加热条件下加入热量 $Q_1(Q_1'+Q_1'')$。一般的无气喷射(airless injection)柴油机按此循环工作。

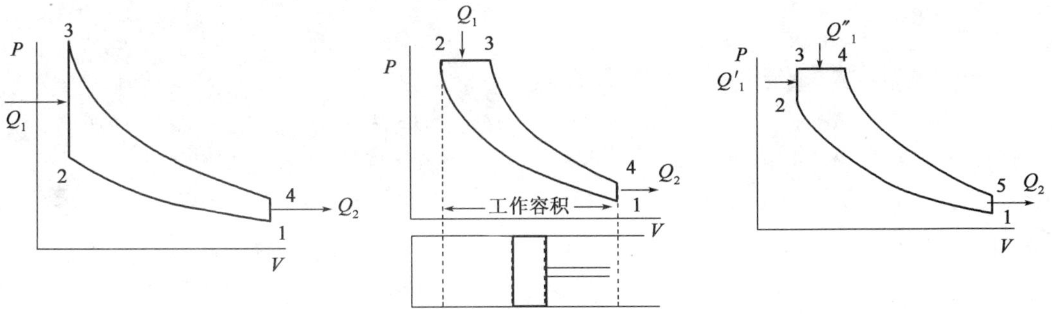

a)等容加热循环　　b)等压加热循环　　c)混合加热循环

图 2-1　内燃机的理论循环三种基本形式

(二)增压柴油机的继续膨胀混合加热循环

小结:内燃机有三种理论循环,包括等容加热循环(亦称 Otto 循环)、等压加热循环(亦称 Diesel 循环)、混合加热循环(亦称 Sabathe 循环)。汽油机基本按等容加热循环工作;早期柴油机(空气喷射式)按等压加热循环工作;现代柴油机(采用限制最高爆发压力工作)有向等压加

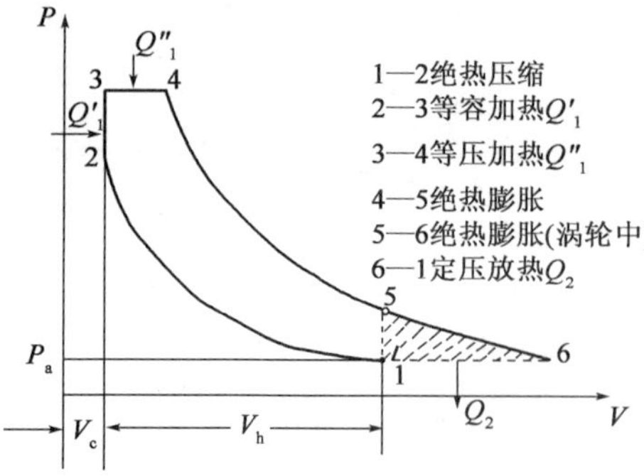

图 2-2　继续膨胀混合加热循环

热循环过渡的趋势；而废气涡轮增压柴油机的理论循环是继续膨胀混合加热循环，如图 2-2 所示。

二、长行程和超长行程

为了提高柴油机本身的经济性和船舶动力装置总体的经济性，柴油机的行程不断加长。低速柴油机的 S/D 值已从 20 世纪 80 年代的 2.2 左右增长到目前的 4.65，见表 2-1。柴油机行程的加长，使得柴油机的高度和宽度都有所增长，尺寸、质量增加，转速降低，经济性不断提高，同时因往复惯性力降低，使机械负荷也减小。即一方面可增加燃气膨胀功，另一方面在保持活塞平均速度 $V_m = S \cdot D/30$ 不变的情况下可大幅度降低柴油机转速（如已降低至 60 ~ 70r/min），以显著提高螺旋桨效率。

柴油机行程缸径比数值表　　表 2-1

机型	高速机	中速机	低速机		
			弯　流	直　流	长(超长)行程
S/D	0.9 ~ 1.25	1.0 ~ 1.8	1.71 ~ 2.05	1.18 ~ 2.26	2.42 ~ 4.65

但提高 S/D 值也会使扫气效率降低；影响曲轴刚度，使曲轴刚度下降；影响轴系振动性，使轴系纵振与扭转振动加剧。

S/D = 4 及以上为超长行程柴油机，见图 2-3。

图 2-3　现代超长行程高增压柴油机

三、现代船用大型柴油机的结构特点

现代船用大型柴油机的结构特点为：①燃烧室采用钻孔冷却（即薄壁强背）结构；②采用旋转排气阀及液压式气阀传动机构；③采用可变喷油定时机构（VIT）式喷油泵；④采用薄壁轴承（如十字头轴承采用高锡铝薄壁轴承）；⑤采用气缸润滑随负荷自动调整的自动控制系统，以改善气缸润滑；⑥曲轴自由端装设轴向减振器以消减曲轴的轴向振动；⑦采用焊接曲轴，因而大大减轻曲轴的重量（减轻 20% ~30%）。

四、现代船用柴油机提高经济性的主要措施

主要措施有：①采用等压涡轮增压系统及高效废气涡轮增压器。采用等压涡轮增压可明显提高增压器效率，使目前增压器效率提高 68% ~72%。②提高行程缸径比 S/D。一方面可

增加燃气膨胀功，另一方面在保持活塞平均速度不变的情况下，显著降低柴油机转速以提高螺旋桨效率，目前已发展到 $S/D=4$ 的超长行程柴油机。③提高最高爆发压力 P_z 与平均有效压力 P_e 之比 P_z/P_e。理论研究并经实践证实，提高 P_z/P_e 可提高柴油机经济性，目前 P_z 已达 15～18MPa。④增大压缩比 ε。高增压柴油机在过去曾一度采用低压缩比，以保证柴油机足够的机械强度，当前为提高经济性，仍然采取增大压缩比的措施，如现代大型柴油机压缩比已提高到 16～19。⑤采用可变喷油正时机构（VIT）以提高部分负荷运转的经济性。⑥提高机械效率 η_m。采用超短裙活塞并减少活塞环数目，改善气缸润滑，以提高机械效率。⑦轴带负荷（如轴带发电机）。利用船舶推进轴系同时驱动一专用发电机，在正常运转期间可供船舶全部用电。⑧余热再利用。开发与利用柴油机的余热（如排气、冷却液所携带的热量）。⑨改进喷射与燃烧技术。如提高喷油压力，增大喷油率，缩短喷油持续期及采用小喷孔喷油器等提高燃烧质量，见图 2-3。

五、十字头式柴油机优越性

由十字头和导板来承受侧推力，活塞在运动中不再有侧推力作用，不产生偏磨，这大大改善了核心部件的工作条件；十字头轴承虽然润滑油膜不易形成，但滑油不受气缸高温影响，也可组织起经久耐用的润滑。气缸与曲轴箱隔开，气缸积炭不会带入曲轴箱，曲轴箱油不易变质；润滑各自组织实施，可以选用不同油类，例如气缸采用注油润滑，气缸油可中和燃料中的酸性残留物；曲轴箱空间大，人进入检查便利。所以，二冲程主机变得十分耐用可靠，参见图 2-4b）。

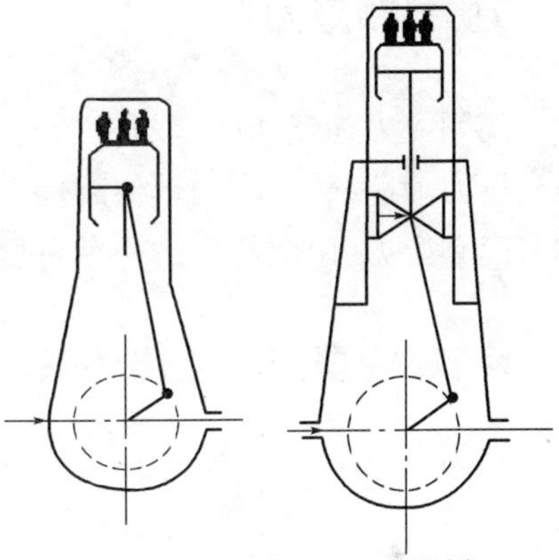

a)筒形活塞式机　b)十字头式机

图 2-4　柴油机机械负荷理解图

六、二冲程柴油机换气过程的三个阶段

二冲程柴油机的换气过程是从排气口（阀）开启到排气口（阀）关闭的整个气体更换过程。根据其换气过程中缸内压力变化的特点，换气过程可划分为以下三个阶段：①自由排气阶段：从排气口（阀）开到缸内压力等于扫气压力为止（扫气始点）的阶段。此阶段内缸内废气借助缸内与排气管之间的压差，高速经排气口（阀）流入排气管。②强制排气与扫气阶段：从扫气开始到扫气口关闭为止。此阶段内主要依靠新气与缸内的压力差，利用新气清扫废气把废气强制排出。③过后排气阶段：从扫气口关闭到排气口关闭为止的阶段。此阶段是缸内新气流失过程，因此越短越好。

七、柴油机的机械负荷

柴油机工作时，其机械负荷包括：①气体力；②往复惯性力；③离心惯性力；④安装预紧力；⑤振动产生的附加力；⑥变形产生的附加力。

机械负荷有以下特点：①数值大小呈周期变化；②变化周期与转速有关；③具有冲击性；④负荷大小与部件结构有关；⑤受力方向也是周期变化的。

八、燃烧室零件承受的机械负荷

（1）气缸盖的安装应力：上表面安装应力为拉应力，下表面为压应力。

气缸盖的高频应力：上表面（水冷面）为拉应力，下表面（触火面）为压应力。

（2）气缸套的安装应力：（主要在上部的凸肩部位）拉应力、剪应力、弯曲应力。

气缸套的高频应力：触火面切向应力为拉应力（最大）；径向应力为压应力（最大），见图2-5。水冷面切向应力为拉应力（最小）；径向应力为零。

（3）活塞板顶的高频应力：上表面为弯曲压应力；下表面为弯曲拉应力。

九、高频应力

高频应力为气体引起的机械应力。由于气缸内的气体力是周期变化的，其最大值为最高爆发压力，其变化频率与单位时间内的循环次数（转速）有关。因此，由气体引起的机械应力称为高频应力，由此产生的疲劳称脉动应力疲劳。

十、燃烧室部件的热负荷

如图2-6所示，由于受热而产生的应力。

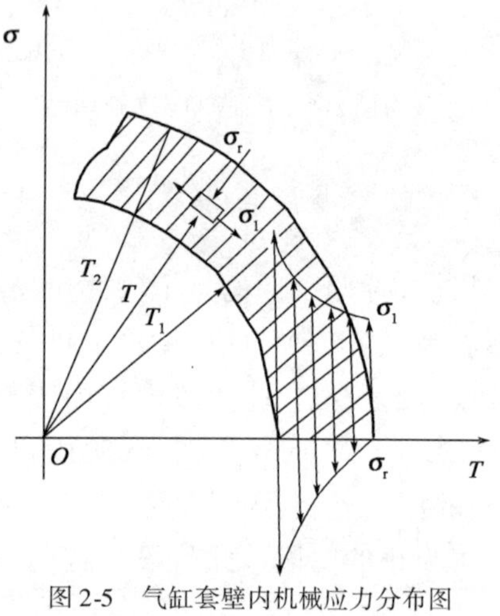

图2-5　气缸套壁内机械应力分布图

σ_r——径向应力；σ_1——切向应力

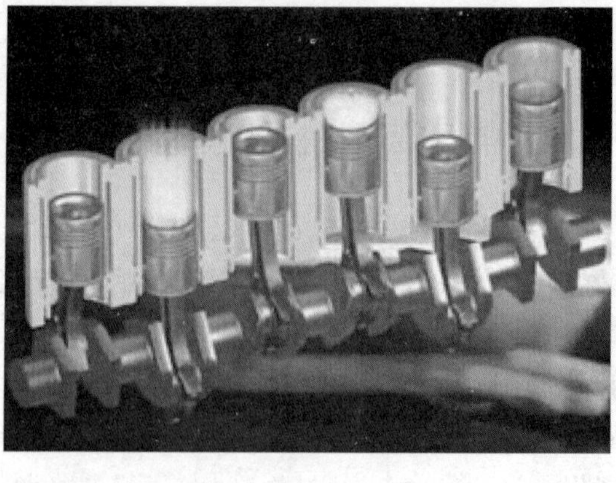

图2-6　柴油机热负荷示意图

（1）活塞顶板：上表面为压应力；下表面为拉应力。

（2）气缸套：内表面因膨胀受外表面阻碍而产生压应力；外表面受内表面的拉伸而产生拉应力。

(3)气缸盖:底面受拉应力;上表面受压应力。

十一、热负荷过高对燃烧室部件的危害

正常的热负荷没有问题,但过高(特别是长时间)的热负荷十分有害,主要为:①热应力增大;②材料机械性能下降;③高温蠕变,疲劳破坏;④烧蚀;⑤润滑性能下降,滑油蒸发、变质、结焦;⑥装配体因膨胀、不规则变形,改变原正常工作间隙;⑦承载能力下降。经与机械负荷对比可知,热负荷是限制柴油机增压度提高的主要原因。

十二、热负荷大小的表示方法

热负荷的表示方法之一是用受热部件中的温度分布图(温度场)来表示;如图 2-7 所示为柴油机排气阀和阀座温度场;热负荷还可用热应力大小来表示;轮机人员通常用排气温度来判断热负荷高低。另外,还可以用热流量方法表示热负荷大小。

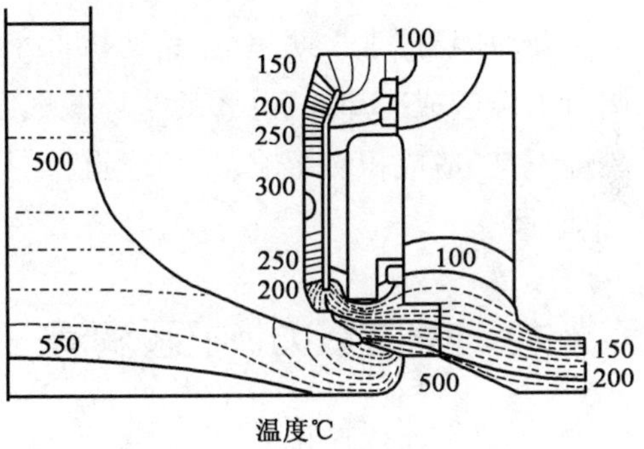

图 2-7　排气阀和阀座温度场

十三、热应力的分布规律

热应力分布规律:比平均温度高的地方,其热应力为压应力;比平均温度低的地方,其热应力为拉应力。

热应力的相关因素:与热流密度、材板厚度、材料的膨胀系数、弹性系数成正比,与材料的传热系数成反比。

十四、低频应力(热疲劳)

低频应力(热疲劳)是指在交变热应力作用下的疲劳。当柴油机工作时,高温面的热负荷使内圈应力变为压应力。如果燃烧室壁面局部在高温下产生“蠕变”而引起塑性变形,停车或负荷降低壁面温度降低时,因塑性变形处无法恢复原状而产生残余拉应力。热疲劳产生的裂纹多数在触火面上形成和发展(如同焊缝中的裂纹机理),以致造成损坏,因为受到较大的残余拉应力和较大的热应力与机械应力合成的压应力的交变作用,如图 2-8 所示。另外,在触火面上还作用着高频热应力,虽然高频热应力仅涉及很薄的一层,但它会使触火面加速损坏。

柴油机在使用中因管理不当使燃烧室部件过热或局部过热,整机或个别缸超负荷运行或进行频繁地起停,均会加速热疲劳破坏的出现。

热疲劳的相关因素:与柴油机累计转动次数无多大关系,主要取决于:①机器的起动、运行、停车的循环次数,故称低频应力。②负荷变化周期。

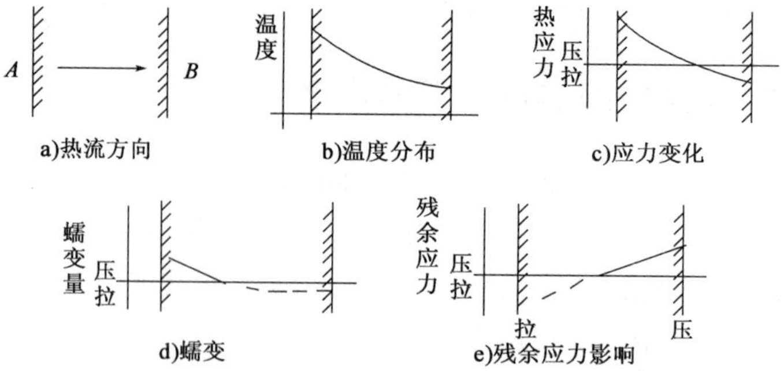

图 2-8 热疲劳的演变发展示意图

十五、引起活塞与气缸过热的原因

主要原因有:①长期超负荷,使机件承受更多的热负荷和机械负荷;②冷却水腔结垢严重,或调节不当造成冷却不良;③活塞环漏气,每一循环留热多;④气阀漏气,高温废气漏回气缸;⑤燃烧不良,造成积炭影响;⑥后燃严重,排气温度高;⑦活塞与气缸间隙过小;⑧气缸润滑不良,干摩擦。

十六、连杆之受力、轴瓦、润滑三问题小结

二冲程:①非增压机大部分时间受压,小部分时间受拉;②增压机始终受压,即二冲程连杆受单向压应力。

四冲程:有时受拉,有时受压,即四冲程机连杆受交变应力,换气上死(止)点惯性力大于气体力时,连杆受拉力。四冲程机连杆螺栓在工作中主要受力是惯性拉力和预紧拉力。

连杆大端轴瓦分厚壁瓦和薄壁瓦两种。厚壁瓦壁厚大于 10mm,大型机可达 20 ~ 50mm;薄壁瓦壁厚一般小于 6mm。厚壁瓦在瓦衬上浇铸 3 ~ 6mm 厚的巴氏合金,在上下轴瓦之间装有调整垫片,加减垫片的厚度可改变轴承和轴颈之间的间隙。

薄壁瓦壁厚在 3 ~ 6mm 之间时,合金层为 0.5 ~ 1mm;瓦壁厚在 0.8 ~ 3mm 之间时,合金层为 0.25 ~ 0.75mm。薄壁瓦上下瓦之间没有调整垫片,不许刮研轴瓦,当间隙超过规定或损坏时只能换新。

大型低速十字头式二冲程柴油机十字头滑油来自专设的滑油供给系统,如一个由十字头带动(或电动)的高压柱塞泵。十字头式柴油机连杆大端轴承的滑油一般来自十字头。

四冲程筒形活塞式柴油机连杆大端轴承的滑油来自曲轴;活塞销的滑油来自连杆大端轴承。

十七、薄壁强背结构

薄壁强背结构:若欲降低机械负荷应采用厚壁结构,又欲降低热负荷应采用薄壁结构,两

者互相矛盾。这种互相矛盾的情况在气缸盖和气缸套中也是如此。解决此矛盾的最合理结构就是采用薄壁强背结构。所谓薄壁就是燃烧室部件的受热壁要薄,以减少热应力;而强背就是在薄壁的背面设置强有力的支承,以降低机械应力。采用薄壁强背结构是兼顾机械应力和热应力的有效方法,具体做法是将板加厚,然后在一侧密集钻孔,留下薄层不钻透,即可形成薄壁强背,如图2-9所示为活塞顶和气缸套钻孔冷却结构,即薄壁强背结构。

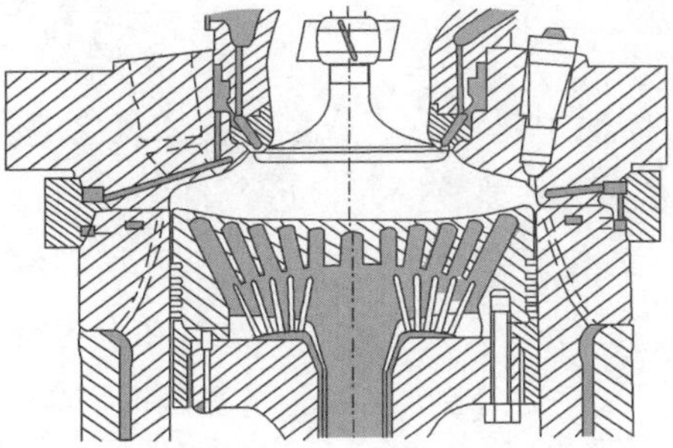

图2-9　活塞顶和气缸套钻孔冷却结构形式

当代新型超长行程柴油机的强化度已达到非常高的水平,燃烧室部件的机械负荷和热负荷也已接近其材料所允许的极限,采用薄壁强背是化解矛盾的一种巧妙方法。

十八、磨料磨损

硬质颗粒进入气缸套的摩擦面和活塞的摩擦面之间形成磨料,磨料与两摩擦面产生挤压、滚撞,使金属脱落,便造成磨料磨损。

磨料主要来源于:燃油在催化裂化过程中留下的催化剂粉末;燃油在贮存和运输过程中进入的锈、沙和其他硬质颗粒;磨屑;燃烧生成的灰分和炭粒;随空气进入气缸的灰尘以及被污染的气缸油等。因此,提高燃油(对筒形柴油机,还有曲轴箱滑油而言)净化质量,确保燃油良好燃烧,保持气缸油和进入气缸的空气不被污染等,都是减少磨料磨损的有效措施。

磨料磨损可以从气缸套镜面沿活塞运动方向上有平行直线状的拉伤痕迹来识别。

十九、熔着磨损

经过精加工的表面用肉眼看起来是很光滑,但是用显微镜检查,就可以观察到它的表面是由锯齿形的峰和谷所组成。在薄膜润滑(边界润滑)的条件下,摩擦面间只有一层极薄的油膜,摩擦表面的部分尖峰会刺破油膜发生接触,或由于润滑条件差、局部高温等,使滑动表面缺乏充足的润滑油膜,也使摩擦表面间发生金属的直接接触。当两相对运动表面在压力下有极微小部分的金属直接接触、摩擦时,便形成局部高温,使两者熔融黏着、脱落,逐步扩大形成熔着磨损,如图2-10所示。

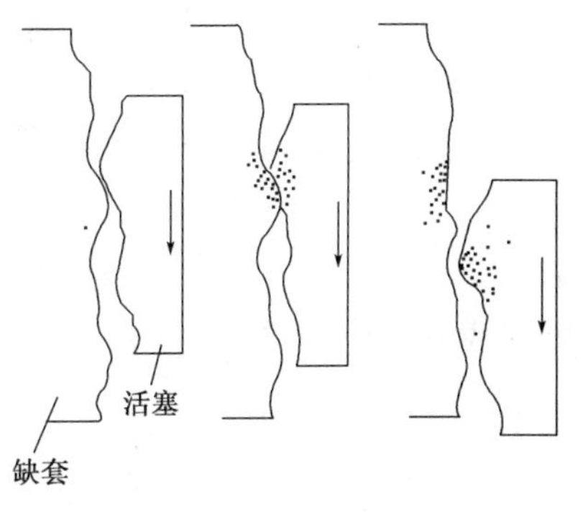

图2-10　气缸套的熔着磨损

这种磨损在一般情况下以活塞在上止点第一道活塞环附近最严重。在这个过程中金属表面形成硬化层,当这个硬化层被破坏时,所产生的金属磨粒将成为加剧表面磨损的磨料。

影响熔着磨损的因素很多,主要有气缸套、活塞、活塞环等的材质、机械加工质量外形尺寸及形状精度,气缸润滑油孔的布置,气缸油的供给数量和品质,气缸套表面温度,装置对中情况等。熔着磨损发展严重时会引起柴油机拉缸事故。

二十、腐蚀磨损

腐蚀磨损分为低温腐蚀和高温腐蚀两种。

(1)低温腐蚀(硫腐蚀):是指含硫的燃油在燃烧时期油中所含的硫分将生成二氧化硫,燃油中的氢燃烧后生成水蒸气,此外,燃油中存在的钒、铁、钠、镍等微量元素也各自生成自己的氧化物。五氧化二钒和氧化铁是二氧化硫再氧化成三氧化硫的活泼催化剂;在废气中约有1% ~15%的二氧化硫经进一步氧化变成三氧化硫。二氧化硫、三氧化硫和水蒸气在温度降到各自的露点(在缸内条件下露点约为160℃ ~180℃)以下,就会分别凝结成亚硫酸和硫酸。硫酸比亚硫酸对铁和铁合金腐蚀性更强,危害性更大。

所以,在柴油机工作中,由于燃油中的硫所产生的酸性燃烧产物的凝结,会使气缸套严重酸蚀,这便造成腐蚀磨损。缸壁上面布满疏松的细小孔穴,这是腐蚀磨损的显著特征。缸壁的腐蚀磨损在缸套上部最严重,这是因为缸套上部的油膜较薄,隔离和中和硫酸的能力低,虽然直接在此处凝结的硫酸少,但活塞上行把下部生成的硫酸带到了上部。

防止低温腐蚀的方法一般有:①尽可能使用硫分低的燃油;②保证缸套内表面壁温不低于含硫燃油燃烧产物(三氧化硫与水蒸气)的露点(约为150℃ ~170℃);③避免长期低负荷运行。

(2)高温腐蚀(钒、钠腐蚀):是指在重油等燃料燃烧过程中,在钢或合金表面上沉积一层熔融的化合物膜(如Na_2SO_4、Na_2O、V_2O_5等),由此引起的加速腐蚀。高温腐蚀使气缸套、活塞、排气阀和涡轮增压器等发生严重的腐蚀破坏。

高温腐蚀的破坏特征是形成疏松多孔或瘤状的腐蚀产物,它是高温零件失效的主要原因之一。

近年来,船舶柴油主机大多燃用重柴油和黏度很高的渣油。这些油料中含有较多的钒、硫、钠和碳粒子等有害成分。重油燃烧后产生灰分,灰分是一些氧化物、无机盐或低共熔混合物,如V_2O_4、V_2O_5、Na_2O和Na_2SO_4以及低熔混合物。

由于灰分中的一些钒钠化合物熔点很低,附着在高温零件表面,与高温硫化和高温氧化共同作用,使零件表面的氧化膜被溶解,并使裸露的基体金属不断腐蚀而形成腐蚀麻点或凹坑,如排气阀盘面烧成孔洞,活塞顶部被烧蚀和烧穿。零件温度越高,腐蚀速度越快。当零件温度在550℃以上时,高温腐蚀比较严重。

燃油中所含钒、钠等金属的质量浓度用ppm表示。钒以金属有机化合物形式存在于原油中。这些金属有机化合物是油溶性的,净化系统无法除去。在炼制中也不蒸发,因而大部分浓集到残渣油中,燃烧后生成金属氧化物。钠是原油中的有害金属元素,可能是海水漏入油料中的结果。

由于这种腐蚀只发生在高温条件下,故称为高温腐蚀。由此,为了控制此种腐蚀,应限制排气阀和缸套表面的最高温度。

二十一、燃烧室部件的腐蚀形态

从工作条件可知,燃烧室部件的腐蚀形态如下:

(1)活塞顶多发生高温烧蚀;

(2)排气阀与阀座多为高温腐蚀;

(3)气缸套内壁多为低温腐蚀;

(4)气缸套外表面除电化学腐蚀外尚有空泡腐蚀、氧浓差腐蚀(多见于缸套外表面的穴窝处,缸套和缸体配合处的死水区周围)、应力腐蚀及腐蚀疲劳等。

二十二、穴蚀现象(气蚀)

筒形活塞式柴油机的气缸套受到活塞侧推力的作用,当活塞侧推力方向改变时,活塞对缸套产生撞击,引起缸套横向振动。由于缸套振动,从而在缸套外表面附近的水域中产生交替膨胀与压缩,即在水中产生局部的高真空和高压。当水中压力降低到该温度下饱和蒸气压力以下时,冷却水蒸发和溶于水中的空气析出而形成空泡。

此外,冷却水在流动中,由于方向和流速的突然变化,会引起压力的变化。当压力低于当时温度下水的饱和压力时,也会汽化产生空泡。当空泡受到高压冲击而爆破时,就在破裂区附近产生高压波,它于极短的时间作用在很小的范围内,对缸壁有强烈的破坏能力。在这种高压波的反复作用下,气缸外壁金属表面将不断剥落,形成穴蚀现象。

由此可知,缸套振动是缸套穴蚀的重要原因。穴蚀在筒形活塞式柴油机中存在比较普遍。有的柴油机尽管缸套镜面还未磨损多少,但是缸套已被穴蚀击穿,导致缸套漏水。

为了防止穴蚀可采用以下措施:首先,应降低缸套振动。如增加缸套壁厚;提高缸套支承刚度及增加支承数量;减小缸套轴向间距;减小活塞与缸套装配间隙等。其次,应提高缸套抗穴蚀能力。如缸套采用抗穴蚀材料(球墨铸铁);外表面光洁,外表面进行镀铬、渗氮、喷陶瓷、涂树脂等处理;冷却水腔结构合理,水流平顺;进行水处理以提高其消振性能等。最后,在管理中应控制冷却水温不能过高,保证足够的水压,防止冷却水中含有大量空气(如冷却水泵漏气),保护冷却水腔清洁;控制柴油机的负荷与转速等。

二十三、十字头轴承的工作特点

①轴承比压大;②连杆为摆动,难以形成足够的润滑油膜;③单向受力,即二冲程机连杆只受压力,不受拉力;④受力不均,在工作时轴承内侧受力较大。由此,十字头轴承是柴油机工作条件最差的轴承,见图 2-11,应采用特别的润滑措施。

二十四、曲轴的疲劳损坏

曲轴疲劳损坏,是在交变负荷作用下产生裂纹并逐渐扩展,随着裂纹的逐渐发展,截面逐渐减小,最后因截面尺寸不足而发生突然断裂的现象。其形式可分为两种:弯曲疲劳损坏和扭转疲劳损坏,可根据断面纹理判断,如图 2-12 所示为曲轴疲劳损坏裂纹及断面示意图,其中 a)渐断区的纹理是波浪线状,b)渐断区的纹理是螺旋线状,c)渐断区的纹理是两者兼有。

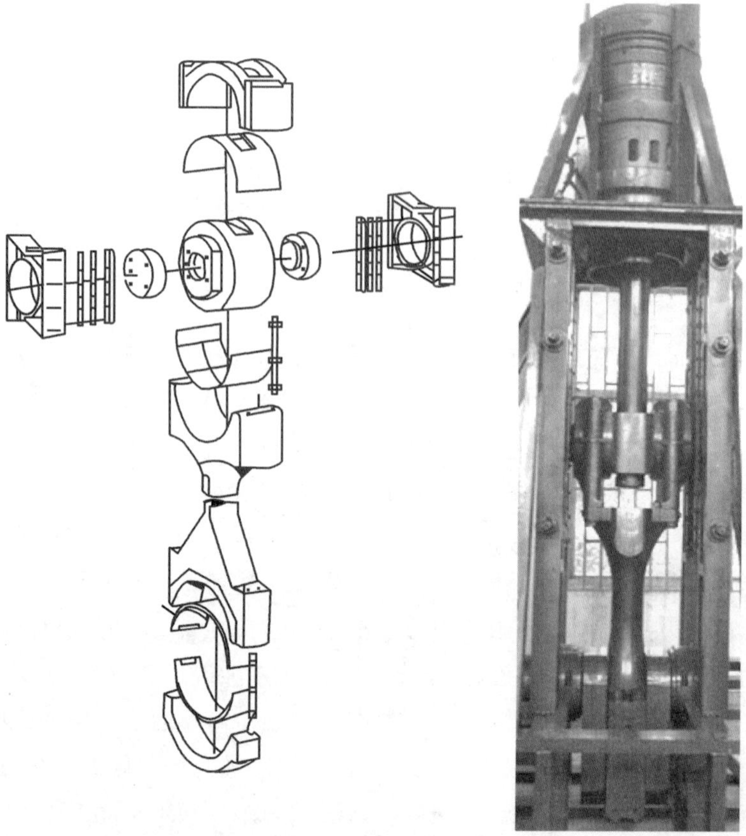

a)装配图　　b)外形图

图 2-11　十字头轴承

(1)弯曲疲劳损坏。

弯曲疲劳裂纹首先产生在曲柄销圆角或主轴颈圆角处,然后向曲柄臂发展。这是因为对于承受弯曲来说,曲柄臂比主轴颈和曲柄销弱。

曲轴弯曲疲劳破坏,通常是由于轴颈不均匀磨损所造成的主轴承不同轴度而引起的。特别是某个主轴承过低,当柴油机不工作时,轴颈与下瓦脱开;而当柴油机工作时,轴颈又要压到轴承上,因此,这段轴就会产生过大的变形和过大的交变弯曲应力。由于轴承的不均匀磨损要经过一定的运转时间才会发生,因此,弯曲疲劳损坏很少发生在未经长期使用的柴油机上。

(2)扭转疲劳损坏。

曲轴在驱动力矩作用下产生交变的扭转应力。此外,由于曲轴的扭转振动还产生附加的交变扭转应力,当扭转振动严重时,会产生过大的附加扭转应力,引起曲轴发生扭转疲劳损坏。扭转疲劳裂纹发生在加工不良的油孔或圆角处。轴颈的疲劳裂纹多从油孔开始,然后向与轴线成 45°角的方向发展,所以往往出现两条对称裂纹。起始于圆角处的扭转疲劳裂纹,由于轴颈的抗扭截面模数比曲柄臂的弱,因此,裂纹多自圆角部位向轴颈发展,较少向曲柄臂上发展。但是,如同时存在较强弯曲载荷,也有转变成曲柄臂弯曲断裂的情况。

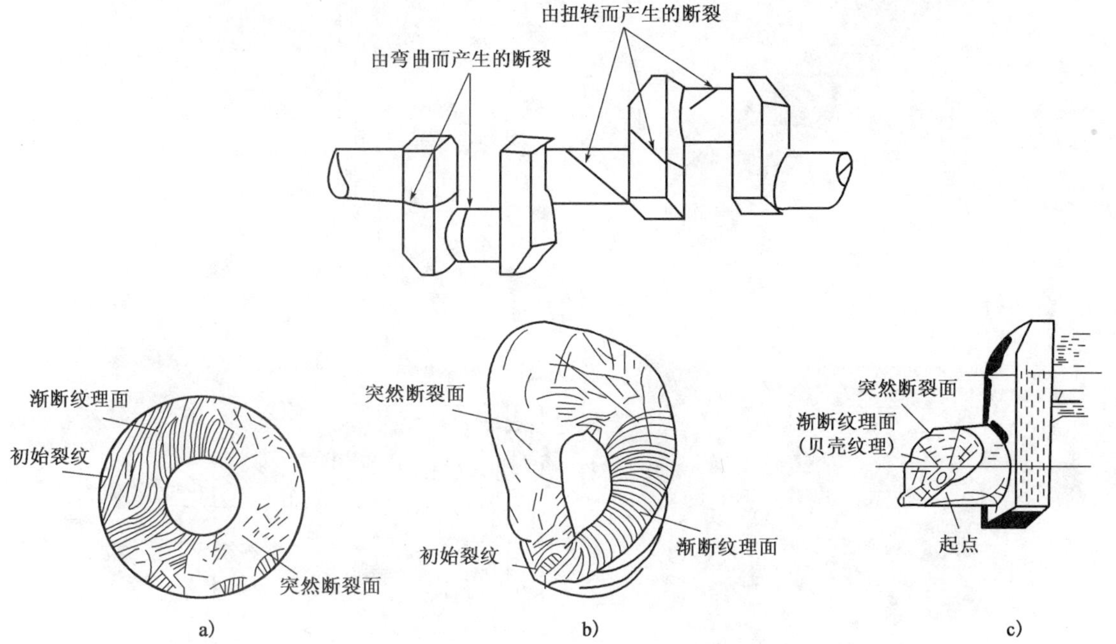

图 2-12　曲轴疲劳损坏裂纹及断面示意图

扭转疲劳损坏和弯曲疲劳损坏不同,扭转疲劳损坏一般是出现在柴油机运转初期。另外,柴油机扭矩、扭振的计算及测量方法比较成熟,只要扭振减振器不发生故障,不飞车,又不过于疏忽,通常不会出现扭转疲劳损坏。相反,弯曲应力复杂,难以精确计算,而且轴承磨损后能产生很大的附加弯曲应力,因此,曲轴的弯曲疲劳损坏强于扭转疲劳损坏。

(3)防止曲轴疲劳损坏措施。

曲轴材料的缺陷也是导致疲劳损坏的原因之一。缩孔、气孔、收缩裂纹、夹渣、偏析等缺陷处在应力集中部位时,危险性更大。

为了防止曲轴疲劳损坏,在管理中要注意检查曲轴轴线的状态、轴颈与下瓦的贴合情况;在操车时要尽快越过转速禁区,注意对扭振减振器的检查和维护;要注意化验滑油和利用分油机分离滑油。

二十五、柔性螺栓

在设计上采用耐疲劳的柔性结构,即增加螺栓长度、减小螺栓杆部直径以增加螺栓柔度;精细加工螺栓螺纹,在断面变化处以及螺纹部采用大圆角过渡,以减小应力集中;保证螺栓头与螺母支承平面与螺纹中心线垂直,以减小附加弯曲应力等,如图 2-13 所示。连杆大端螺栓、贯穿螺栓都采用柔性结构(图 2-14)。

图 2-13　柔性螺栓

a)贯穿螺栓外形图

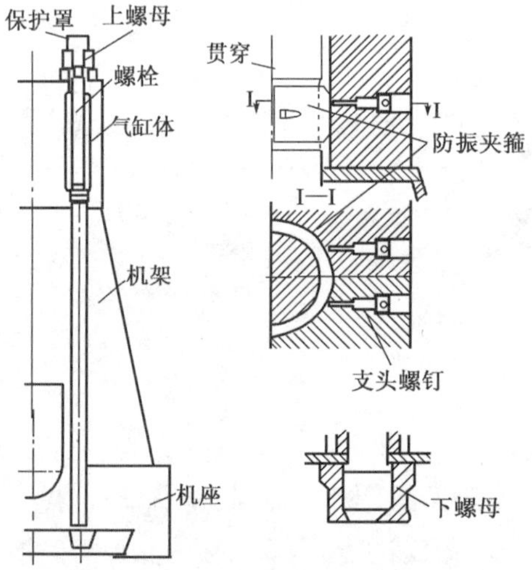

b)贯穿螺栓与“三件”装配图

图 2-14　贯穿螺栓与三件受压图

二十六、柴油机中贯穿螺栓问题

贯穿螺栓的主要作用是使大型柴油机固定件只承受压应力而不承受由气体力产生的拉应力,提高机件承受机械负荷能力。贯穿螺栓上紧后使气缸体、机架与机座三部件承受压应力。贯穿螺栓的中部加装横向支头螺钉,其目的是改变贯穿螺栓振动动频率,防止发生共振。如图 2-14b)所示。

十字头柴油机贯穿螺栓的上紧顺序应是从中央到两端交替成对地进行,通常贯穿螺栓多用液压拉伸器上紧,其预紧度是螺栓的伸长量,贯穿螺栓的预紧力应定期检查,一般每四年检查一次。贯穿螺栓上紧或松开前必须把主轴承盖上的撑杆螺栓松开。

二十七、多道活塞环产生的迷宫效应

通常高速柴油机装3～5道、低速柴油机装4～6道活塞环。多道环可以形成一种曲径式密封,即当环与缸壁、环槽壁贴合不严密时,特别是当环悬浮在环槽中时,气体通过多道环形成的间隙的节流作用,可以大大减少漏气。每道环的密封作用可由燃气压力在各道环槽中的变化情况看出。研究表明,当燃烧室中压力为4.1MPa(100%)时,第一道环后的压力约为0.81MPa(20%);第二道环后的压力仅为0.32MPa(7.8%);第三道环后的压力仅为原来的5%以下。如图2-15所示。由此可见第一道环的作用是十分重要的。

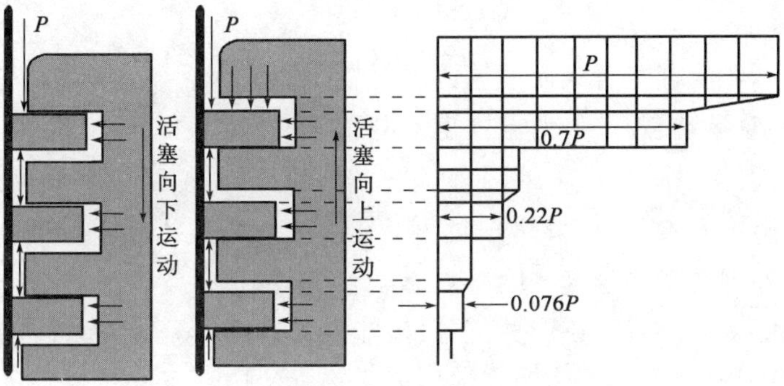

图2-15　多道活塞环产生的迷宫效应

二十八、跳环现象

现象:密封环不再紧压在环槽底面而是上行并悬浮在环槽中(飘环)。

原因:转速增高,或环的张力不足,就容易因惯性发生气环不应有的在环槽中的上下运动。

发生工况:低负荷、高转速时。

后果:影响环的密封性能,可能造成燃气下窜。

二十九、刮油环的结构和安装特点

①与缸壁接触面积小;②环自身弹性大;③环天地间隙小;④双刃环之间有泄油孔;⑤安装时刮刀尖端向下;⑥油环安装处,活塞上钻有泄油孔,这是区分环起刮油作用还是密封作用最根本之处。如图2-16所示。

三十、油刚喷入气缸是否就会着火

着火需要具备两个条件:

一是混合气的浓度要在一定范围内(称为着火界限),超过这一界限将不能着火。二是混合气一定要达到某一临界温度,低于这一温度也不能着火。

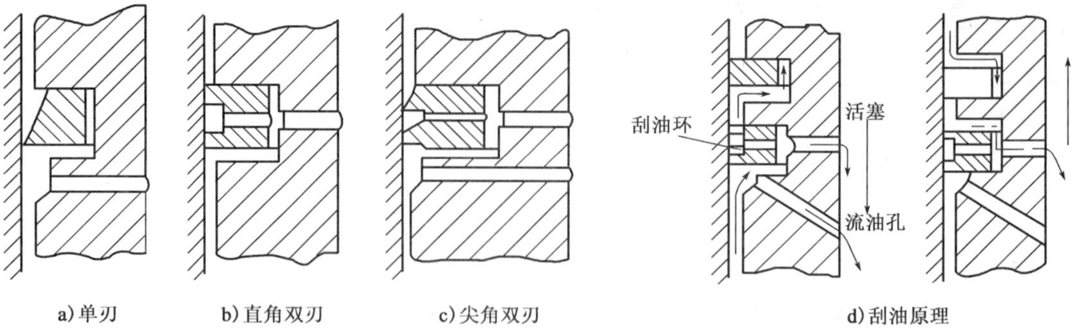

图 2-16　刮油环的结构和工作原理

在柴油机中的可燃混合气着火比上述情况复杂得多。因为燃油喷入气缸分大小不同的油粒，油粒与空气有相对运动，各点处的温度也不同，各油粒具备的理、化条件不同，相邻油粒形成的混合气相互干扰、渗透。在油束外围直径很小的油粒附近，虽因其浓度适当，但其温度较低或化学准备不足而不会着火，油束核心处又因其浓度太大也不会首先着火。首先着火的部位是在油束核心与外围之间混合气浓度适当（通常该局部过量空气系数 $a\approx1$）和温度适当处。由于在缸内符合此要求的部位不止一处，所以可能是多点同时着火，而且各循环的着火点也不尽相同。当火核形成之后，火焰即向四周传播形成稳定的燃烧，传播路径与速度取决于可燃混合气形成的状态以及空气的扰动。

三十一、燃烧过程分为四个阶段

根据分段燃烧理论，整个燃烧过程可分为滞燃、速燃、缓燃和后燃四个阶段。可参看图 1-19及图 2-1c）。

滞燃期的长短对柴油机的燃烧过程有重大（或决定性）影响。滞燃期过短，燃油喷注刚离开喷油器就立即燃烧，会使柴油机动力性降低并冒黑烟；滞燃期过长，滞燃期喷油量也越多，一旦发生燃烧，缸内压力会急剧增高，使工作粗暴，严重时发生燃烧敲缸，并损坏机件。通常，滞燃期过长是引起燃烧过程恶化的通病，所以应尽可能缩短滞燃期，但并不是越短越好。

速燃期有的特点是：①近似等容燃烧，缸内压力上升至最高爆发压力；②为不可控燃烧，即本阶段燃烧速率很难直接用控制该燃烧期燃油与空气混合速度的办法来加以控制，但可用控制滞燃期长短来控制速燃期。速燃期的主要问题是由于燃烧速度过快，使平均压力增长率 $\Delta p/\Delta\psi$ 过大，而产生燃烧敲缸现象（亦称工作粗暴、爆燃）。

缓燃期的特点是：①近似等压燃烧；②为可控燃烧（负荷大小）。在缓燃期内，缸内达最高燃烧温度，燃烧速率逐渐降低，亦称扩散燃烧阶段。缓燃期的主要矛盾是油气得到氧分子的速度赶不上燃烧速度的需要，而发生不完全燃烧。为了改善此阶段的燃烧质量，应设法加强燃烧室内空气扰动以加速混合气的形成。

后燃期是燃烧过程在膨胀中的继续。后燃期存在以下危害:①排烟温度升高;②热负荷增加;③热效率下降;④可靠性降低。所以后燃期越短越好,但柴油机的后燃不可避免。

三十二、无冷却式喷油器的主要特点

当代船用二冲程超长行程柴油机使用无冷却式喷油器,其主要优点如下:

①省略了单独的冷却系统;②备车期间(燃油升压泵运转)可对喷油器预热;③机动航行期间可不必换(轻)油;④在运转期间可实现对喷油器冷却并兼驱气作用。但此种喷油器的启阀压力在使用中不可调节(某些最新产品中提供了一种调节垫片,可在解体后装设此垫片,增加启阀压力约 3MPa)。如图 2-17 所示。

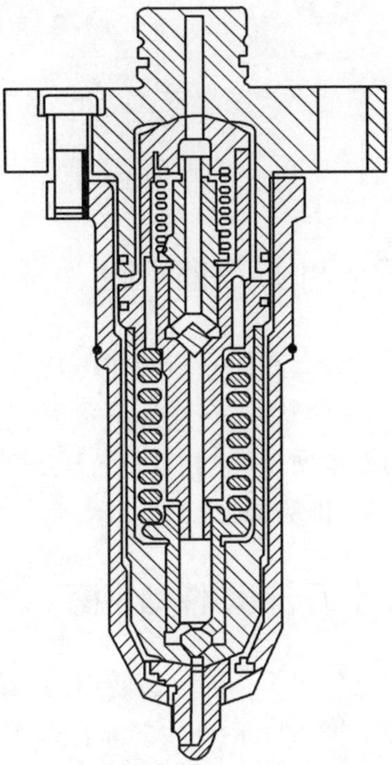

图 2-17 MAN/B&W 无冷却式喷油器

三十三、各缸工作状态判断

(1)某六缸四冲程柴油机的发火顺序为 1—5—3—6—2—4,当第一缸处于发火位置时,第二缸应处于什么工作状态?

按给定条件并根据发火间隔角相等原则,四冲程六缸机的发火间隔角为 120°CA(CA 为曲柄角),可知第 1、6 缸同处上止点位置(相差 360°CA),第 2、5 缸为活塞上行行程(压缩或排气),第 3、4 缸均为活塞下行行程(进气或膨胀),但相位不同。如图 2-18 所示。若第 1 缸为发火上止点则第 6 缸相位为换气上止点(燃烧室扫气上止点),按柴油机工作过程可知,此时第 5 缸为压缩行程,第 2 缸为排气行程;同理,按工作过程分析,第 3 缸为进气行程,而第 4 缸为膨胀行程。

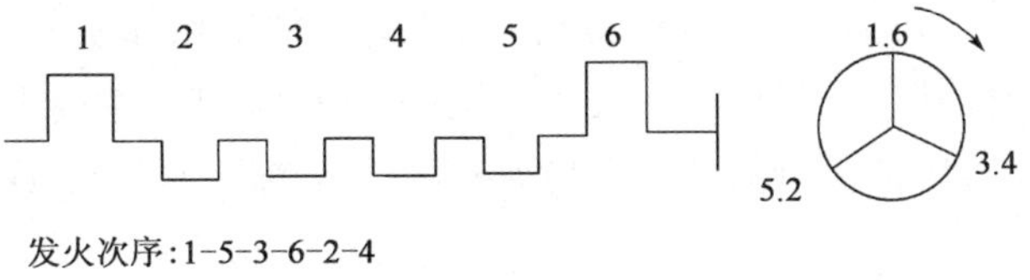

图 2-18 四冲程柴油机曲柄排列图

(2)某二冲程六缸柴油机发火顺序为 1—6—2—4—3—5,当第 1 缸发火时,则第 4 缸处于什么工作状态?

曲轴每转动一周,各缸均发火工作一次,二冲程六缸机的发火间隔角为 60°CA,根据发火顺序 1—6—2—4—3—5,画出如图 2-19 所示,故知第 4 缸为进气行程。

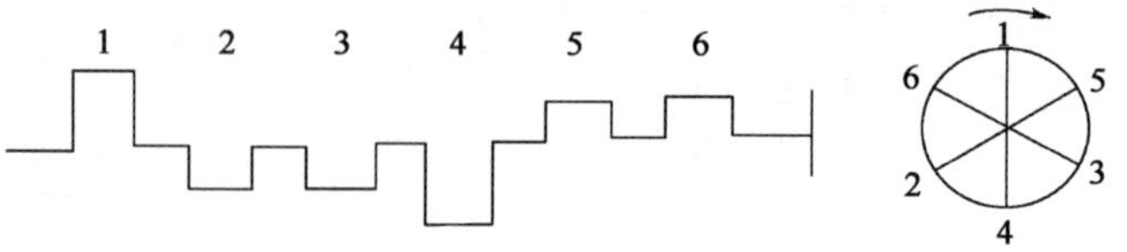

图 2-19　二冲程柴油机曲柄排列图

三十四、转子静平衡

质量分布在同一回转面内构件，构件轴向长度小于直径的回转件，如叶轮、飞轮、螺旋桨等，达到平衡状态，在任何位置都可保持静止，这种平衡称为静平衡。通过在回转平面内增加一定的平衡质量（或相反位置减去质量），使其产生的离心力与原有质量产生的离心力的向量和等于零，即为静平衡。

三十五、转动件动平衡

质量分布不在同一回转面内构件，构件的轴向长度大于直径，如增压器转子、多缸机曲轴、电机转子等，回转时产生的离心力不再是平面汇交力系，采用静平衡的办法不能解决其转动时的不平衡。为了要完全平衡离心力，可以沿轴线任意选定两个垂直平面，将各不平衡质量所产生的惯性力分解到两个平面上，从而将空间力系的平衡转化为两个平面上汇交力系的平衡，即为动平衡。增压器转子、柴油机曲轴要满足动平衡要求，在动平衡机上进行大于 1000r/min 的试验。

三十六、增压器喘振

当离心压气机的流量减少到一定限度时，压气机的气流出现强烈的脉动、排出压力忽高忽低，瞬时流量忽正忽负，压气机产生强烈的振动并伴有沉重的喘息声或吼叫声，这种现象称为压气机的喘振现象。喘振是离心压气机的固有特性，研究表明，在增压器叶片前缘发生气流分离（当流量降低时在其叶片凹面产生气流分离）的扩展是喘振的主要原因，而在叶轮进口处气流分离（流量下降，在其叶片凸面产生气流分离）的扩展会使喘振加剧。

使用中的增压器造成其流量降低的主要原因是压气机出口端背压升高。由此，造成喘振的根本原因是压气机高背压低流量。而消除喘振的根本措施是降低背压，增加流量。

三十七、柴油机磨合管理

柴油机磨合（又叫跑合）是通过磨损的方法达到的，用尽量少的时间达到燃烧室良好的密封是柴油机磨合的主要目的。在磨合中应遵循以下管理要点：

（1）磨合期气缸润滑使用纯矿物油或低碱性气缸油以便获得一定腐蚀磨损，加速磨合。

（2）磨合期应增大气缸注油量以密封燃烧室，防止拉缸。如 L-MC/MCE 机型，前 20 ~ 24h，以最大极限供油量磨合，并在最初运转的 1000 ~ 2000h 内，比正常供油量多 50%。

(3)磨合中运转负荷、转速与时间分配应按磨合规范,其要点是由空车开始逐加负荷,连续运转并定时停车检查。

三十八、柴油机操纵系统中设有的联锁装置

为免误操作与事故发生,在柴油机中使用的联锁机构主要有:

①盘车机联锁。盘车机未脱开不能起动;②起动联锁。未回车钟,不准起动;换向未结束,不准起动;③换向联锁。在起动和运转中不得换向;④运转方向连锁。当曲轴转向与车钟要求不一致时,不能供油。同时,操纵系统中还必须设有必要的安全保护与报警装置,当柴油机某些运转参数超过允许上限时或允许下限时,自动断油停车或降速,如超速保护装置,油、水低压保护装置等。

三十九、敲缸现象

柴油机在运行中产生有规律性的不正常异音或敲击声,这种现象称为敲缸。敲缸常分为燃烧敲缸(热敲缸)和机械敲缸(冷敲缸)两种。

由于燃烧方面的原因在上止点发出尖锐的金属敲击声称为燃烧敲缸或热敲缸。在发生燃烧敲缸现象时,若继续运行,则发动机的最高燃烧压力异常地增高,各部件的机械应力增大,在冲击力的作用下,运动部件会过快地磨损,并导致损坏。

因运动部件和轴承间隙不正常所引起的钝重的敲击声或摩擦声,其特征是发生在活塞的上下止点部位或越过上下止点时,这种现象称为机械敲缸或冷敲缸。

区别燃烧敲缸和机械敲缸的方法是:如果是燃烧敲缸,则采取降速或切断该缸供油时,敲击声音即应消除;如敲击声不能消除,则可能是机械敲缸所造成,可用听诊棒探查敲击声发生的部位。燃烧敲缸除用切断供油和听其敲击声来判别外,也可采用测取示功图检查燃烧状况和 P_{zmax} 来断定。

燃烧敲缸的原因:①燃油喷射时间过早,使平均压力增长率和最高爆发压力 P_{zmax} 增高;②喷油器的喷嘴针阀在开启位置卡住发生漏油;③喷油器弹簧断裂而漏油;④喷油器弹簧松动,启阀压力下降,喷油提前;⑤该缸超负荷运转,喷油量过大;⑥所用燃油的燃烧性能差,发火迟后。

四十、柴油机的热平衡

燃油在气缸中燃烧所放出的热量并不能全部转化成有效功,只有 30% ~55% 的热量转化为有效功,其余 45% ~70% 的热量为各种形式的损失。

通常,在柴油机热平衡中各项热量的分配情况大致如下:

有效热功当量,即转变为有效功的热量(kJ/h)为 30% ~55%;

排气热损失,即排气带走的热量(kJ/h)为 25% ~40%;

冷却热损失,即冷却介质带走的热量(kJ/h)为 10% ~30%;

余项损失(kJ/h)为2%～10%。

通过采用动力涡轮系统,使部分废气旁通进入动力涡轮,并带动发电机供电,可产生最大持续功率4.9%的可用输出功率,从而使柴油机的输出总效率达到54.2%,见图2-20。此外,通过使用废气锅炉和利用缸套水,可以使柴油机总的热效率达到60%以上。

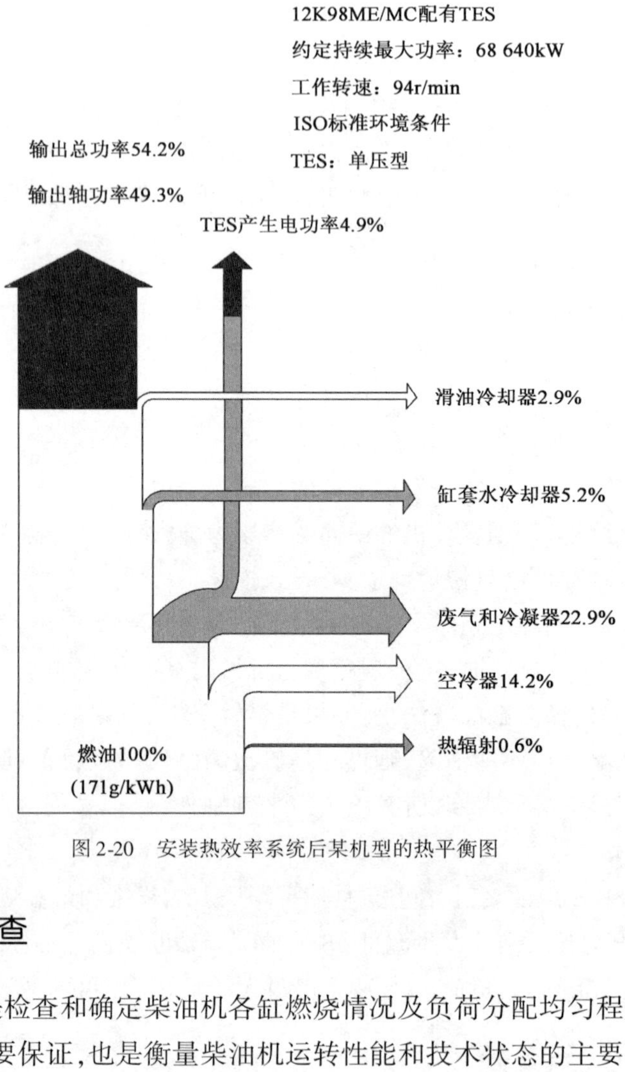

图2-20　安装热效率系统后某机型的热平衡图

四十一、热力检查

热力检查的目的是检查和确定柴油机各缸燃烧情况及负荷分配均匀程度。这是柴油机正常运转、可靠工作的必要保证,也是衡量柴油机运转性能和技术状态的主要内容之一。

热力检查主要指热负荷和机械负荷的检查。热负荷主要体现在冷却水温度、滑油温度和排气温度上。机械负荷则主要体现在最高燃烧压力和平均指示压力上。热负荷可以通过直观的手段掌握。对喷油泵、喷油器的工作状态可通过检查排气温度,观察排气颜色,以及打开示功阀观看火焰的喷射情况等方法来检查,从而判断喷油设备的技术状态。机械负荷可以通过测取示功图来确定最大燃烧压力和平均指示压力,并用以分析、判断各缸负荷的大小和分配情况。各缸平均指示压力的大小是判断各缸负荷分配是否均匀的主要依据。测取 p-V 示功图可求得平均指示压力来判断各缸负荷的大小和分配情况。另外还可通过测取手拉示功图和手拉展开示功图来确定压缩压力、燃烧发火点、最高爆发压力和燃烧过程。

四十二、机械检查

机械检查的目的是为保证柴油机各机件及系统始终处于正常的技术状态。"听、看、摸"是轮机管理人员最直接、简便的手段。不正常的运转声响可能来自零件的松动或系统的故障从而导致机损。为此,应注意下述检查与调整工作:①应经常注意倾听柴油机与其他机械的运转响声。如发现有不正常响声,应迅速查明原因并及时排除;②注意检查、触摸有关部位(曲轴箱道门、缸套底部、十字头导板等)的温度变化;③注意检查有关部件(如气缸盖、喷油器等有关管系)有否泄漏;④加强各系统的管理。如冷却水系统的淡水泵出口压力(异常波动可能由气缸或气缸盖裂纹引起),膨胀水箱水位(下降过快,可能由管系漏泄引起),水温(过高可能是由于水量过少,此时应首先降速运行并单缸断油,然后缓慢增大冷却水量,切不可突然增大水量,以免缸套碎裂),空冷器管理(潮湿海域航行时应调小海水量,以防空冷器中出现大量凝水),淡水冷却器管理(水管漏泄使淡水漏入海水)。其他如滑油、燃油、增压系统等。

第三章
柴油机重要测量与调整

第一节　重要测量与调整汇总

(1)上死点的测量与调整。
(2)压缩比的测量与调整。
(3)轴承间隙的测量与调整。
(4)气阀导管的磨损检查与调整。
(5)气阀间隙的测量与调整。
(6)气门正时的检查与调整。
(7)喷油泵检查与调整。
(8)喷油定时的检查与调整。
(9)喷油泵供油零油位的检查与调整。
(10)各缸喷油量均匀度的检查与调整。
(11)喷油器的检查与调整。
(12)曲轴状态的测量与调整。
(13)活塞磨损的测量与调整(修理)。
(14)缸套磨损的测量与调整(修理)。
(15)活塞环搭口间隙的测量。
(16)活塞环平面间隙(天地间隙)的测量。
(17)活塞环失去弹性的检查。
(18)活塞与缸套配合间隙的测量与调整。

第二节　重要测量与调整做法

一、上死点的测量与调整

如果发现飞轮上的死点位置不对或没有死点刻线,可按以下顺序做出:

(1)在柴油机飞轮罩壳或机架上装一指针,使指针指向飞轮的轮缘上,在整个求定位刻度过程中不准任意移动。

(2)顺着柴油机的转向转动曲轴,使第一缸的曲柄销转至上死点前大约30°左右停止转动。如果气缸盖还没安装,则可用直尺量取活塞顶至气缸上平面的距离,记下数值。如果缸盖已安装,可拆去喷油器,从通孔中插入一根粗细合适的金属棒,抵在活塞顶上。量取当活塞处于上死点前大约30°左右时金属棒伸出气缸的高度。当活塞处于上述位置时,我们也可以用钢尺伸入气缸下部量取活塞下底边至气缸衬筒底边的距离并记下数值。

(3)不管采用何种方式,在量取这个数值的同时,要在指针相对的飞轮轮缘面上临时刻画一条线 B,如图3-1所示。十字头式柴油机除了在飞轮上刻线外,在导板上与滑块的上端面齐平的地方也刻上一条线。

(4)继续按原方向转动飞轮,直至越过上死点后大约40°左右停止,再慢慢地向反方向盘车(向上死点方向转回)。当转至与上述各不同方法所量取的数值相等的位置时,立即停止转动(十字头式柴油机则使滑块上端面与刻线重合时停止转车)。再在指针相对的飞轮轮缘上画出第二条线 C。

(5)二等分飞轮上两条刻线之间的弧长 BC 所得的中点 D,即为该缸活塞的上死点位置。

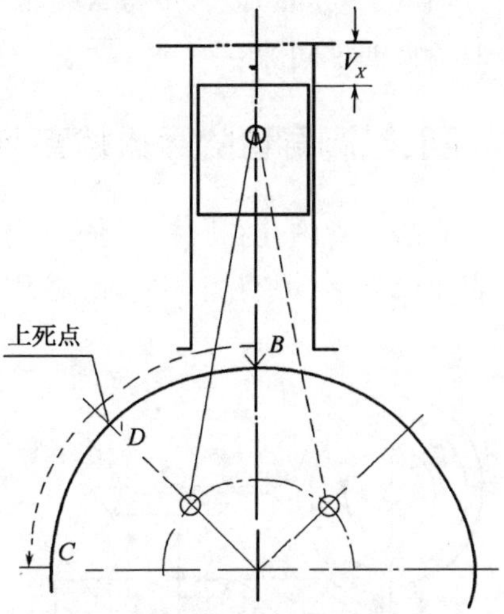

图3-1　活塞上、下死点定位刻线

二、压缩比的测量与调整

一般通过压缩余隙的测量与调整,来掌控压缩比。压缩余隙可调的柴油机,当更换,或整修过连杆、连杆轴瓦、活塞销衬套、气缸垫、机体下平面衬垫,或进行高标号保养时,对压缩余隙必须进行检查。

检查压缩余隙时,卸下气缸盖,用比压缩余隙稍大的铅丝(保险丝)2~4段,每段长约10mm,分别放在活塞顶部的平面上,再用润滑脂粘住。铅丝放的位置要注意避开气门,然后装回气缸盖,并按要求拧紧气缸盖固定螺帽,再缓慢转动曲轴,使活塞越过上死点,当活塞越过上死点后,铅丝被压扁,铅丝被压扁后的厚度相当于压缩余隙。再卸下气缸盖,取下铅丝,测量铅丝厚度,几段铅丝的平均厚度即为压缩余隙。

经过上述检查,如果压缩余隙不符合规定要求,可采取增、减气缸垫的片数,或对厚度进行调整。

三、轴承间隙的测量与调整

粗略测量可用专用塞尺进行,测量值比轴承实际间隙值要小0.05mm左右。对曲轴未装入轴承中的情况,可采用直径差法,用内、外千分尺测量孔、轴直径而后求差的办法。

最常用的是压铅丝法。先把轴承盖拿去,然后用牛油辅助将三根铅丝绕放在轴颈上部,使轴颈上部被铅丝分成相等的几段;然后把轴承盖装上去,把螺栓紧到原来位置;再拆下轴承盖,用外径千分尺测量被压扁的铅丝中部厚度,这个数值即轴承间隙。铅丝直径应为被测轴承规定间隙的 1.5 ~2 倍,长度应比轴颈的半圆稍短些,要能包住轴颈 150 弧度左右。

轴承实际间隙值若不符合要求,则应进行调整,一般用改变轴承上、下瓦结合面垫片的厚度来调整轴承间隙。

四、气阀导管的磨损检查与调整

清洁导管内孔和阀杆,阀杆上涂少量机油,将阀杆插入导管内,上下滑动几次,若凭阀杆自重能徐徐下落,说明配合良好;或用手侧推阀杆,如有明显晃动感觉,认为间隙过松;或用如图 3-2所示方法检查:将阀杆拉出离缸盖平面约 15mm,用千分表抵住阀盘边缘,沿表的触针方向来回推动气阀,即可从表中读出间隙值。一般间隙大于 0. 2mm 应更换导管。

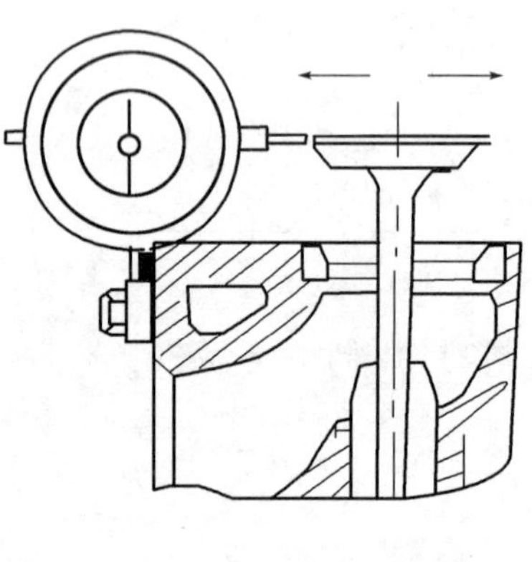

图 3-2　气阀导管磨损检查示意图

新导管与管孔配合一般过盈 0.025 ~0.075mm。导管拆装可用简单的专用冲头,对不带台阶的导管,要注意导管的装配深度应符合说明书要求,例如 135 机型规定导管高出气阀弹簧座面 26 ±0. 30mm。如压入太深,则导管冲入缸内过长,受热增加,阀杆散热不良;如压入太浅,则气阀工作不稳,容易卡住。导管与阀杆配合过紧,可以铰削导管内径修正。

五、气阀间隙的测量与调整

气阀间隙应在冷态、气阀处在关闭状态下进行测量。

1. 判断某缸两气阀都处在关闭状态方法

(1)用手搓动“筷子”,转动自如,表示气阀处于关闭。

(2)看“筷子”是否落在了凸轮基圆。

(3)看该缸喷油柱塞是否开始上行。

2. 气阀间隙的测调方法

(1)逐缸单调:盘车使滚轮与凸轮的基圆接触,同时在摇臂的顶杆端略加力将摇臂压下,这时,摇臂另一端的阀杆端部将出现间隙,用塞尺测量此间隙值并与标准值比较。若不符合,则可通过摇臂一端的调节螺钉进行调节,间隙调好后锁紧螺母应上紧,如图 3-3 所示。

(2)对四冲程机的“一次盘车调完”:先观察哪个缸正处在工作冲程(喷油状态),该缸进、排气阀均关闭,可测调;列出发火顺序,如 1—5—3—6—2—4,按“先进后排”找出可调气门。

“先进后排”意指比工作缸先工作那缸的进气阀，和比工作缸后工作那缸的排气阀。例如现第 3 缸在工作，则比它先工作的 1 缸、5 缸的进气阀可测调，这就叫“先进”，比它后工作的 6 缸、2 缸排气阀可测调，这就叫“后排”，第 4 缸则两气门都不可调。盘车一周（360°CA）后，余下的气门都可调了，包括 1 缸、5 缸的排气阀；6 缸、2 缸进气阀及 4 缸的进、排气阀。不同缸数、不同发火顺序的四冲程机均可按本方法处理。

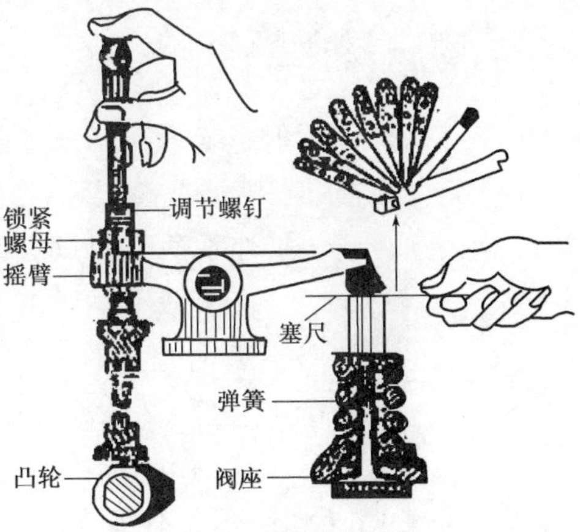

图 3-3　调整气阀间隙

六、气门正时的检查与调整

气阀正时的检查方法有两种：

（1）粗验法。用手搓动两“筷子”，缓慢盘车，开始紧则气门始开，开始松则气门始关。

（2）精确法。用千分表测量。

柴油机在运行过程中气阀定时会由于种种原因而发生变化，气阀定时的改变均会导致换气质量的下降，进而影响柴油机的燃烧过程和功率的发挥。因而应按时对气阀定时进行测量和调整。

气阀定时的测量与调整只有在气阀间隙符合要求时才能进行，气阀定时的测量方法随机型而异。一般均采用千分表测量，如图 3-4 所示，把千分表架置于排气阀壳上，表的测量触头与气阀弹簧盖接触，并有一定读数，然后缓慢盘车，当表的指针刚刚移动的时刻，即为排气阀的开启时刻，马上停止盘车，此时飞轮上相应的角度就是排气阀的开启角度。当发现正时与给定值不符时，就要进行调整，通常是调节凸轮在凸轮轴上的安装位置。

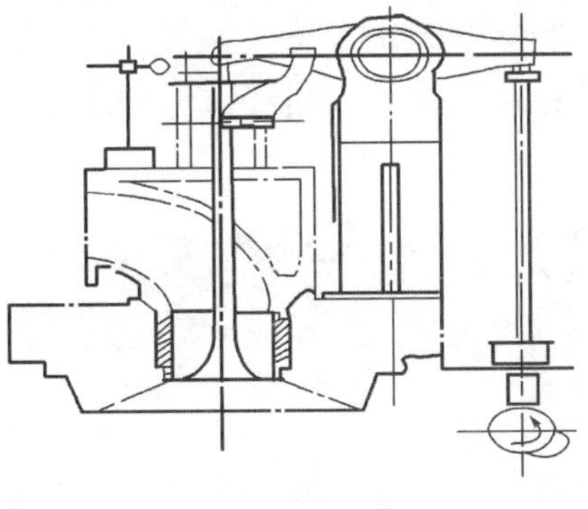
a）测量结构示意图

b）实物测量

图 3-4　气阀定时的测量示意图与实物图

凸轮、滚轮等传动件磨损，链轮、链条再度张紧，拆装机器时凸轮轴安装不正确，都会使定时与给定数值不符。大型低速柴油机排气阀定时可以调整，它们的凸轮轴与凸轮轴联轴节、凸轮轴与排气凸轮多采用液压拆装的过盈配合连接，能够改变它们之间的装配角度。

七、喷油泵检查

图3-5为燃油喷射系统图,有三对精密偶件。

(1)综合检查。在喷油泵高压油管接头处装压力表,手动泵油达到说明书规定的泵油压力时停止泵油,按住泵油手柄不动,观察压力表指针。此压力读数若能在说明书规定的时间(一般不小于30s)内保持不降,则认为密封性良好。否则,应按以下顺序继续检查。

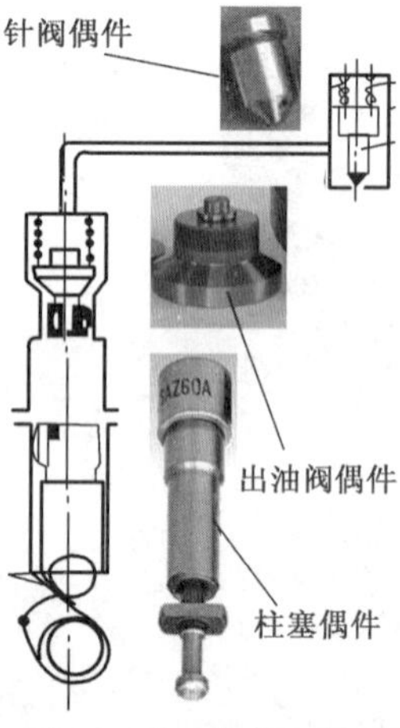

图3-5 燃油喷射系统图

(2)密封性检查。操作过程基本同上,区别在于停止泵油时应放松泵油手柄。由于泵油手柄松动,柱塞自然下行。这时若压力表读数基本不变,则认为出油阀密封性良好;否则,出油阀应予换新或取出出油阀。

(3)进、回油阀密封性检查。取出出油阀后重复第(1)项检查。若压力下降很快,则说明进、回油阀或柱塞偶件漏油。鉴别方法是在研磨进、回油阀并取得满意效果后再重复此项检查。若密封性明显改善,则说明原进、回油阀密封性不良;若密封性仍无改善,则说明柱塞偶件密封性不良,应予换新。

八、喷油定时的检查与调整

喷油定时的检查方法因机型而异,在柴油机说明书中均有专门说明。

(1)冒油法。首先拆下喷油泵上的高压油管,并接上有助于清晰观察液面变化的玻璃管接头,然后将燃油手柄置于标定供油位置,将柴油机盘车至喷油泵供油点附近,手动喷油泵柱塞使燃油在玻璃管中上涨到一定可见高度。缓慢盘车同时注视玻璃管中液面位置。液面刚上升的时刻即为供油时刻,此时停止盘车,曲轴飞轮上的指示刻度即为相应的供油提前角,如图3-6所示。对多缸机可按发火顺序依次检查。

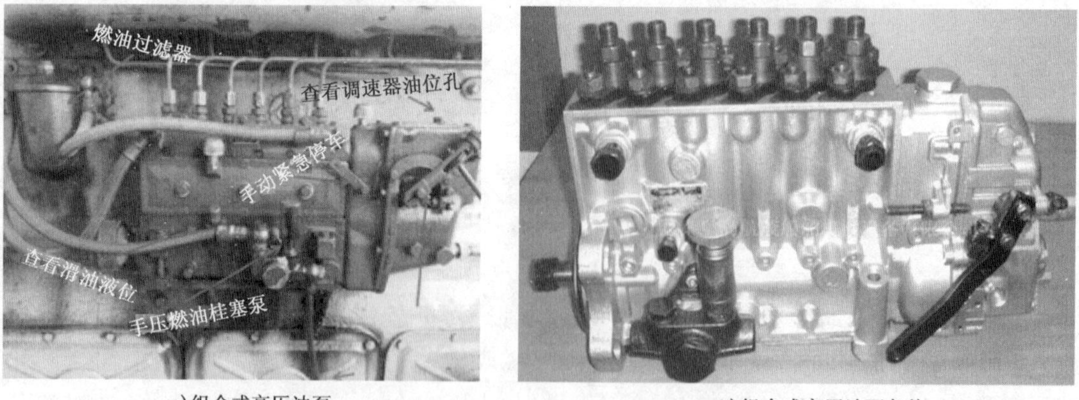

a)组合式高压油泵　　b)组合式高压油泵备件

图3-6 冒油法检查喷油定时

(2)照光法。对于大型回油孔终点调节式喷油泵，若套筒上进、回油孔高度相等时，可拆下泵体上与之相对的螺钉缓慢盘车，从油孔中观察柱塞的运动，并在对侧的螺孔处用手电筒照明。当柱塞上行到刚将回油孔封住而看不到光线时立刻停止盘车，此时飞轮上的刻度为该泵的供油始点(几何供油始点)，如图 3-7 所示。

(3)标记法。有些柴油机油泵的泵体上有上下两条固定刻线，而柱塞导筒上有一条滑动标线。盘车时滑动标线与泵体下标线重合时刻为柱塞在凸轮基圆时刻。滑动标线与上标线重合的瞬时即为喷油泵的供油始点，如图 3-8 所示。

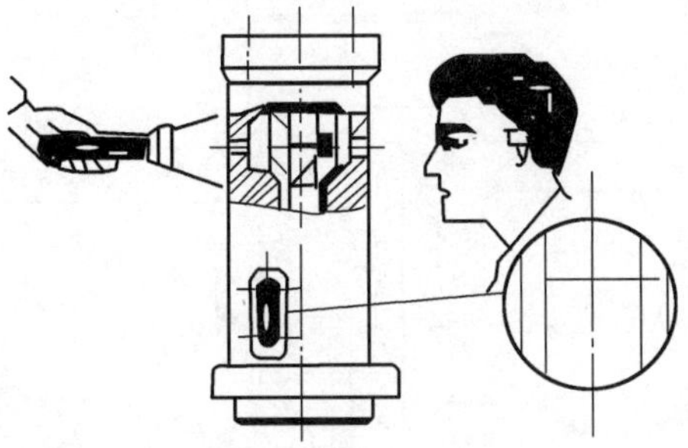

图 3-7 用照光法测量定时

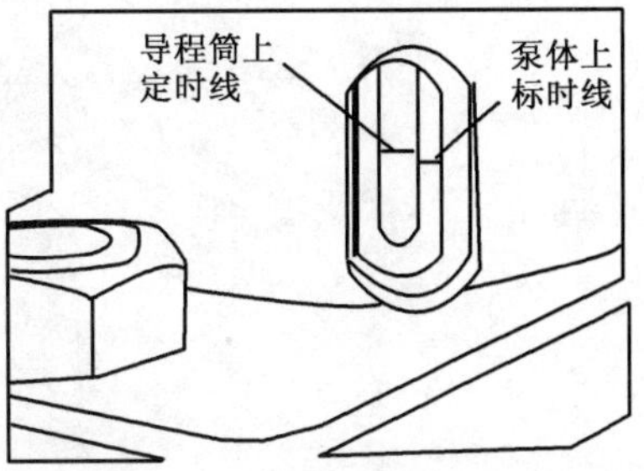

图 3-8 用标记法测量定时

调整喷油泵供油定时的三种方法：

(1)转动凸轮法。各种类型的柴油机，安装凸轮的凸轮轴与曲轴按固定速比(1∶1 或1∶2)传动；无论是齿轮传动或链传动，只要改变两轴的相位，即改变燃油凸轮的相位，喷油泵的供油定时也发生改变。整体式凸轮轴(小型柴油机)调节整机的供油定时，可松脱油泵凸轮轴连接法兰盘，转好调节角后再重新连接。此做法的规律是：凸轮轴相对曲轴超前时，供油提前；反之则滞后。对于装配式凸轮轴(大中型柴油机)调节单缸的供油定时，可直接转动燃油凸轮的安装相位，如图 3-9 所示。沿凸轮轴正车方向转动凸轮，定时提前；反之，定时滞后。

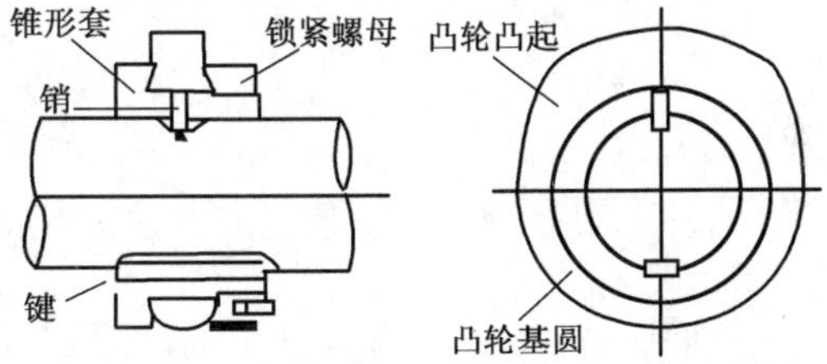

图 3-9 调整燃油凸轮结构图

(2)升降柱塞法。此法多用于中小型柴油机回油孔调节式喷油泵。柱塞上升时定时提前，反之则滞后。柱塞的升降是通过调节顶动柱塞的顶头高度来实现的：在顶头上装有调节螺钉，螺钉的旋入或旋出改变了顶头的高度。调节前后需松动或紧固锁紧螺母，如图 3-10 所示。

(3)升(降)套筒法。此法多用于大中型柴油机回油孔调节式喷油泵。套筒上升时定时滞后，反之则提前。套筒的升降有三种途径：一是套筒上端设有一组调节垫片，减少垫片即升高套筒，供油定时滞后；二是在泵体下端设置多个调节垫片，增加垫片或增厚垫片使套筒升高，则供油定时滞后；三是在套筒下部设螺旋套，用定时齿条拉动使套筒升降，此即为 MAN/B&WLMC 机型 VIT 机构。

a) 升降柱塞调节

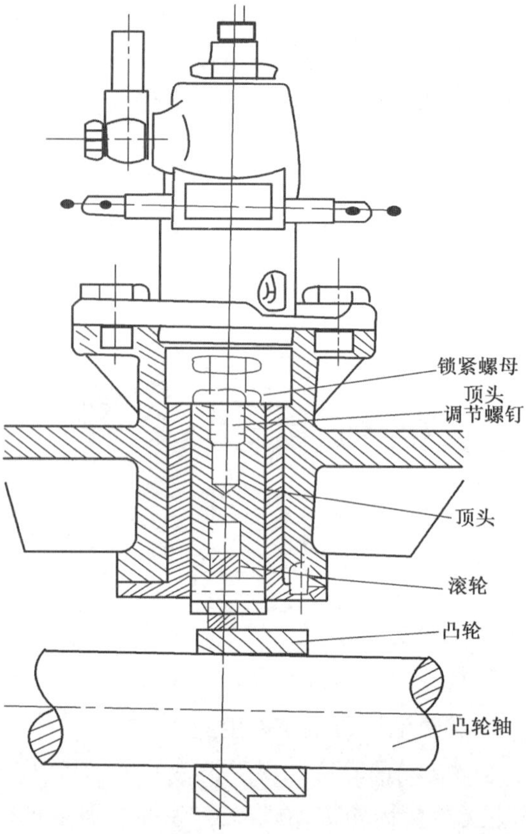

b) 升降柱塞装配图

图 3-10 升降柱塞法示意图

九、喷油泵供油零油位的检查与调整

停油位置或“0”位检查是当油门手柄处在停车位置时，各缸喷油泵的供油量应为零，以保证可靠停车。回油孔式喷油泵的油量调节齿条上有刻度，表示供油量多少。只要喷油泵安装正确，当齿条在小于刻度位置“2”时，就能保证喷油泵供油量为零。因此，在燃油手柄放在停车位置时，各缸喷油泵齿条都应处在刻度范围“0～2”内。如齿条刻度不符合要求，可通过转动齿条与油量调节杆连接处的调节螺钉调节。

对于回油阀式高压油泵，保证停车的措施是，当操纵手柄拉到停车位置时，应保证各缸高压油泵的回油阀稍稍开启。其停油的快慢决定于回油阀杆下面与摇臂之喷油隙的大小。把油门手柄置于停车位置后，通过调节回油阀杆下的调节螺钉，使其最大的间隙为零即可。但是为了可靠地确保停油，往往使此时的回油阀保持一定的开启高度（一般为 0.2～0.4mm）即使此处保持间隙。为此，需要首先根据高压油泵的不同调节方式（看其是始点调节式还是终点调节式），确定回油阀的关闭位置，然后再进行调节。一般做法是在回油阀上插上一个千分表，并暂时先把油门手柄放到额定给油位置。对于始点调节式的油泵，可用人工把柱塞撬到上止点(对于终点调节式油泵,则把柱塞放到凸轮的基圆上),应确保此时回油阀肯定处于关闭位置。然后,调节千分表的指针使它也指在零位(此时千分表的指针应压住回油阀)。此后,再把油门手柄拉到停车位置,最后再调节回油阀下方的调节螺钉。使回油阀在凸轮一转中最小有0.2~0.4mm的升程,即可以保证当油门手柄拉到停车位置时,回油阀始终处于开启状态,此时高压油泵肯定不再射油,便可迅速停车。

注意:上述保证零位停车间隙的调整十分重要,它和各缸喷油定时调整一样,不允许出现任何差错。此间隙调反了,可能使柴油机停不下来,后果相当严重。所以,进行此项调整操作完毕之后,还应进行严格检查。为确保零位停车,在做好零位调整后,最好再拆开各缸油泵高压油管,检验一下零位,看是否确实停油,以确保安全停车。

十、各缸喷油量均匀度的检查与调整

标定供油量检查:在油泵试验台上将喷油泵燃油手柄置于标定位置,按说明书规定,测定各泵连续泵油规定次数(如100次)时,在专用计量筒中的累计供油量应符合说明书要求。

在多缸柴油机中,当油门手柄置于某固定位置(通常为标定油门)时各缸供油量应该均等,以保证各缸负荷均匀,此要求已在柴油机出厂调试中予以保证。按我国有关规定,在全负荷时各缸供油量的不均匀度应小于5%。当柴油机长期运转后或柴油机的喷油系统拆检后,各缸供油均匀度将发生变化,需进行调整,如图3-11所示。通常,供油量的检查包括停油位置和供油均匀度检查两种。

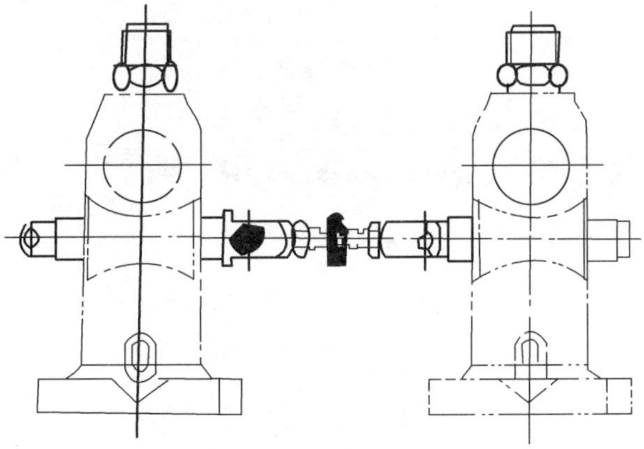

a)两缸相对调节机构

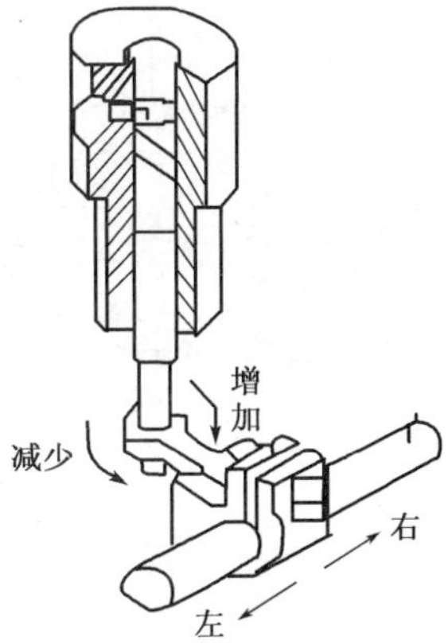

b)本缸调节机构

图3-11 多缸柴油机各缸供油均匀度调整

喷油量的总调通过移动油量调节总杆实现,单调通过改变各喷油泵油量调节机构与油量调节总杆的相对位置实现。

十一、喷油器的检查与调整

1. 启阀压力的检查和调节

启阀压力是喷油器开始喷射时的最低压力。因对雾化质量影响很大,所有柴油机说明书中都规定了喷油器的启阀压力，如表3-1为例。对不同类型的柴油机，其值一般在15～35MPa之间。喷油器长期使用后，启阀压力可能因调节螺钉松动、弹簧折断或卡趴顶杆与针阀磨损或卡带等原因而变动，因此必须经常进行检查。检查所用设备是喷油雾化试验台，如图3-12。检查前必须先检查设备本身的密封性，即当关闭试验油泵的出口，压动试验油泵使油压升至启阀压力以上时，油压应缓慢降落而不骤降。检查时接上试验的喷油器，先排除空气，然后观察开始喷油时的压力即启阀压力。如此值与规定值不符，则拧动调节螺钉，直到满意时为止。

国产船用中小型柴油机喷油器技术数据　　表3-1

技术数据	105机型	110机型	135机型	140机型	150机型	160机型	250机型	260机型	300机型
喷油器型式	单孔闭式针阀式	单孔闭式针阀式	多孔闭孔	单孔闭式针阀式	多孔闭孔	多孔闭孔	多孔闭孔	多孔闭孔	多孔闭孔
喷孔数	单孔	单孔	4	单孔	7	7	6	8	7～9
喷孔直径（mm）	$\phi1$	$\phi1$	$\phi0.35$	$\phi1$	$\phi0.25$	$\phi0.25$	$\phi0.30$	$\phi0.30$	$\phi0.35$
喷射压力（$\times10^5$MPa）	145±5	120 150	175±5 190±5	130±5	210±5	200－220	190±10	280	200－210

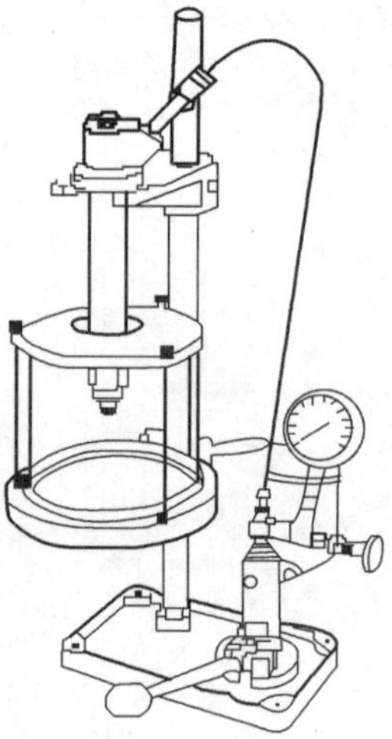

a) 筒式

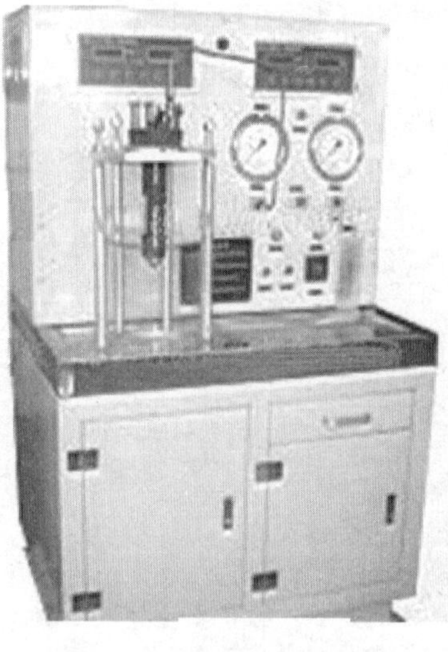

b) 柜式

图3-12　喷油器试验台

2. 密封性检查

喷油器密封性检查包括针阀与针阀体柱面和针阀与阀座两处密封性的检查。此项检查也是在喷油器雾化试验台上进行的。试验时泵油油压控制在略低或略高于启阀压力，停止泵油后观察油压降落的速度。如某机型要求泵压至启阀压力（调弹簧预紧力）在5s内压力降不大于5MPa。此速度大于规范时说明针阀与针阀体柱面间隙大，因密封不良而产生漏油，致使压降较快。在检查柱面密封性的同时亦可检查锥面的密封性，即在上述情况停止泵油时，若喷孔处只有轻度潮湿而无燃油滴漏者为密封性良好。

3. 雾化质量检查

此项检查也是利用喷油器雾化试验台。当手动泵油时细心观察喷柱的形状、数目、油滴细度和分布情况，注意察看在启阀压力之前和喷射之后喷孔处是否有燃油滴漏。良好的雾化质量应是喷柱符合要求，并且无油滴涌出或渗漏，整个喷射过程伴有清脆的“吱吱”声。如图 3-13。

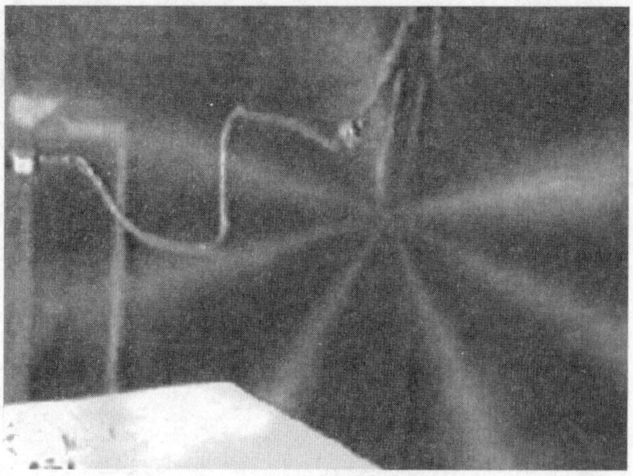
图 3-13　雾化质量检查图

对于雾化质量不佳的喷油器，如确系因针阀锥面密封性不良所致，可用少许研磨剂调和机油，仔细涂在锥面处研磨。当喷孔堵塞时可先用煤油浸泡，然后用略小于喷孔直径的钢探针疏通，必要时换新喷油嘴。

十二、曲轴直线状态的测量与调整

理想的曲轴处于直线状态，如图 3-14 所示。

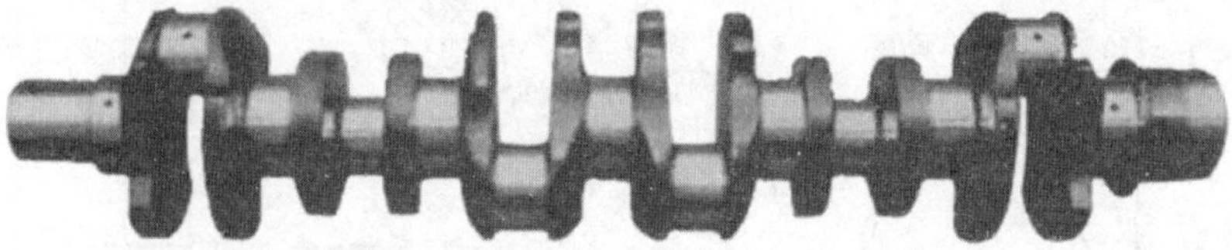
图 3-14　理想的曲轴处于直线状态

检查曲轴直线状态，可以通过测量臂距差（拐档差），对各主轴承不同程度磨损或机座变形带来的非直线状态，作出判断和处理，即“正凹、负拱”。实测拐档差若为正，表明曲轴下凹；拐档差若为负，表明曲轴上拱，如图 3-15。在水平面上测量同理。由拐档差值，表明曲轴偏离直线状态。

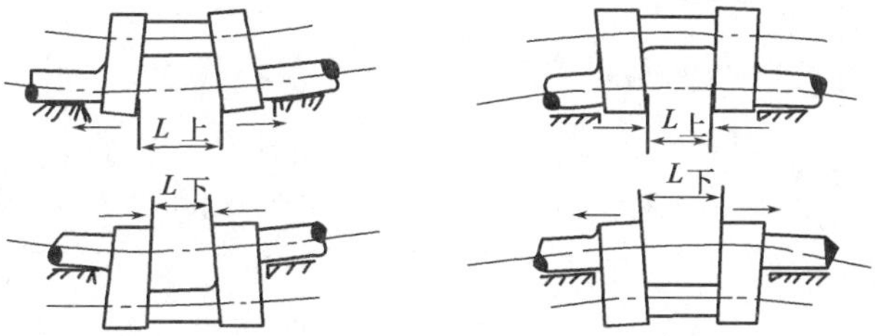

a）轴承低时轴线呈塌腰形　　b）轴承高时轴线呈拱腰形

图 3-15　通过测量臂距差判断下凹与上拱

1.需要测量臂距差的情况

(1)新造柴油机台架试验和主、辅机安装过程中要进行多次测量。

(2)柴油机修理过程中要进行多次测量。

(3)营运期间为了检查曲轴状态和各道主轴承磨损情况,要定期测量。

(4)船体刚性较差的船舶装载后要进行测量。

(5)船舶发生搁浅、碰撞等事故后测量。

(6)拂刮主轴瓦和换新主轴瓦后测量。

(7)贯穿螺栓、地脚螺栓重新预紧后测量。

2.测量条件与要求

条件:在柴油机冷态进行测量;夜间、清晨或阴雨天气测量;船舶装载条件相同时测量。

要求:一次装表完成全部测量;柴油机正车回转进行测量。

3.测量方法与记录

分拆去连杆与未拆连杆两种情况。没有连杆测量上、下、左、右四个曲柄位置,计算拐档差;未拆连杆要测量上、下左、下右、左、右五个曲柄位置,过程要进行正、反向盘车,如图3-16。相应的记录方法和记录表格如图3-17。

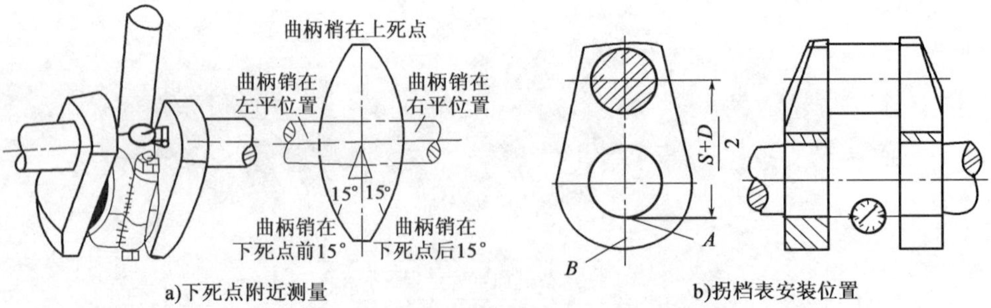

图3-16 拐档差的测量位置与拐档表的安装位置示意图

影响拐档差的原因是多方面的,主要因素:

①活塞连杆装置;②船舶装载;③飞轮的影响;④轴系连接误差;⑤柴油机爆发压力;⑥主轴承不均匀磨损;⑦发动机冷态或热态的影响;⑧各缸功率分布不均匀的影响。测得拐档差以后,必须认真地分析各种因素之间内在的联系,才能正确解决问题。

拐档差的绝对值越大,曲轴挠曲就越严重,主轴承中心线的差异也越大。这样我们可以根据拐档差正负值的变化和绝对值的大小来确定主轴承的高低程度,并可以根据拐档差值绘出曲轴线状态图,从而可以更清楚地看出在垂直面上各主轴承的高低,以及在水平面上主轴承偏左或偏右,并以此作为刮削主轴承的依据。

按规范,营运船舶柴油机曲轴拐档差的许可范围:新造或修理后的柴油机拐挡差一般不得超过0.00010S,其中S为冲程(mm);对于活塞冲程小于400mm者,可适当放宽为0.00015S;对于营运中的柴油机,其拐档差容许范围为(0.00015~0.00025)S,最大极限为0.0003S。

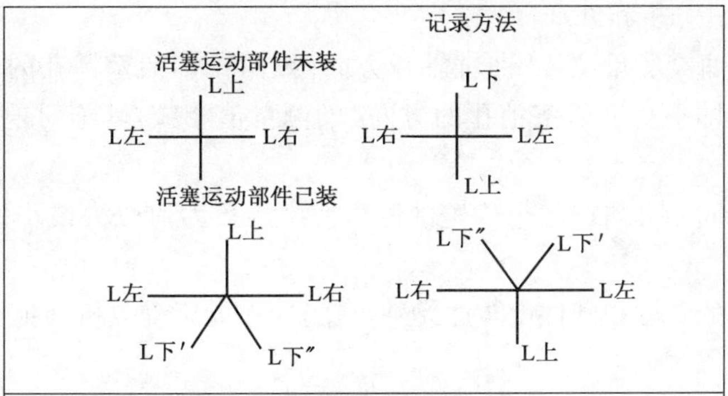

拐档差的测量记录表							
	曲拐位置	Ⅰ缸	Ⅱ缸	Ⅲ缸	Ⅳ缸	Ⅴ缸	Ⅵ缸
垂直	上死点0°						
	上死点180°						
	拐档差						
水平	左舷270°						
	右舷90°						
	拐档差						

图 3-17　拐档差记录方法与记录表格示意图

十三、活塞磨损的测量与调整(修理)

用外径千分尺测量,按“先找垂直平面,再在垂直平面内找直径”的方法进行操作。具体部位:自裙部上端 10 ~ 20mm 初开始,每隔 100 ~ 200mm 测量一次,每次测量同一截面内相互垂直的两个直径,一个是平行于曲轴的方向,另一个是垂直于曲轴的方向,计算出圆度和圆柱度,如图 3-18 所示。

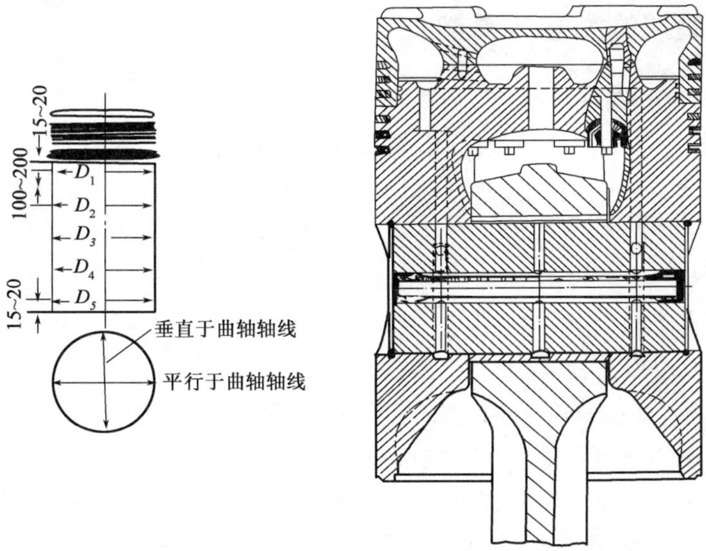

a)活塞外圆测量　　b)筒形活塞示意图

图 3-18　活塞外圆的测量

测量结果的求出、分析和处理：

(1)将每个活塞每个测量位置"曲轴轴线方向(纵向),即活塞销孔的方向"与"垂直于曲轴轴线方向(横向),即垂直于活塞销孔的方向"的测量值相减,其绝对值即为该缸该位置的圆度。

(2)将每个活塞同一方向在各个位置的测量值中的最大值减去最小值,即为该缸该方向的圆柱度。

(3)将上述求出的圆度和圆柱度与原始数据比较,才能正确分析磨损情况,再采取合适的措施。

(4)标准:磨损极限(圆度、圆柱度),如表3-2。

活塞磨损极限表(单位:mm) 表3-2

活塞直径	圆度误差	圆柱度误差
75～100	0.20	0.20
101～125	0.20	0.20
125～150	0.25	0.25
151～175	0.25	0.25
176～200	0.25	0.25
201～250	0.30	0.30

(5)修理:光车消除几何形状误差,但不能影响活塞与气缸套之间的配合间隙。否则,对铝活塞,要换新;对铸铁活塞,要光车+喷涂(焊)或低温镀铁+光车;对铸钢活塞,要光车+堆焊金属、镀铁。

十四、缸套磨损的测量与调整

气缸套的圆柱度和圆度测量：

(1)测量工具:一般为内径千分尺、内径百分表或专用测量工具。

(2)测量位置和方向:在规定的气缸套上、下测量点进行。

在同一截面内测量首尾方向(Y-Y)和左右方向(X-X)的缸径,如图3-19a)。其中,1、2、3、4为4个测量位置。

对于中、小型柴油机,通常在以下4个位置上进行测量：

第一个位置:活塞在上止点时,第一道活塞环所对应的气缸套位置;

第二个位置:第一道活塞环在行程中点时所对应的气缸套位置;

第三个位置:最后一道刮油环在行程中点时所对应的气缸套位置;

第四个位置:活塞在下止点时,最后一道刮油环所对应的气缸套位置。

对于大型低速二冲程柴油机的气缸套:除上述4个测量点外,可在气口的上、下方增加两个测量点。

为了使每次测量都在同一个位置上,可以用样板来定位,如图3-19b)。

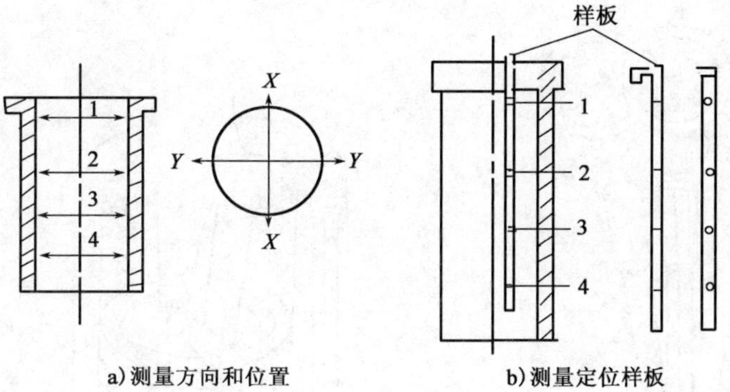

图 3-19　气缸套测量位置与样板

具体方法,如图 3-20:

(1)安装好内径千分表,表插入量合适。

(2)用外径千分尺测量缸表的测量杆:

①把外径千分尺调到缸套原始直径,例如 135mm;

②用外径千分尺卡测量杆,内径千分表调零,作为基准;

③放内径千分表入缸内,表肯定会反转,显示比零位增大的数值;

④缸径实际数为 135 + 新增值。

气缸套出现磨台时,应小心地用手工修锉研磨或用砂轮机磨削,使之消除。对比气缸磨损极限表 3-3,超过可采用镗缸或镗缸 + 镀铬的办法修复。

气缸磨损极限表(单位:mm)　　表 3-3

缸　径	>1000r. p. m		≥500 ~ 1000r. p. m		150 ~ 500r. p. m	
	最大圆度	缸径最大增量	最大圆度	缸径最大增量	最大圆度	缸径最大增量
>100	0.10	0.40	0.15	0.50		
100 ~ 150	0.15	0.50	0.20	0.60		
150 ~ 200	0.20	0.60	0.25	0.70		
200 ~ 250	0.25	0.70	0.30	0.80		
250 ~ 300	0.30	0.80	0.35	0.90	0.40	1.20

十五、活塞环搭口间隙的测量

测量前应将活塞环和缸套清洗干净。如图 3-21,将活塞环装入气缸内,并置于该活塞环上下运动范围内的缸径最小的部位(一般在缸套下部),放平,用塞尺测量其搭口间隙。

十六、活塞环平面间隙(天地间隙)的测量

如图 3-22 所示,测量前将活塞和活塞环清洗干净,依次将环装在活塞上。用塞尺沿圆周上几个点或沿整个圆周,测量环与环槽的平面间隙。天地间隙和搭口间隙均不应超过说明书和规范要求。其磨损极限见表 3-4。

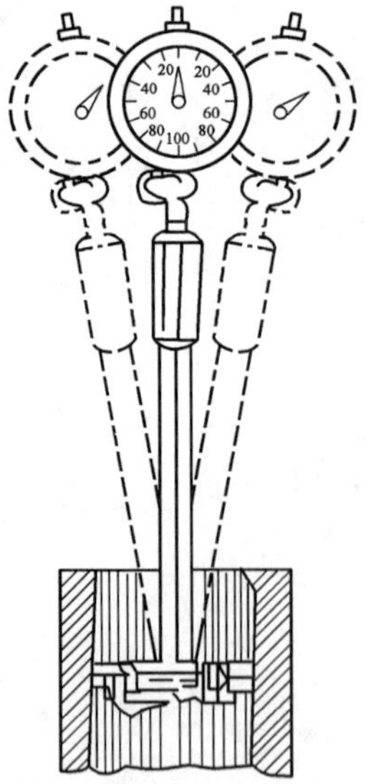

图 3-20　用内径千分表测量缸径

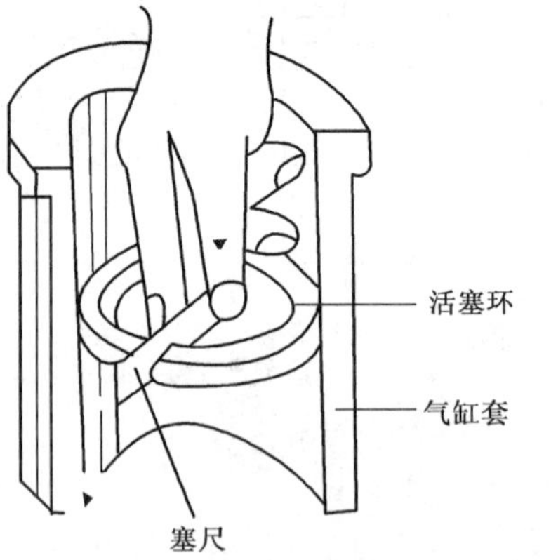

图 3-21　用塞尺测量活塞环搭口间隙

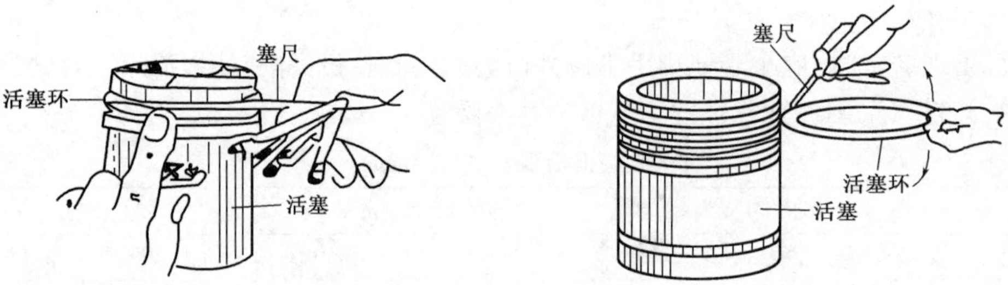

图 3-22　活塞环天地间隙的测量

活塞环磨损极限表　　表 3-4

缸径	气环								刮油环			
	搭口间隙				天地间隙				搭口间隙		天地间隙	
	顶部二根		其余		顶部二根		其余					
	最小	极限	最小	极限	最小	极限	最小	极限	最小	极限	最小	极限
<150	0.005D	0.015D	0.004D	0.015D	0.10	0.20	0.08	0.20	0.003D	0.015D	0.035	0.20
150~225	0.005D	0.015D	0.004D	0.015D	0.15	0.30	0.12	0.30	0.003D	0.015D	0.050	0.30
225~300	0.005D	0.015D	0.004D	0.015D	0.20	0.35	0.16	0.35	0.003D	0.015D	0.065	0.35

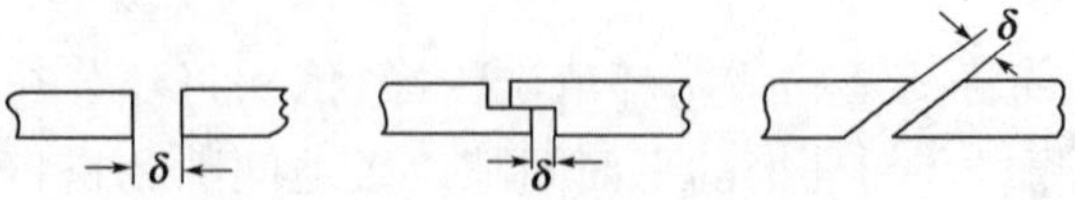

活塞环的搭口间隙、天地间隙超出磨损极限或活塞环异常磨损后，均应更换新环。

十七、活塞环失去弹性的检查

活塞环自由开口值应为(0.10～0.13)D，D为活塞环直径。把环压拢闭合或拉开，把搭口扩大为原自由开口的一倍以后松开，仔细观察在环搭口端的距离变化。如压拢时，搭口两端的距离立刻缩得很小，而拉开后立即变大，则证明该环弹性不合格。环搭口两端的距离在压拢或拉开后所发生的变化应很小，其塑性变形量，不大于原自由开口距离的10%，则说明活塞环弹性合格。也可用对比法检查活塞环弹力，如图3-23所示。

当旧环弹力不足而无备件时，应急办法是在环的内表面敲击，或在环内侧打洋冲眼，可使环的弹力部分恢复。如图3-24所示。

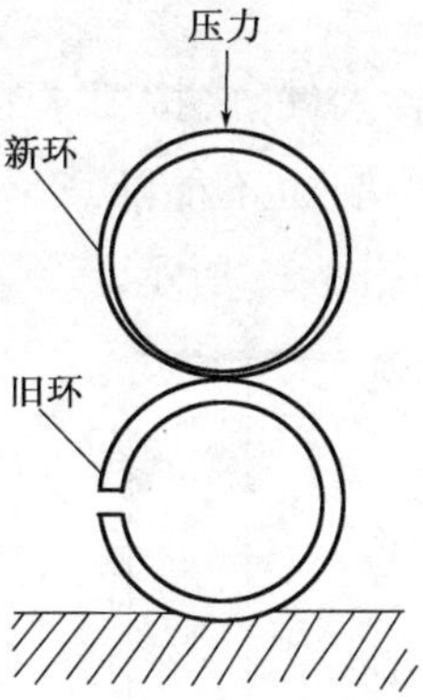

图3-23　对比法检查活塞环弹力

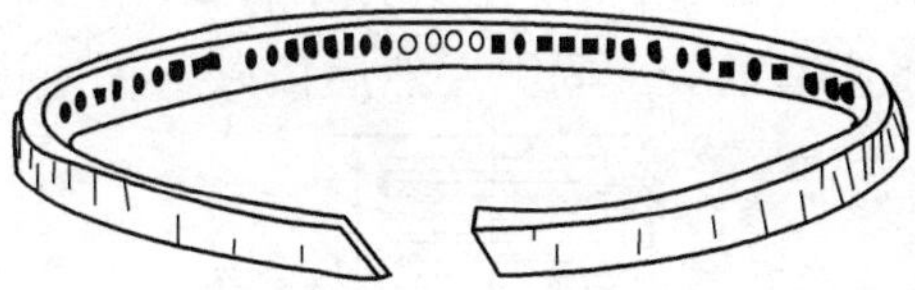

图3-24　应急方法恢复活塞环弹力

十八、活塞与缸套配合间隙的测量与调整

本书只说明筒形活塞式柴油机活塞组件的测量。

测量该间隙的目的，是为了检查在整个行程中活塞中心线与气缸中心线的相对位置，从而判断在活塞整个行程中是否对中。

先把活塞吊出，拆掉活塞环，清洁后再把不带活塞环的活塞重新装回到气缸中，按要求装好连杆大端轴承或拧紧活塞杆大螺母。对于筒状活塞，可盘车几圈，使活塞处于自然状态。

如果在船上校中活塞组件，往往受到船舶倾斜的影响，使活塞与气缸之间的间隙出现“零”现象。发生这种情况通常可用大螺丝刀撬动运动部件以检查判断装配情况。如果运动部件经撬动后并未立即返回原位，偏移量能转移到另一侧，则说明装配无误；如果运动件撬动后迅速弹回原位，则应查明原因予以消除后再进行装配。此时，活塞与气缸套间隙的测量应在恢复船舶平衡后进行。

活塞与缸套配合间隙的测量有透光法和测量法。

1. 透光法

透光法是检查活塞与气缸间隙最简单的一种方法。这种方法简单，花费时间短，适宜在应急情况下采用。

用透光法检查时首先将不带环的活塞组件吊入气缸内，装好连杆大端轴承或与十字头连接好。然后盘车将活塞分别转至上止点、行程中间，下止点三个位置，用强电灯光从活塞下部向上照。在每一个位置上，从活塞顶部观察活塞和缸套之间隙处向上透光的情况。如果活塞组件安装正确，则四周的间隙相等，从活塞顶部就可以看到一个等宽的光环，说明活塞正处于气缸中间；如果光环不等宽或中断，说明活塞在气缸中位置不正，甚至活塞已经直接与气缸接触。如果在上述三个位置时光环都等宽或不等宽的程度很小，说明活塞组件所处的位置是正确的。一般情况下只要活塞及缸壁表面光洁，即使间隙小到 0. 20mm 光线仍能够通过。因此当在三个位置所观察到的光环不等宽程度较严重或光环有中断时，说明活塞组件安装不正确，应查明原因加以消除。

2. 测量法

活塞组件的修配工作结束以后，将不带活塞环的活塞装入气缸，按要求装好连杆大端轴承。应注意，连杆大端轴承的所有原始垫片绝对不能混淆调错，也不能随意增减，并应保持连杆大端轴承应有的装配间隙。然后按以下程序进行测量，如图 3-25 所示。

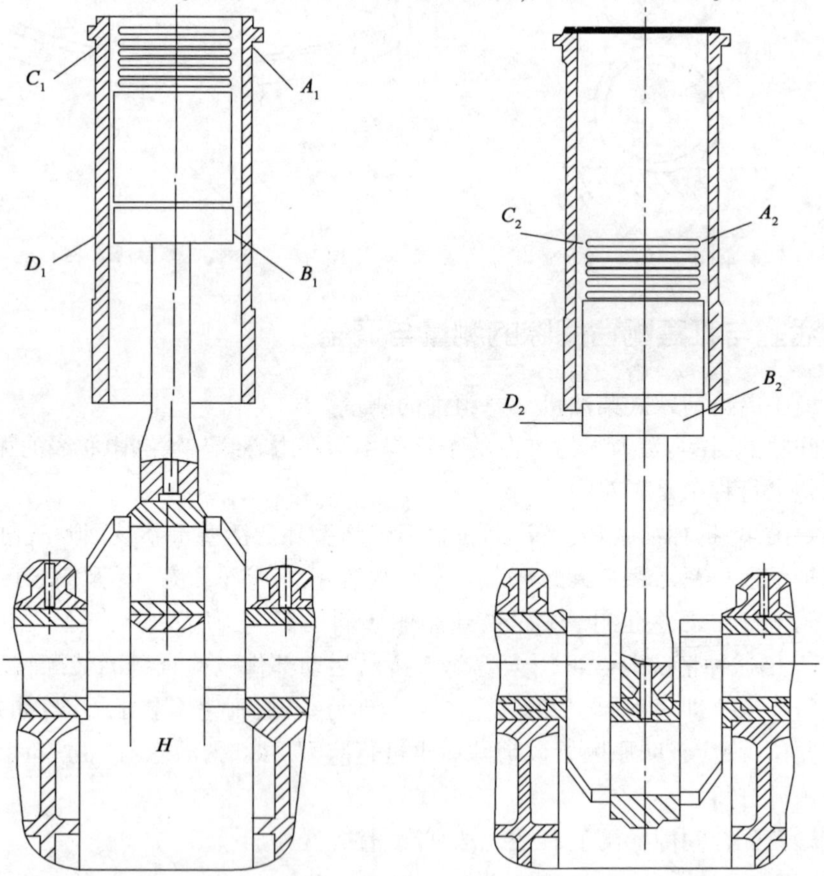

a）上死点后15~30° CA位置　　b）下死点前15~30° CA位置

图 3-25　活塞组件装配校中

(1)盘车使活塞位于上止点后15~30°位置。用塞尺塞入活塞与气缸之间,检查它们之间的间隙。在这个位置进行活塞顶部及活塞裙部两处测量。因为活塞裙部在运转中受侧推力作用,所以每一处的左右方向(即横向)不必测量,只测量艏艉方向(即纵向)即可。通过对各部位所测取数据的分析,便能确定活塞在上止点时活塞组件和气缸中心线是否重合。

(2)继续盘车,将活塞转到行程中间位置和下止点前15°~30°位置,按上述方法测量活塞与气缸之间的间隙,以确定在这两个位置时活塞组件和气缸中心线是否重合。

(3)用大螺丝刀撬动连杆。如果不是用很大力气,连杆就能够沿前后方向做少量移动,则说明活塞在气缸内有足够的轴向间隙,找正工作便告结束;如果发现活塞在气缸中有歪斜,应进行分析,找出原因,予以校中。

活塞在气缸中的装配间隙和磨损极限,见表3-5。

活塞在气缸中的装配间隙和磨损极限表(单位:mm)　　表3-5

气缸直径	四冲程筒状活塞式柴油机					
	铸铁和铝合金活塞顶部间隙		活塞裙部间隙			
	顶部有冷却	顶部无冷却	铸铁活塞装配间隙	铸铁活塞极限间隙	铝活塞装配间隙	铝活塞极限间隙
75~100	0.5~0.64	0.6~0.8	0.09~0.12	0.35	0.18~0.22	0.40
100~125	0.64~0.80	0.8~1.0	0.12~0.15	0.45	0.22~0.26	0.50
125~150	0.80~1.00	1.0~1.2	0.15~0.18	0.55	0.26~0.32	0.60
150~175	1.00~1.16	1.2~1.4	0.18~0.21	0.65	0.32~0.38	0.70
175~200	1.16~1.32	1.4~1.6	0.21~0.24	0.72	0.38~0.44	0.80
200~225	1.32~1.48	1.6~1.8	0.24~0.27	0.80	0.44~0.50	0.90
225~250	1.48~1.64	1.8~2.0	0.27~0.30	0.88	0.50~0.56	1.0
250~275	1.64~1.80	2.0~2.2	0.30~0.33	0.96	0.56~0.62	1.1
275~300	1.80~1.96	2.2~2.4	0.33~0.36	1.04	0.62~0.68	1.2
300~325	1.96~2.12	2.4~2.6	0.36~0.39	1.12	0.68~0.76	1.3
325~350	2.12~2.28	2.6~2.8	0.39~0.42	1.20	0.76~0.82	1.4
350~375	2.28~2.44	2.8~3.0	0.42~0.45	1.28		
375~400	2.44~2.60	3.0~3.2	0.45~0.48	1.36		
400~425	2.60~2.78	3.2~3.4	0.48~0.51	1.44		
425~450	2.78~2.96	3.4~3.6	0.51~0.54	1.50		
450~475						

第四章
船舶柴油机相关思辨与机损案例

第一节　相关思辨

一、压缩比过大、过小对柴油机工作性能有什么影响?

压缩比越大,柴油机的热效率越高。但若压缩比过大,压缩终了时的压力和温度将过高,导致燃烧爆发压力和温度过高,使零部件受力大、摩擦损失增加。反之,压缩比过小,压缩终了时的压力和温度较低,将导致燃油不易发火燃烧,使柴油机起动困难、燃油燃烧不良、排气冒黑烟、耗油量增加、热效率和功率降低。一些缺乏保养的"老掉牙"柴油机,磨损、泄漏严重,实际压缩比下降,就是这个表现。压缩比根据机型、工作环境,按说明书规定做。

二、轴承间隙过大、过小对工作的影响?

间隙过小,润滑油膜不易形成,轴瓦容易发热损坏;间隙过大,极易泄压,会使滑油压力过低,轴瓦与轴颈容易发生撞击,导致减磨合金损伤。各类柴油机说明书中规定了最合适的轴承安装间隙及许可的最大磨损间隙值。

柴油机曲轴颈与主轴承轴瓦及曲轴曲柄销与连杆大端轴承轴瓦,在装配中都有一定的装配间隙,如6160A-1型柴油机上述两个装配间隙分别为0.21～0.12mm和0.18～0.08mm。

间隙过小,会使轴承发热,轴瓦合金熔化,曲轴热变形,直至发生曲轴和轴瓦咬死的严重事故。因此很多轮机管理人员认为轴与轴瓦的间隙大总比间隙小好。他们认为,间隙大,曲轴转动灵活,不会发生烧瓦事故,对于轴颈的圆柱度、圆度和同轴度超差的曲轴还可以用加大轴与轴瓦间隙来补偿。然而,过大的间隙容易造成润滑油漏失,油膜难以建立,反而增加了曲轴和轴瓦的磨损和烧坏;同时,过大的间隙增加了轴颈对轴瓦的冲击力,造成轴瓦合金的破裂脱落等。

三、曲轴箱油位过高、过低对润滑的影响?

对湿式曲轴箱润滑系统,其油位过高、过低都对润滑系统有不良影响。油位过高,滑油飞溅过甚,可能导致烧机油,又加快机油变质。油在箱内振荡大,产生自由液面影响;油位过低,不能保证润滑,船舶倾斜时曲轴箱吸油管可能瞬时露出油面,滑油循环泵吸入空气中断工作。油量过少,油温升高,易使滑油在曲轴箱内挥发,加速氧化变质,而且杂质也无法在油底壳或循环柜中得到充分沉淀。

在柴油机起动前和运转中应注意检查湿式曲轴箱润滑系统油底壳,润滑油位应在油尺的静满位置。干式曲轴箱润滑系统循环油柜的油位于柜顶以下15～20mm。

润滑油循环次数过少油温升高,润滑油循环次数过多,油中杂质沉淀效果差,都加速了润滑油变质;润滑油量过少,润滑油压力下降,润滑油可能达不到润滑表面,导致机件磨损加剧。因此,很多船舶轮机管理人员错误地认为,柴油机油底壳中的润滑油宁多勿少,甚至一次加油就大大超过了限量。

润滑油量过多,对柴油机的运行是有害的:①连杆大端发生击油现象,增加运动阻力并使油温升高、起泡沫或形成油雾、油气,高温时会引起燃烧和曲轴箱爆炸;②润滑油容易上窜到燃烧室,润滑油的燃烧容易在活塞环、活塞顶、气门座等处形成积炭,导致活塞环咬死、磨损,同时也使润滑油耗量增加;③气门漏气使活塞顶过热和损坏;④过多的润滑油容易在曲轴前后端泄漏出去,增加润滑油的消耗和污染环境等。

四、气阀间隙过大、过小对工作的影响?

气阀间隙过大,一方面会引起周期性的冲击声,增加气阀机构的磨损。另一方面会影响气阀的开度和正时,使气阀迟开早关,换气效果差,从而降低柴油机的功率;气阀间隙过小,阀杆受热后只能向气缸内伸长,至使气阀关闭不严发生严重漏气,造成燃气外窜或倒灌,烧损密封面,使柴油机压缩压力不足、功率下降、起动困难。

因为温度高、尺寸大,气阀膨胀的数值也大,所以排气阀比进气阀、增压机比非增压机、大型机比小型机的气阀间隙大。气阀间隙同样要按说明书规定执行,还要经常做检查和调整,以利机器优质运行。

五、阀面锥角过大、过小对工作的影响?

阀面锥角增大,气阀对中性好,密封性好,但气阀与阀座的磨损较大;阀面锥角小,气阀对中性差,密封性较差,气阀与阀座的磨损较小。一般机器为45°,增压机为减轻磨损,进气阀采用30°阀面锥角。

六、喷油提前角过大、过小对工作的影响?

喷油提前角过大,燃油会过早喷入而积聚在气缸内,当气缸内温度提高到柴油能发火的温度时,则积聚在气缸内的柴油一起燃烧,压力急剧升高,使柴油机工作粗暴,甚至发生“敲缸”现象,机件受力增大而导致早期磨损甚至损坏。另外,活塞在上死点前上行背压增高,使柴油机输出功率减少;喷油提前角过小,则喷入气缸的燃油来不及燃烧,致使柴油机燃烧不完全,后燃严重,排气冒黑烟(甚至冒火星),耗油率增加,功率下降。另排气温度过高,润滑油性能降低,加剧了活塞与缸套磨损。

各种型号的柴油机燃油系统的喷油提前角都明确规定了其范围，如6160A-1型船用柴油机的供油提前角为上死点前29°CA。

当柴油机喷油过迟（喷油提前角过小），会使柴油后燃加剧，降低了燃料燃烧后的热量利用率和柴油机功率，增加了柴油机的耗油量。因此，很多船舶轮机管理人员往往将喷油提前角调大，有的甚至超过规定值2～3°CA，他们错误地认为，喷油提前角大，供油量多，柴油机输出功率就大。但过大的喷油提前角对柴油机的工作同样是十分有害的：①引起敲缸，增加活塞对缸套的冲击力，使缸套振动加剧，导致缸套疲劳损坏；②活塞在到达上死点前燃烧室积聚过多的燃油，使柴油机爆炸压力升高，活塞连杆运动组件机械负荷增加，造成这些机件损坏。过高的热负荷可能导致缸盖、气门座圈、喷油嘴孔等处产生裂纹；③因为爆炸压力过高，造成高温燃气冲入油壳，使润滑油容易变质和增加了润滑油的耗量。

七、启阀压力过大、过小对工作的影响？

一般来说，雾化压力高，雾化效果好，可启阀压力调得过高，雾化效果虽好，但增加机械耗功和机械磨损、增加喷孔磨损，影响喷油正时，增加油泵回油阀泄漏。启阀压力调得过低，雾化效果变差，柴油机燃烧不良，功率下降，耗油率增加，积炭严重，带来一系列不良后果。所以燃油系统有故障时，喷油器的启阀压力（喷射压力）也是轮机人员经常检查、优先检查的内容之一。

八、冷却水温过高、过低对工作的影响？

冷却水温过高，高温使机械性能下降；滑油失效，机件容易磨损；过分膨胀变形，装配体失去正常间隙；因体积膨胀，进缸空气量减少，功率下降；使缸壁滑油膜蒸发、缸壁磨损加剧；冷却腔内发生汽化、缸套密封圈迅速老化等。

冷却水温过低：散热多，造成热损失增加，使整机热效率下降；内外温差过大，使热应力过大，机件易裂纹，易低温腐蚀；温度过低，燃烧不良；润滑油流动差可能导致某些地方缺油。

冷却是柴油机正常工作所必需的。冷却可以保证柴油机受热机件的工作温度不超过材料所允许的限值，减少受热机件的热应力，保证受热机件在高温工况下的机械性能。冷却还可能保证柴油机的运动机件如活塞与缸套之间适当的间隙和套缸工作面上润滑油膜的正常工作状态。冷却的这些作用是通过柴油机的冷却系统来实现的。为保证柴油机正常的冷却工况，各种型号的柴油机的使用说明书中都对冷却水的温度有明确的规定范围。如6160A-1型船用柴油机采用开式冷却系统时，其冷却水进水温度为>25℃，出水温度为：海水≤50℃，淡水<65℃。进出水温差≤25℃。

但很多船舶轮机管理人员在实际管理中，往往将冷却水温调得很低，他们错误地认为，冷却水温低，水泵不会产生气蚀现象，冷却水不会中断，柴油机各受热机件不会过热等。但是，过分冷却也会给柴油机的工作带来很多不良后果：①恶化了柴油机的燃烧条件，燃油燃烧滞燃延长,爆燃和燃烧不完全,增加了柴油机的油耗和热损失;②受热机件内外温差过大,使热应力超过材料本身的强度而产生裂纹,降低了机件的使用寿命;③润滑油黏度变大而增加了摩擦功的消耗,严重时可能会因润滑油流动性差而导致润滑表面缺油加剧了机件的磨损;④增大了活塞和缸套的配合间隙,导致高温燃气严重泄露,降低了柴油机的热效率和加速了润滑油的变质等。开式冷却系统面对环境温度不断变化,值班人员更应注意冷却水温度的正确调节。

九、柴油机转速过高、过低对工作的影响?

柴油机转速过高,惯性力显著增大,机件磨损加剧,噪声、振动都大,工作温度过高,润滑变差,所以柴油机严禁超速、飞车,否则可能造成严重损坏。

但有些人认为的转速低会更安全,这也不对,转速太低时,压缩过程进行缓慢,气体对气缸壁的散热和通过活塞环处的漏泄都较多,致使压缩终了时的压力下降,压缩终点温度低,达不到燃油自燃发火所需的温度造成燃烧不良,长此以往,同样造成柴油机过快损坏。在多缸柴油机中,由于各缸喷油泵柱塞偶件、喷油器针阀偶件的间隙和喷孔孔径间的差别,以及油泵调节杆安装间隙的不同,使得船用主柴油机在低转速(低负荷)运转时,各缸供油量显著不均,严重时个别缸不能发火而使转速不稳,甚至自动停车。船用主柴油机都有一个各缸能够均匀发火的最低转速,称最低(工作)稳定转速。

按我国有关规定,船用低速主柴油机的最低稳定转速不高于标定转速 n_b 的 30%,中速柴油机不高于 40% n_b,高速机不高于 45% n_b。

十、柴油机增压度并非越高越好

柴油机增压是提高功率和经济性的有效措施,有些非增压机改为增压后,功率提高一倍以上,耗油率下降 10%,增压压力也从高增压到超高增压。但柴油机实现增压后其机械负荷和热负荷相应增大,成为提高增压度的主要限制条件。而机械负荷与热负荷相比,解决热负荷过高问题更加困难,因而热负荷成为限制增压度提高的最主要条件,前面已述,热负荷将使柴油机应力增大、滑油蒸发结焦,改变原正常工作间隙,造成烧蚀、高温蠕变、承载能力下降等。

十一、行程缸径比 *S/D* 并非越高越好

近年来增加行程缸径比 S/D 的目的主要有:①增加燃气的膨胀功;②在保持活塞平均速度 $V_m = S \cdot D/30$ 不变的情况下可大幅度降低柴油机转速(如已降低至 60 ~ 70r/min)以显著提高螺旋桨效率;③往复惯性力降低因而机械负荷减小;④燃烧室高度增大,有利于混合气形成。

但提高行程缸径比 S/D 后对柴油机的不利影响有:①柴油机的宽度、高度及重量均相应增加;②扫气效率降低,但对直流扫气的扫气影响比对弯流扫气影响小;③影响曲轴刚度,使曲轴刚度下降;④影响轴系振动性,使轴系纵振与扭转振动加剧。所以,任何事物发展都有一个

“度”的问题,过了这个“度”,就反而不利了。

十二、螺栓(母)并非越紧越好

各种型号的柴油机的气缸盖螺栓、连杆大端轴承螺栓和主轴承螺栓等重要螺栓,其螺母的扭紧力在柴油机使用说明书中都有明确的规定范围,如6160A-1型柴油机上述三种螺栓螺母的扭紧力分别为60~65kg/m;21~25kg/m和22~25kg/m。但是,有些轮机人员却认为螺栓螺母拧得越紧越放心,在柴油机检修时不用扭力扳手按规定的扭紧力及次序扭紧螺栓螺母,而是用加长扳手拧到拧不动为止,有的在拧完后还要用锤子敲打几下螺母,这样做的结果会将螺柱拉长,螺纹拉脱、螺栓根部拉出,严重地降低了螺栓的机械强度,导致螺栓在柴油机工作时断裂的事故。气缸盖螺栓拧得过紧还是气缸盖产生裂纹的原因;连杆大端轴承螺栓拧得过紧一旦断裂将发生连杆大端轴承盖飞出击坏机体的重大事故。

十三、燃油的十六烷值过高或过低对柴油机工作的影响

十六烷值是评定燃油自燃性能的指标。在其他条件相同时,十六烷值高,着火性能好。十六烷值过高,则易发生燃油高温裂化,分解游离碳,形成燃烧不完全;十六烷值越高,滞燃期越短,燃烧越平衡,柴油机工作平稳,但排气冒黑烟。

十六烷值过低,使滞燃期增长,着火迟后,工作粗暴;十六烷值过低,会使柴油机起动困难;工作不平稳;低速运转时发火困难。

燃油的十六烷值应与使用机型匹配,不必盲目追求高十六烷值。高速机油料在40~60之间,中速机在35~50之间,对于燃用重油的大型低速机,只要其十六烷值不低于25,就可保证正常工作。

十四、过量空气系数 a 过大、过小对工作的影响?

根据燃烧过量空气系数 a 的定义可知,若柴油机的 a 较小,表示相对一定的气缸进气量,气缸喷油量较多,则气缸强化程度较高,平均有效压力 P_e 较高,空气利用率较高,但经济性较差,气缸热负荷较大,排气温度较高,可靠性较差。反之,a 较大,则与上述相反。由此,a 的大小反映了柴油机负荷高低、经济性高低、可靠性高低以及排气污染程度。其次,不同机型 a 不同(增压机 a 大于非增压机,二冲程机 a 大于四冲程机,低速机 a 大于中高速机),而对于同一机型,a 随柴油机的负荷而变化。负荷增大,a 变小;负荷降低,a 变大。最后,同一机型在同一负荷时,a 在燃烧室内的分布也是不同的。在油束内部因空气很少或无空气,故其局部 $a=0$;而在燃烧室周边无油区,其局部 $a \to \infty$ 。

十五、总结

以上厘清了船舶柴油机管理、调试、维修过程中易产生的误区。可见,轮机管理人员应有

辩证思维，懂得任何事物都有正、反两面，甚至多个方面发展方向，防止极端化做法。重要参数、重要调整，要按本机说明书执行。运行不良很有可能是某个参数偏差过大，各系统互相影响所至。严格按说明书参数管理，是机器长期安全、高效运行的基础。

第二节　机损案例

统计机损事故原因可知，由于日常维护疏忽、管理失误、操作不当、维修失误、专业技能差、责任不强、运转检查不充分、接船检查疏忽等人为因素，占73.8%；设计或结构不合理、安装不正确、材质不佳、加工不良、加工不合理、金属疲劳等非人为因素，占22.4%。下面所列机损案例，旨在说明机损情况的易发性、复杂性和人为因素影响的主要决定性，望对学员读者有所启示。

一、副机（发电柴油机）烧瓦、抱轴、伸腿事故

（一）案例

例一：某A轮××年1月2日，NO.1副机运行当中突然剧烈振动，停车检查发现NO.2缸缸套破碎，连杆螺栓断裂，连杆大端轴瓦烧毁扭曲变形，油底壳被脱落的瓦背击碎破洞，曲柄销表面划痕太深无法修复而导致整根曲轴报废。耗费备件费、修理费共计60多万人民币，机型：DAIHATSU 6PSHT-26。

例二：某B轮，××年5月12日航行中发现NO.1副机滑油压力下降，滑油温度升高，机体振动，立即停车。检查结果：NO.1缸连杆弯曲，连杆大端轴瓦烧毁变形，连杆螺栓断裂，曲柄销严重磨损导致整根曲轴报废。因停车及时，没有引起机体、缸套、缸头等部件的损坏：修复该机耗费备件费、修理费共计40多万人民币，机型：YANMAR 6MA2-DT。

例三：某C轮NO.2副机吊缸时更换了所有连杆大端轴承，盘车时发现个别缸在某些位置有卡紧现象，该轮二管轮和轮机长并没有进一步查找原因，而是放松了几扣连杆螺栓，结果试车过程中第四、五缸连杆大端轴瓦烧毁，对应的曲柄销径磨损严重，不得不在国外紧急安排磨轴修理，备件费修理费共计40多万元，机型：DAIHATSU 6PSHT-26。

（二）事故总结

引起副机烧瓦、抱轴、伸腿的原因很多。例如连杆螺栓断裂、曲柄销失圆、滑油失压等。定期更换连杆大端螺栓，注意滑油品质，适时调整滑油压力，老旧船适当缩短检修周期，都是有效的预防措施。必须指出：连杆大端的失圆变形，是造成副机烧瓦抱轴甚至伸腿的最主要原因，而这一点并未引起船舶管理人员的足够重视。

（三）点评

副机烧瓦、抱轴、伸腿事故时有发生，老旧船舶中此类事故发生率较高。轻者连杆螺栓断裂，连杆大端轴承毁坏，重者连杆扭曲、折断，缸套破碎，曲轴报废、机体毁坏，甚至整机报废。

一旦发生伸腿事故,不但要花费大笔修理费、备件费,还经常耽误船期,对船公司造成较大经济损失。例三中“二管轮和轮机长并没有进一步查找原因,而是放松了几扣连杆螺栓”是一例典型的不调查、不研究,侥幸求快心理。轮机人员应善于学习,善于总结,多研究机型特点,避免机损事故发生。

二、阳河轮 NO:1 发电机机损事故

(一)事故经过

××年4月9日晚,阳河轮抵达巴拿马运河口锚地,4月10H0830交接班过程中启动NO:1电机试运行,0850接班轮机长在检查缸头运动部件的运转状况时发现NO:1、2缸摇臂顶杆处有烟冒出,随即停机,稍后,打开曲拐箱道门进行检查,发现NO:2缸连杆大端轴瓦有过热烧损的痕迹,对该缸进行吊缸检查,发现该缸连杆大端轴瓦走外圆,轴瓦座面磨损,连杆报废,曲柄销表面烧损,划伤严重,对轴颈进行研磨和抛光,但划痕太深无法磨去,而且研磨后轴承间隙太大,无法修复。

安排美国 Amtrican Diesel and Stip Repair Co. CTD 前往修理,更换曲轴后发现无法盘动,进一步检查发现机座主轴承座变形严重,最大变形达到0.30mm,机座必须经修复校正,曲轴也因磨损严重而报废。

(二)事故原因分析

初步分析,当时该机累计运行了8413小时,4月2日又发现NO:2、3、5缸缸套漏水入曲拐箱,上批船员便进行了常规吊缸检修,装复后在试机的过程中出现上述机损事故,参与吊缸检修工作的船员在事故发生时已套派换班,因此,对详细的事故原因无法做出准确分析,但可认为该次机损应该是由上批船员吊缸检修引起的,检修过程中可能有以下疏忽:

(1)连杆大端轴承座孔变形,但吊缸时没有测量发现。

(2)主轴承撑杆螺钉松动,吊缸时没有检查撑杆螺钉预紧力。

(3)连杆大端轴承螺钉上紧力未达要求导致轴承走外圆。

(4)试机时可能预润滑不够。

此类型柴油机出现类似事故较多,一般都会有连杆螺钉断裂,连杆大端轴承座孔变形,机座变形,曲轴烧损等现象。根据以上情况,公司研究决定,对安庆船用柴油机厂生产的6PSMTC-26H型柴油机的运行管理和检修补充如下规定:

(1)定期检查主轴承撑杆螺钉和连杆大端轴承螺钉的预紧力,至少每半年一次和吊缸检修前后各一次。

(2)每半年测量拐档差一次和吊缸检修前后各一次,并将测量记录报送机务科。

(3)常规吊缸检修时,应测量连杆大端轴承座孔是否变形。

(4)每次起动前应确认预润滑是否充分。

(三)点评

阳河轮本次机损事故给公司造成了较大的经济损失,光是购买曲轴备件就用去40~50万元,而且由于航行任务的关系,不得不两台电机坚持航行,给船舶安全带来更大隐情。从上批轮机人员吊缸工作责任心、技术水平,到公司安排人员套派换班安排的时机,都有很多经验、教训需要吸取。

三、发电柴油机停车过快发生高压油泵咬死

(一)概述

WARTSILA R32D 型柴油机以其运行性能可靠单缸功率大,能够使用高秒数燃料油等特点,成为现代化大型船舶首选发电原动机,在新造的船舶中占有相当大的比重,在远洋船舶上得到了日益广泛的应用。

然而,该副机高压油泵较易发生柱塞偶件咬死故障,而且皆出现在副机刚起动状态,一旦副机投入运行则极少出现咬死故障。腾河轮仅营运4年时间,其副机高压油泵已发生了十几起类似的咬死故障。

(二)故障经过

××年2月11日下午,腾河轮备车进赛得港锚地,在启动备用3号副机时发现该副机达到起动转速后无法发火燃烧,经检查发现是No3缸高压油泵已咬死。抢修更换备用油泵后恢复正常。晚上备车过运河时,在起动2号副机时又发生了高压油泵咬死故障,而2号副机停车仅十来个小时,且离上次吊缸时间仅1860小时(吊缸时,2号副机高压油泵全部解体过),在发生故障之前两台副机均使用正常。随后对油泵进行解体检查,发现柱塞偶件无明显拉毛痕迹,柱塞咬死在头部,头部颜色发暗,油泵其他部分均正常。

(三)故障特点

(1)故障均发生在副机刚刚起动时,一旦投入运行则极少发生故障。

(2)柱塞偶件咬死在上端(即柱塞的头部),说明是由于温差造成的。

(3)故障多发生在副机停车时滚轮停在燃油凸轮较高部位的高压油泵上。

(4)发生咬死故障的油泵运行时间往往不到说明书规定的拆检周期,有的甚至间隔很短(高压油泵拆检周期为16000小时,而上述故障发生时仅运行3300小时和1860小时)。

(四)故障原因探析

从故障特点来看,柱塞偶件咬死是由于温差大造成的。柱塞偶件是精配合偶件,它们之间间隙很小,且两者受燃油加热的程度又不尽相同,燃油对柱塞的加热程度比对套筒的加热程度大。油温变化大,特别是短时间内油温变化大,将造成柱塞偶件胀缩较大变化,使得两者间隙

变小,导致咬死故障的发生。

腾河轮副机是WARTSILA 4R32D型柴油机,额定功率为1380kW,使用3500秒燃料油,因使用高秒数燃油,有着很高的进机燃油温度(通常在120℃~135℃)当副机卸载停用时由于功率较大,负荷变化就较大。如果空载运行时间较短,这样燃油温度在短时间内变化很大,造成柱塞偶件胀缩较大的变化,如果又缺少必要的润滑,就有可能停机时某些柱塞偶件已处于微咬状态,这样就导致了下次起动时出现咬死故障。

然而,在投入运行后同样在负荷变化较大的情况下(如进、出港使用首侧推时),却没有出现咬死现象,这又是为什么呢?这要从它具体结构来分析。该高压油泵在套筒上有两个专门润滑柱塞套筒的注油孔,副机在运行时,系统滑油通过相关的管路进入高压油泵润滑柱塞与套筒。这样就改善了运行时柱塞偶件的工作条件,保证了在运行状态下即使在大负荷变化的情况下也不易产生咬死,而在停机状态下,柱塞偶件没有滑油润滑。如果停车时柱塞头的位置恰好高于套筒内注油孔位置的话,这样下次起动时该缸柱塞头就处于干燥状态,容易产生咬死故障,这也就是为什么故障多发生在副机停车时滚轮停在燃油凸轮较高部位的高压油泵上,且又只出现在刚起动状态。

结论:腾河轮副机出现在起动时产生高压油泵咬死的根本原因是由于副机在停车时空载运行时间太短,使柱塞偶件温度分布不均匀,使停车时某些缸柱塞偶件已处于微咬状态,造成下次起动出现咬死故障。虽然该轮电站在设计时副机自动停车有空载运行几分钟后再停机功能,但对于这种大功率且又燃用高秒数的柴油机来说,这点时间在实际运行中太短了。

另外,该机的高压油泵是终点调节回油孔式,从结构上看,一旦套筒内的两滑油孔堵塞,使柱塞套筒得不到有效的润滑,这样在运行中就会产生柱塞偶件咬死故障。滑油的变质,将可能使套筒内的两滑油通道减小,甚至堵塞。此外,油泵中密封圈的老化,高温燃油就会污染滑油孔的滑油,堵塞两滑油孔,使高压油泵发生咬死故障。

(五)日常管理对策

(1)副机停车前,需切换手动卸载,并让其空载运行一段时间(20分钟以上)。

(2)副机启动前需手动检查高压油泵油门齿条的活络情况。一旦发现油门齿条有黏滞现象。则说明该缸柱塞偶件已处于微咬状态,必须马上盘车同时对油门齿条进行加油活络,改变柱塞偶件位置,就可避免起动时发生偶件咬死。

(3)副机在加负荷前,需空载运行一段时间后再投入使用。

(4)按照说明书要求定期拆检高压油泵,更换密封圈,同时在拆检时应特别注意两滑油孔的清洁工作。

(5)必须定期清洗燃油系统中有关滤器,并做好放气工作,以免因燃油含有杂质或油泵吸入空气而造成柱塞咬死。

(6)该副机因使用3500秒燃油,滑油系统极易受污染,需严格定期更换曲拐箱滑油(2000小时),加强对滑油分离工作,以免因滑油油质变差而使柱塞偶件润滑条件恶化造成故障。

(六)点评

高压油泵咬死故障多数是由于日常管理忽视或对其特性认识不足及操作不当引起的,只要我们从思想上重视,多分析,多总结经验,并在实际中加以实施,就一定能够避免和减少高压油泵咬死故障的发生。

四、擅自改换燃油管路阀件引起的主柴油机故障

对于单独使用单体喷油泵的大中型柴油机,在燃油总管接入每个单体喷油泵的燃油管路上,每个喷油泵前一般都安装有一只阀件,供该缸需修理时,关闭燃油之用。

(一)故障的发生和现象

某轮,主机型号为6L350PN,额定转速375r/min,额定功率720kW,使用单体柱塞式喷油泵,喷油压力25MPa。故障发生前柴油机各运行参数正常,状况良好。但近段时间来,当柴油机在额定转速全速航行时,相继出现了多次喷油泵前端进油管路上的阀件碎裂,空心螺钉连接处紫铜垫片冲破等泄漏现象,使柴油机无法正常运行工作。特别是最近一次尤为严重,首先是第六缸进油管空心螺钉连接处紫铜垫片冲破,接着该缸伴有燃油敲击声,排气管冒黑烟,打开示功阀观察燃烧不良现象,且此燃油泄漏处具有一定的压力往外喷泄。由于当时海况不允许停车,只能提起第六缸喷油泵凸轮从动体,减缸慢速运行。

(二)原因及应对措施

针对上述发生的故障现象,着手检查:①第六缸喷油器压力校正,喷油器压力正常为25MPa,雾化良好,未见喷孔堵塞、滴油、针阀咬死异常情况。②第六缸高压油泵解体检查,柱塞偶件,出油阀偶件密封良好,齿条与齿圈零位安装正确。③校对第六缸喷油提前角,符合说明书要求喷油提前角为上止点前16°。

上述可能引起柴油机故障现象均属正常,未找到故障症结,因此又重点分析了燃油管路,发现在上次修船时,前任轮机长把燃油管路上每缸单独进喷油泵的内螺纹旋塞阀改换为6只内螺纹铸铁截止阀,拆开第六缸阀体与阀杆盖后发现该缸截止阀阀芯掉到阀座上(阀芯在阀杆上脱落);当喷油泵工作喷油结束柱塞回落时,泵腔高压燃油经斜槽回油至进油空间,由于此时喷油泵前端阀芯脱落,截止阀变成了截止止回阀,使回油无法回落至燃油总管卸压,在阀体与喷油泵此段管路上形成具有一定压力的高压,致使此段管路在薄弱环节上寻求突破——空心螺钉紫铜垫片连接处、阀杆盖与阀体连接处、阀杆填料压紧处,甚至阀体挤碎,虽然此压力不足喷油压力的1/10,但足够冲破上述连接处漏油。同时由于高压油泵未完全卸压,破坏了喷油定时、定压、定量的要求,使喷油器出现异常喷射,气缸内燃油敲缸,燃烧不良,排气冒黑烟等故障现象。

找到故障原因,由于此处环境特殊,不允许安装普通低进高出的铸铁截止阀,只能安装像

原配阀件的旋塞阀，而随机原配阀件已无法找到，因此只能对截止阀阀芯与阀杆连接处进行改造：阀芯与阀杆整体钻孔，用过镗销加以固定，使阀芯不容易从阀杆脱落的应急处理办法，同时通知机务部门尽快采购与随机原配阀件一样的阀件。通过这样处理后，柴油机才恢复到正常运行状况。

（三）点评

在更换柴油机阀件时，一定要清楚此阀件的性能、作用，切勿盲目替换另类阀件，尽量更换同种类型的阀件。本例对由于改换了一个阀件所引起的柴油机故障进行分析，希同行能引以为戒。

五、燃油漏入主机油底壳事故的剖析

（一）事故经过

某轮主机型号为 SULZER 6RTA-58，采用回油阀调节式高压油泵。一次停港期间，机舱人员正检修几种设备，突然主机高压油泵层有大量的燃油冒出，检查发现燃油是从高压泵外壳中流出来的。进一步检查时发现驳油泵正在运转，将油泵停下，冒油速度减少，最后停止冒油，可是驳油泵的运转怎么会导致主机高压油泵处有燃油流出？

燃油系统中沉淀柜的驳油泵属于双位控制式，沉淀柜中液位的变化引起柜外滑槽中滑块的滑动，进而带动滑槽上下两处的限位开关，控制驳油泵的起停。沉淀柜油量过多时，经溢流管到一设在双层底的溢流柜；另外，机舱中主机的高压油泵、油管等处的滴漏油的接油槽，辅机自带的接收其本身滴漏油的 DRAIN TK，燃油加热器的接油盘，燃油加压泵接油盘，等等，都连通到溢流柜中。溢流柜本身还设有高位报警。溢流系统中各处的燃油是靠重力流到溢流柜的，各油柜以及各接油盘和溢流柜在机舱中的相对位置，则以驳油泵接油盘最低（和溢流柜的高度差最小），主机高压油泵接油槽次之。

这一次沉淀柜油位到达低位后，驳油泵起动，柜中油位渐渐上升，可是柜外滑槽中的滑块被卡在某处，所以尽管柜内油位已到达高位，但限位开头没有被触动，油泵不能停车，一直转下去，将沉淀柜打满，溢出的油流向溢流柜，到达高位时报警；由于此时机舱正在检修设备，警报较多，值班机工只是将警报消掉，而没有下去查看什么原因。这样，溢流柜中的油位继续上升，当这一柜子完全装满时，油位就顺着进油管上涨，溢油于是从驳油泵接油盘的地漏口反流出来，如此接油盘装满，则油液顺流到机舱舱底，可是，因为旁边的空调海水管曾经几次破裂，大量的海水漏到此接油盘，然后又流到溢流柜，此油盘的地漏口已经用木桩堵死了。这样溢流柜中的油位就沿着进油管上涨，到达了高压油泵的接油槽处，从这里流到了花铁板上。更为严重的是，到达这里的燃油可能会有一部分顺着油泵顶杆流到了摇臂、凸轮、凸轮轴及其他转动机构上，然后到达主机主滑油油底壳中，因为这套机构的润滑油来自主机主滑油系统。本来正常运行时，为防止油泵的滴漏油顺着顶杆流到油底壳，各顶杆上设置有伞状防油罩，而底部周围一圈设置有凸台，同时接油槽底部有一倾斜角度，使得滴漏的燃油只会沿着泄油管流到溢油柜，可是此时油流反向而来，流速高、流量大，油位漫过了凸台，那么燃油漏进油底壳是非常可能的了。

对滑油进行检查化验，发现黏度、灰分、水分、残炭、总酸值等成分含量全部超标，闪点低于160℃，这样，将近10m^3的滑油报废了，更换滑油，又耽误了船期，给公司造成了巨大的经济损失。

（二）处理办法

为避免此类事故的再度发生，后来将驳油泵接油盘的地漏打开，同时将主机高压油泵接油槽到溢流柜的油管断开，断开处的下部加装一漏斗，这样，溢流柜的油位就不能上升到高压油泵处。

（三）点评

（1）在对机舱设备、管系进行改造、改装时，即使是诸如将地漏堵死这样简单的事情，也应做全面仔细的考虑。因为机舱管路系统复杂，许多系统之间相互关联，改装后可能影响到其他系统的正常工作。柴油机本身是个小系统，柴油机与机舱管路、其他设备构成大系统，两系统相互关联、相互作用，轮机人员要有全局思维的习惯。

（2）人的因素是第一位的，轮机人员值班时应具有独立思考和判断的能力，而不能仅依赖于设备自身。设备的可靠性不可能达100%，这就要求船员值班时一定要仔细，对所有的报警和其他故障现象认真对待，妥善处理，只有这样才能将事故的发生率降到最低。

六、对一起主机单缸敲缸故障的判断处理

（一）事故概况

主机型号FIAT B757S，缸数7，制动马力10500BHP，串联增压系统。

某轮在大连到黄埔航行途中，发现主机第七缸有异常敲击声响，靠近上止点附近的声响大于下止点附近，声音清脆，参数却无异常变化。

船员分析可能该缸的油头雾化不良造成敲缸，在桂山锚地换上了备用喷油器总成，经5个小时的机动航行及靠泊，异常敲击声没有消除。在黄埔港卸货期间，轮机长组织人员检查了曲轴箱，没有发现异常现象。在没能查出原因的情况下又换上一只新喷油器。后该轮由黄埔港返大连港，主机第七缸各项参数仍没有异常变化，但敲击声响却逐渐增大。船靠大连港后，笔者按惯例上船检查和了解设备情况，轮机长和大管轮坚持认为，该缸敲缸的原因是十字头瓦损坏或间隙过大，申请厂修拆检十字头轴瓦。

（二）判断及处理

敲缸分为燃烧敲缸和机械敲缸。由于燃烧方面的原因引起的敲缸称为燃烧敲缸，特征是：

声音尖锐类似金属敲击,位置在上止点附近,若继续运行则发动机最高燃烧压力会异常地增高。因运动部件或轴承间隙不正常所引起的敲缸称为机械敲缸,特征是:声音钝重或摩擦声,发生在活塞上下止点部位或越过上下止点时。

主机第七缸的各项热工参数一直正常,敲击声发生在上下止点,可以排除燃烧敲缸的可能。

船员分析是由于十字头轴瓦间隙过大或损坏引起的敲缸是不正确的。首先十字头轴承间隙过大或损坏主要引起气缸下部及曲轴箱敲击;另外该缸的十字头瓦在前不久坞修时检查测量过。

笔者认为,活塞杆固定螺帽的松动可能是敲缸的主要原因。该机气缸套由上下两部分组成,上半部装内衬缸套,靠近上止点处装有防火圈,防火圈外径为 $\phi791.6_{-0.68}$,与气缸套本体间隙为 1mm,防火圈装上后,与缸套上平面的间隙为 1mm。该缸在上止点时的敲击声大,可能是由于缸套上部的防火圈变形及第一道活塞环碰到气缸套上部的磨台引起的。

当即组织船员拆检该缸,吊下气缸盖后发现防火圈已严重变形,与缸套间隙 6mm 左右,可随意推动;当拆卸活塞杆螺帽时,发现该螺帽已经松动,用手便可拧动,活塞杆螺帽锁紧片上两个紧固螺丝也松动,已不起锁紧作用;吊出活塞后发现靠上部三道气环已多处断裂。

活塞杆螺帽松动,是由于没按要求上紧(坞修时主机第七缸由厂方吊缸检修),在上、下止点,运动部件受往复惯性力及离心惯性力的作用,活塞组件上窜并产生振动,气封环多处断裂。接近上止点,第一道活塞环又碰到气缸套上部的磨台,造成上、下止点附近机械敲缸,且上止点附近敲缸严重。前三道活塞环断裂,是第一道环撞击气缸套上部的磨台,磨屑加大其他环磨损所致。防火圈则是因长期高温蠕变和烧蚀而变形。

我们换新防火圈及三道气封环,测量检查十字头轴瓦、连杆大端轴承轴瓦、导板间隙,校中活塞中心线,组装后试车,该缸敲缸现象已消除。

(三)几点启示

(1)防火圈的设置,意在保护气缸套。在燃烧室高温环境下,有了耐高温蠕变的防火圈,缸套就可以使用耐高温性能相对较差的材料。防火圈长期使用,会因烧蚀、腐蚀和积累的高温蠕变而变形,应及时更换以保护缸套(相对防火圈,缸套价格昂贵)。

(2)活塞杆紧固螺帽松动,是船员对厂修项目监督、验收的力度不够所致,是这次事故的根本原因。如何加强对厂修项目的监督,值得深入探讨。

(3)轮机部主要船员分析、判断、处理故障的能力较差,在靠港检查曲轴箱时不够认真,未能及时发现该缸活塞杆螺帽松动,有必要提高技术水平。

(4)敲缸故障发生后,轮机长应及时向公司机务部汇报和征求公司的指导,以利于及早清除故障。

(5)船员的素质,是船舶安全营运的重要保证。船员尤其是高级船员的选派工作,十分重要。“散兵”式的船员组合,势必给船舶管理带来隐患。这起故障险些引发机损事故,值得深思。

(四)点评

柴油机敲缸故障是一种重大安全隐患,又分为燃烧敲缸和机械敲缸,很考验轮机人员的理论知识、结构认识、判断能力和平日时时处处细致的跟踪、观察、积累结果。本例中活塞杆紧固螺帽松动,是船员对厂修项目监督、验收的力度不够所致,是这次事故的根本原因。

七、一次主机操纵故障应急处理情况与体会

(一)故障概况

某轮是一艘载重量为39000MT的散货船,环球航线,主机型号:DL-SULZER-6RLB660。某航次,船计划靠韩国釜山,进港前,按照公司《船舶管理体系》要求对主机进行正、倒车起动试验,结果发现主机在集控室遥控起动时有不来车现象,但改机旁应急操纵又正常。

因时间紧迫,要求船到港后直接进港靠码头(即所谓直到直靠),没有时间停航检修,而该故障又难以在短时内排除。经与船长商讨,并分析故障大致原因应该是主机遥控方面的,而该轮主机操纵有两种方式:一是正常使用的集控室遥控操纵(主要常用方式);另一是机旁应急手动操纵。机旁操纵耗气量大、起动粗暴、操纵人员操作少,不太熟练,在靠泊过程中要尽量注意少用车,而且余量要比平常正常靠泊时多留点。经过仔细检查、分析,决定直接靠泊,并告知公司这一故障现象及我们采取的应对措施。

确定下来后,轮机长马上组织轮机人员对主机机旁手动操纵进行演练,要求大家都要做到准确、熟练,在确保启动成功的情况下尽量节约用气(压缩空气)。然后就是引水上船,进靠码头。在靠码头的过程中,真的出现了主机起动故障。由于事前准备工作做得比较充分,迅速转换主机操纵方式,改在机旁应急操纵,最后成功靠妥,未造成紧张局面。

(二)判断及处理

靠妥码头后,立即着手查找故障原因。首先根据故障现象:机侧操纵正常、集控室操纵正倒车起动主机没动静、没有其他任何警报指示,推断问题应该出在主机遥控系统中,然后分析主机遥控气路图。从相关图纸中可以看出,该图主要分成气源、换向、起动、供油调速和安全保护五大部分,参照故障现象,可以很快将气源、供油调速、安全保护三个部分排除,主要分析换向和起动这一中间部分。由于正、倒车都不来(按下起动按钮,主机没动静而只能听到卸气声),这样就推断应该是正、倒车起动气路中的公共元件有问题。

经过一系列分析,测试,推断问题出在该环节的前面,而从正、倒车信号公共部分到这个环节只有9A(双向止回阀)、30B(换向联锁阀)两个阀,因此这两个阀故障的可能性非常大。

最后解体阀9A,发现其阀芯中的关键部位就是一个“V”形橡胶密封圈,压气从“V”圈的小端进入就能通过,从大端(即开口侧)进入就会使“V”圈的外边紧贴阀腔壁达到止回作用。而现在该“V”圈因老化变硬至失去弹性,且有裂纹,所以起不到止回作用。由于船上没有这个

备件，也没有类似的“V”密封圈，轮机长找一块厚橡胶皮，按相似形状加工，使该橡胶圈的小端直径刚好能被装入阀9A的阀芯腔体中，比原“V”密封圈的小端直径稍大；使该橡胶圈的大端直径比阀9A的阀芯腔体稍大，并在该橡胶圈的两面垫上铜垫，再固定在阀芯上代替已老化了的“V”密封圈。当空气从小端进来时，该垫圈的大边因是薄边受空气压力作用就会向上、向内卷起，空气得以通过；当空气从大端进来时，压在该垫圈的大边上，会使其边紧贴腔壁内壁而达到密封作用。组装好后测试其功能正常。再把它装回到机旁的气动逻辑控制箱中，然后通知驾驶台备车试机，检试结果集控室正、倒车操纵正常，故障排除。该阀直到新备件供船后才被换下来作备用。

(三)几点体会

通过这次事情，体会到如下几点：①须严格按照公司体系文件要求来规范指导我们的日常工作。这次如果我们没有按公司要求来做抵港前的预检，就不会提前发现这个问题，真要到靠泊期间突然遇到这种情况，难免会心慌、手忙脚乱、动作不熟练等而致造成紧张局面。相反，同样的问题，我们分析、考虑清楚后，再有针对性地做好如机旁应急操纵等演练，则一旦发生，我们就能从容面对，熟练、准确的处理。这里就体现了公司《船舶管理体系文件》的重要性。②发现问题要及时跟船长等领导沟通，争取他们的谅解和支持。③作为轮机管理人员，一定要会看图纸，如主机遥控系统图等。这方面的知识学校、培训中心等都讲得很少，一般只讲一下个别元件的功能、结构等，真正搞懂要靠自己在日常工作中多留心，每上一条船都要有意识地拿着图纸对照实物一个模块一个模块地摸清楚，这样一旦碰到故障就能很快分析清楚进而排除，省时省力，且能从中体会到以知识指导实际工作的快乐。④作为轮机管理人员，要能迅速处理、排除机械故障，如果没有合适备件也应能根据其工作原理找到替代办法。这点在航运界经济不景气的情况下尤其显得重要，因为船公司大都会控制成本、减少备件、物料的投入量，这就要求我们船上轮机管理人员的基本功要扎实，要会自己利用手头现有工具、材料来加工或制造所需要的元件。

(四)点评

轮机工作是实实在在的工作，懂，就能判断故障，不懂，瞎搞一通也不能解决问题，不能开动机器；仅是懂，还不够，还要能干，本例就要求轮机长“做”一个零件才能解决问题；如果能事先发现苗头，事前就有解决预案，那就能大事化小，小事化了，常立不败之地，《船舶管理体系文件》中的相关规定，就是这样一个管理机制。

八、柴油机的最常见十大故障病因透视

(一)故障一　柴油机冒烟

病因透视：

(1)涡轮增压器工作失效；

(2)气门组件密封不良；
(3)喷油嘴精密偶件工作失效；
(4)凸轮轴组件磨损过度。

(二)故障二　柴油机冒白烟

病因透视：
(1)喷油器精密偶件失效；
(2)柴油机烧油(即增压器烧机油)；
(3)气门导管及气门磨损过度,机油漏入气缸；
(4)柴油中有水。

(三)故障三　在高负载时,排烟管及增压器发红

病因透视：
(1)喷油嘴精密偶件失效；
(2)凸轮轴,随动臂组件,摇臂组件磨损过度；
(3)中冷器过脏,入气量不足；
(4)增压器及油嘴工作不好；
(5)气门和座圈密封不良。

(四)故障四　柴油机工作时功率亏损较大

病因透视：
(1)气缸组件磨损过大；
(2)喷油器精密偶件工作失效；
(3)PT 油泵工作失效；
(4)正时机构工作不良；
(5)增压器工作失效。

(五)故障五　柴油机机油压力过低

病因透视：
(1)轴瓦和曲轴的配合间隙过大,即轴瓦和曲轴磨损过大：
(2)各种衬套和轴系磨损过大；
(3)冷却喷嘴或机油管漏油；
(4)机油泵工作失效；
(5)油压传感器失效。

(六)故障六　柴油机水温过高

病因透视：

(1)水泵损坏；

(2)节温器损坏；

(3)风扇皮带、水泵皮带过松；

(4)水箱过脏。

(七)故障七　柴油机出现烧瓦现象

病因透视：

(1)机油泵工作失效；

(2)轴瓦间隙过大,引起油压过低；

(3)柴油机缺水而出现高温。

(八)故障八　柴油机废气大现象或有白烟从废气管排出

病因透视：

(1)气缸组件磨损过大；

(2)油底壳有水；

(3)有拉缸现象。

(九)故障九　柴油机转速不稳

病因透视：

(1)柴油机有功率亏损过大的故障；

(2)PT 泵的电子执行器、PT 泵内部机件故障；

(3)电子调速板工作失效；

(4)测速器失灵。

(十)故障十　油底壳有柴油

病因透视：

(1)喷油器 O 形圈损坏；

(2)喷油器雾化不良,滴油；

(3)喷油器安装不当。

第五章
柴油机主要零件使用材料总结

柴油机主要零件使用材料总结见表5-1。

表5-1

零件	工作条件	要　求	用　材	热处理
活塞	承受爆炸力、侧压力、惯性力(机械负荷很大)； 承受强烈摩擦(无法建立液体动压润滑)； 承受高温、烧蚀(热应力很大)； 燃气的腐蚀	要求强度高、刚度大、密封可靠、散热性好、冷却效果好、摩擦损失小、耐磨损。对中、高速柴油机还要求活塞重量轻	(1)ZL108、110—高速机； (2)HT300—中低速机； (3)合金铸铁； (4)头ZG30CrMo。 裙:HT250-大型低速机	淬火+时效； 退火； 正火、退火
活塞销	所承受的机械应力最大；摆动产生的滑动速度不大，所以润滑条件较差	"皮硬心韧"	(1)优质低碳钢20； (2)强载机20Cr	渗碳+淬火+低温回火
活塞环	(1)承受高温、高压燃气作用； (2)承受强烈的摩擦； (3)有轴向移动、径向运动、回转运动、扭曲运动和张合交变运动； (4)燃烧产物造成的机械应力	要弹性较好,摩擦系数小,耐磨、耐高温;有良好的初期磨合性、贮油性和耐酸腐蚀	(1)合金铸铁； (2)HT300； (3)QT600-02； (4)高速大功率用耐热钢	镀铬、喷钼等特别处理
气缸套	(1)受到高温、高压燃气的作用,受活塞组件的强烈摩擦和燃气的腐蚀； (2)受冷却水腐蚀、穴蚀,内、外温差热应力。总体十分恶劣	具有较高的强度、刚度。具有良好的耐磨性、耐蚀性和导热性	(1)HT300(孕育铸铁)； (2)QT500-05； (3)合金铸铁或高磷合金铸铁	退火； 表面退火； 松孔渡铬； 表面氮化
曲轴	承受各缸交变的气体力往复惯性力和离心力,以及由这些力引起的弯矩和扭矩作用,扭转振动。还有应力集中。轴颈受到较大的摩擦和磨损	良好的综合机械性能;足够的疲劳强度;优良的耐磨性	(1)30、40、45； (2)QT600-02； (3)主轴颈:40 曲柄ZG270—450、ZG310—570、ZG25MnV	碳钢——正火； 合金钢——调质

续上表

零件	工作条件	要求	用材	热处理
连杆	总体同曲轴。对非增压柴油机,连杆内部产生交变的拉、压应力和弯曲应力; 对增压柴油机,连杆内部产生交变的压应力和弯曲应力	同曲轴	35、40、45 号碳钢和 45Cr、35CrMo 等合金钢; 高速、大功率柴油机选用 40Cr、35CrMo、42CrMo、18Cr2Ni4WA 等合金钢	同曲轴; 另:锻造后用完全退火(降硬方便加工;细化晶粒;去应力)
气缸盖	底面受高温、高压燃气的作用; 排气的高速冲刷腐蚀、冷却水的腐蚀; 机械应力; 温差应力	同样是水深火热,但:不受缸套一样的摩擦,是个非运动件,故总体比缸套好	铸铁-多数。中小型机。(会加入合金元素) 铸钢-形状简单的缸盖。 锻钢-增压度高大型二冲程机	退火
气阀	进气:400~500℃; 排气:650~800℃; 受冲刷、腐蚀;摩擦、撞击、交变负荷	耐撞击和磨损;耐腐蚀;耐高温	(1)进气阀:合金调质钢或 4Cr9Si2; (2)排气阀:热强钢如 1Cr18Ni9Ti、4Cr14Ni4W2Mo; 阀座-合金铸铁或耐热合金钢;导管衬套-耐热青铜导管套-铸铁;气门弹簧-60Si2Mn	退火+调质
主轴承	主轴承承受由曲轴传来的气体力和惯性力的作用,具有很大的轴承负荷。曲轴转动,主轴承受到摩擦力的作用,比主轴颈有更大的磨损。与轴颈工作表面之间的相对运动速度很高,除造成轴承磨损外还使轴承发热	要有足够的刚度,有较高的承载能力和疲劳强度,有足够的热强度和热硬度,有较好的抗腐蚀能力,有减磨性和耐磨性,能均布滑油和散放摩擦热量	两半式厚壁轴瓦——合金层厚度 0.72~2mm 多为巴氏合金。主要用于中低速柴油机; 两半式薄壁轴瓦——合金层厚度 0.2~0.7mm 有巴氏、铜基或铝基轴承合金。主要用于中高速机。(高速、高负载或大型低速机用高锡铝); 轴套=钢壳+铅青铜	无
精密偶件	严重的摩擦和磨损; 高压燃油的腐蚀和冲击	高硬、较高热硬性;较高的疲劳强度和冲击韧性;膨胀系数相同,组织稳定	(1)GCr15; (2)低合金工具 CrWMn; (3)W18Cr4V; (4)氮化钢 38CrMoAlA	淬火后进行深冷(-70℃)

续上表

零件	工 作 条 件	要　　求	用　　材	热 处 理
重要螺栓	受力复杂;周期性冲击力	有良好综合机械性能	(1)中碳合金钢(中、高速机); (2)中碳钢(大型低速机)	调质; 允许贯穿螺栓用正火代替调质
涡轮机叶片	承受500~600℃高温;很高的应力;强烈腐蚀	较高的"三强度" 较高的冲击韧性和耐蚀性	(1)1Cr13; (2)4Cr14Ni4W2Mo	略

第六章
船舶柴油机主要品牌

第一节　国外船用柴油机主要品牌

一、大型船用柴油机主要品牌

(一)曼恩·狄赛尔

曼恩·狄赛尔(MAN B&W)公司是世界船用低速机的霸主。MAN 柴油机公司(MAN Diesel SE)是德国曼恩集团的子公司之一,总部设在德国。公司主要致力于新产品研发、出售专利技术、售前售后技术服务,同时也制造小缸径低速机和中、高速机等。

1897 年德国工程师鲁道夫·狄赛尔(Rudolf Diesel)在 MAN 柴油机公司工厂发明了世界上第一台柴油机。

1898 年,鲁道夫·狄赛尔授权丹麦 B&W 公司(Burmeister&W&inA/S)生产柴油机。丹麦 B&W 公司成立于 1846 年,总部位于丹麦哥本哈根,是丹麦一家大型船厂和领先的柴油机生产商。该公司于 1971 年将船厂和柴油机制造分离为两个独立的公司,柴油机制造部分于 1980 年被德国曼恩集团收购,改名为 MAN B&W 柴油机丹麦公司(MAN B&W Diesel A/S),而整个曼恩集团的柴油机业务由当时的 MAN B&W 柴油机公司(MAN B&W Diesel AG)负责,见图 6-1。

图 6-1　MAN B&W 柴油机

2006 年,德国曼恩集团为了更好地整合其在德国、丹麦、法国、英国的柴油机业务,将 MAN B&W 柴油机公司(MAN B&W Diesel AG)重组为 MAN 柴油机公司(MAN Diesel SE),MAN 柴油机公司全面负责曼恩集团的柴油机业务,海外的柴油机业务由其所属的多家海外公司负责,其中 MAN B&W 柴油机丹麦公司(MAN B&W Diesel A/S)即被重组为曼恩柴油机丹麦公司(MAN Diesel A/S)。这次重组主要是将原来德国法律下注册的 MAN B&W 柴油机公司改变为欧盟法律下注册的 MAN 柴油机公司,便于其整合在欧洲和全球的柴油机业务,同时在公司名称中取消了"B&W 全面采用"MAN Diesel"标识。

MAN 柴油机公司主要设计、开发、生产船用柴油机、发电厂用柴油发电机、涡轮增压器,螺旋桨等,其船用推进装置的世界市场份额占 50%,两冲程船用低速柴油机的市场份额达 80%。

MAN 柴油机公司的两冲程柴油机生产集中在丹麦哥本哈根(阿尔法工厂),中速柴油机的生产分布在德国的奥格斯堡(动力设备、船用推进装置、发电装置),丹麦的 Holeby(发电设备),丹麦的 Frederikshavn(船用推进装置)英国的 Stockport(动力装置,固定电源、船用推进装置、船用发电机、海洋与牵引装备),法国的 St,Nazajre(船用推进装置)。MAN 柴油机公司的高速发动机部门主要生产柴油机、轻燃料和气体燃料发动机、双燃料发动机、发电设备、机械驱动和轨道牵引设备。MAN 柴油机公司的涡轮增压器部门位于德国的奥格斯堡。

世界最大的船用主机制造商 MAN B&W 集团自 2011 年 9 月将德国总公司的名称更改为 MAN Diesel SE,将丹麦总部的公司名称更改为 MAN Diesel A/S。与此同时,其对产品的品牌也做了更名:四冲程发动机增压器的名称改为 MAN Diesel;二冲程发动机更名为 MAN B&W;售后服务更名为 MAN Diesel-Prime serve。MAN B&W 集团本次更名的目的是希望发挥 MAN 集团的综合利用效应,统一集团的品牌。现 MAN B&W 已经正式更名为 MAN Diesel & Turbo。

(二)瓦锡兰

瓦锡兰公司(Wartsila Corporation)是世界船用中速机的领头羊,是全球领先的船用动力装置及陆上电站设备的供货商和服务商,目前在全球 70 多个国家拥有 160 家分支机构,总部位于芬兰赫尔辛基。

瓦锡兰公司目前的柴油机业务是在原来其自身的柴油机业务、瑞士苏尔寿公司的柴油机业务及意大利芬坎蒂尼公司的大部分柴油机业务的基础上合并发展而成的,见图 6-2。

瓦锡兰公司在芬兰卡累利阿(Karelia),1938 年开始进入柴油机领域。经过多年的发展与合并,瓦锡兰当时名为 Metra,在 20 世纪 90 年代时成为横跨柴油机,建材和投资等多项业务领域的大型公司。

瑞士苏尔寿公司(Sulzer Ltd.)成立于 1834 年,1898 年开始与柴油机的发明者鲁道夫 · 狄赛尔合作生产柴油机。1990 年苏尔寿将其柴油机业务剥离,成立新苏尔寿柴油机公司(News ulzer Diesel,NSD),并售出多数股份。后来新苏尔寿柴油机公司成为芬坎蒂尼公司的子公司。

图 6-2　瓦锡兰八缸柴油机

1997 年,瓦锡兰旗下的瓦锡兰柴油机公司(Wartsila Diesel)与芬坎蒂尼公司旗下的大部分柴油机业务(包括新苏尔寿柴油机公司,Diesel Pdcerche SpA 以及 OMT40% 的股份)合并,成立瓦锡兰控股 85%,芬坎蒂尼持股 15% 的瓦锡兰 NSD 公司(Wartsila NSD Corporation)。瓦锡兰 NSD 公司于 1999 年获得芬坎蒂尼所持 GMT 另外 60% 的股份,2000 年芬坎蒂尼将所持 15% 的瓦锡兰 NSD 公司股份转让给瓦锡兰公司,瓦锡兰 NSD 公司成为瓦锡兰公司的全资子公司。

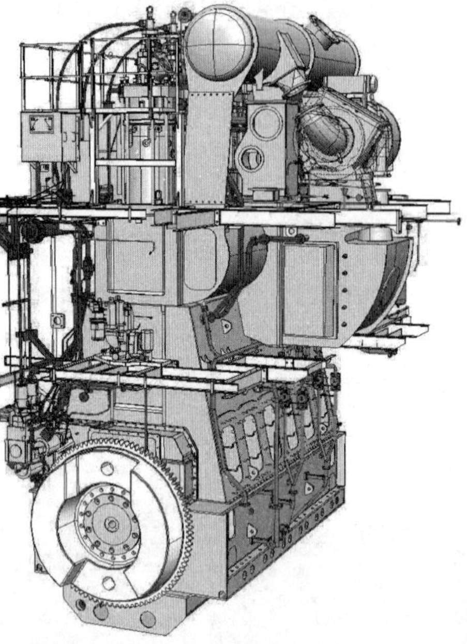

图 6-3　瓦锡兰柴油机示意图

2000 年前后瓦锡兰将旗下除瓦锡兰 NSD 公司之外的建材等其他各项业务陆续出售或分立，专注于柴油机业务，即为目前的瓦锡兰公司。

瓦锡兰公司目前主要有三大业务领域：船舶动力、陆上电站和服务。瓦锡兰公司船舶动力部门的产品种类很多，包括低速主机、中速主机、辅机、集成自动控制系统、推进器、喷嘴、尾舵、密封圈、皮带等，见图 6-3。

瓦锡兰公司船舶动力部分的业务分为五个领域：商用船舶、海洋工程、豪华游船与渡船、军船、特种船舶。

1997 年瓦锡兰合并新苏尔寿柴油机公司之后，在原苏尔寿品牌的 RTA 系列低速机的基础上，2002 年推出智能型电控共轨 RTflex 型机。瓦锡兰公司于 2005 年停止苏尔寿品牌，全面使用 Wartsila 品牌。

自 2003 年停止意大利的里雅斯特工厂的低速机生产之后，瓦锡兰公司的低速机全部在授权企业生产。目前瓦锡兰在亚洲、南美和欧洲有 15 个授权生产企业。位于瑞士温特图尔(Winterthur)的瓦锡兰瑞士公司(Wartsila Switzerland Ltd.)是瓦锡兰两冲程低速机业务的大本营，全面负责两冲程低速机的授权、销售、服务、研发和测试等业务。

瓦锡兰公司的中速主机在 1997 年合并之初即主要为 Wartsila 品牌，2005 年停止苏尔寿品牌后更进一步完全统一为“Wartsila”品牌 WÄRTSILÄ。

四冲程中速主机由瓦锡兰公司自己生产，生产基地集中在芬兰瓦萨(Vaasa)工厂和意大利的里雅斯特(Trieste)工厂。瓦萨工厂负责 Wartsila 20、32、34DF 等机型的研发与生产；的里雅斯特工厂负责 Wartsila 26、38、46、46F、50DF、64 等机型的研发与生产。

世界首台 14 缸低速船用柴油机已装上“Emma Maersk”号大型集装箱船投入使用。这是瓦锡兰柴油机公司研制的目前世界上最大功率的低速船用柴油机，也是世界首台 14 缸低速船用柴油机。该机的成功建造实现了船用推进器的重大突破。

该机为 14 缸 RT-flex96C 船用柴油机，持续输出最大功率 80080kW，缸径 980mm，转速 102r/min。长 27.3m，高 13.5m，整机重 2300t，适用于新一代大型集装箱船。

据介绍，传统的低速船用柴油机最多只有 12 个气缸。近年来，随着船舶日益大型化，船东提出需要更大功率的柴油机。瓦锡兰公司提出了利用 13 缸和 14 缸机将功率增大到 80080kW 的方案，推出了在 RTA96C 柴油机基础上发展起来的 12 缸 RT-flex96C 柴油机的改进型 14 缸 RAT-flex96C 柴油机。

14 缸低速船用发动机采用了完善的 RT-flex 共轨技术，提高了刚性，降低了结构应力，具有良好的可靠性、安全性和耐久性，且具有比同类机型维护更方便的优点。

MAN B&W 和 Wartsila 是世界船用柴油机的两大著名品牌。在船用低速机市场 MAN B&W 品牌的占有率高达 80%，Wartsila 品牌占 16%；在世界船用中速机市场，Wartaila 品牌的占有率达到 38%，MAN B&W 品牌占 27%。拥有这两大品牌产品的 MAN 柴油机公司和瓦锡兰公司在船用低、中、高速柴油机的设计、研发和售后服务等领域始终居于世界前列，保持着绝对垄断的地位。

(三) 皮尔斯蒂克 PC 型柴油机

皮尔斯蒂克 PC 型柴油机是法国热机研究协会(S. E. M. T.)研制的，热机研究协会是专门从事高速与中速大功率柴油机的研制与改进工作的一个机构。

PC 型机主要用作船舶主机，广泛用于万吨级货轮、渡轮、客轮、高速货箱船、油轮、矿石船、冷藏船、渔船、海洋调查船、挖泥船、拖轮以及军用舰船上，亦用作陆上电站动力。

PC 型机的发展，从 1947 年热机研究协会建立起，发展的机型有 PC1、PC2、PC3、PC4 等系列，简况如下：

首台 PC1 样机于 1953 年制成，单缸功率为 250 马力，P_c 为 9kg/cm^2，n 为 420r/min。PC1 的改进型 PC1-bis 将 P_c 提高为 12.5kg/cm^2，n 提高为 440r/min，因而单缸功率提高到 355 马力，1955 年成批生产。

PC2 型机是在 PC1 型机的基础上，缸径与行程都不改变的情况下，于 1962 年发展研制而成。它除了通过提高增压度和转速使单缸功率提高外，并开始正式采用燃烧重油。以后又不断地改进为 PC2-1、PC2-2、PC2-3，法国热机研究所为适应这种形势，研制了 PC2 系列的 PC2-6 型柴油机。

二、国外发电机柴油机品牌

(一) 美国康明斯发电机

美国康明斯发电机公司始建于 1919 年。其产品以优越的性能，杰出的质量，合理的价钱，忠实的效劳普及世界各地，深受广大用户的喜欢，见图 6-4、图 6-5。

图 6-4　皮尔斯蒂克 PC 型柴油机

图 6-5　美国康明斯发电柴油机

近年来国内内燃机电站行业不断发展，关于发电类动力机的需求强劲。国内康明斯分东风康明斯、重庆康明斯和西安康明斯。康明斯发动机公司为了满足用户对高质量发电动力机的要求，顺应市场需求，开发推出一系列康明斯发电机专用动力机，它可与众多同为国际品牌的斯坦福、马拉松、西门子、利莱森玛等发电机配套。并以其体积小重量轻、构造紧凑、性能优越博得了普遍的市场赞誉。

美国康明斯柴油发电机组——采用原装康明斯动力设备，配备优质品牌电机，节能、耐用、安全，维修方便，实为企事业单位备用发电机的上上之选。

康明斯 CUMMINS 柴油机，是全球柴油和代用燃料发动机的领先者，产品功率范围覆盖 18～3500 马力。康明斯发动机体积小、重量轻、油耗低、工作可靠，配件供应及维修方便。

（二）美国卡特彼勒发电机

卡特彼勒在设备的设计、开发研讨上，投入了大量的人力、物力，使得 CAT 产品在质量和性能上不断跃升。美国卡特彼勒柴油发电机组是行业内独一从发动机、发电机、控制系统及一切部件均由卡特彼勒公司一家厂家统一设计、制造、测试及保用，是目前全球最优质的发电机产品之一。

耐用、质量、性能和价值堪称行业之典范，是目前全球优秀的发电机组产品。

（三）瑞典沃尔沃（VOLVO）发电机

沃尔沃是具有一个 120 多年历史的跨国巨企，雄居世界 500 强的企业。其高性能指标、高牢靠性、环保性、低噪音、容易装置、良好的高原适应才能等特性在应用中倍受行业推崇。沃尔沃专业从事重型机械、卡车、汽车、轮船的制造。从产量第一的重型卡车到世界三大奢华轿车之一的沃尔沃汽车；从十万吨的油轮到出名世界的 VOLVO-PENTA 柴油发起机，重型动力范畴无处不见 VOLVO-PENTA 的风采，见图 6-6。

（四）日本三菱发电机

三菱公司从 1917 年创建的那天起，三菱重工不停地开发和发明容量由 0.5 马力至 56400 马力的各种型号的柴油发起机，以满足客户的普通用处和专业用处，见图 6-7。

图 6-6　瑞典 VOLVO/沃尔沃发电柴油机

图 6-7　日本三菱柴油发电机组

三菱重工的柴油机与其三菱航天科技、三菱核能技术、三菱军工设备等一样具有时代先进技术的代表性,其杰出的质量是用户信任的保证。

(五)英国珀金斯(劳斯莱斯)发电机

1932 年的珀金斯(Perkins)公司是世界最早生产发动机的公司之一。以柴油和天然气作为燃料的发动机因其经济性,牢靠性和耐久性的优点在各行业当中得到普遍的推行和应用。如汽车、工程机械、农业机械、工业用发电机组及船舶等。其中 2000 和 3000 系列出自享誉世界,在机械动力范畴有具权威的英国 ROLLS-ROYCE(劳斯莱斯)公司的设计及制造。

(六)德国 MTU(奔驰)发电机

MTU 公司的主要产品为重载柴油机(单机功率 35 ~ 7400kW),燃气涡轮发动机,发动机电子管理系统及电子监控系统和重载变速箱。1997 年初,MTU 公司向市场推出最佳产品:2000 系列及 4000 系列发动机。

(七)韩国大宇发电机

韩国大宇产品立足于严厉、标准的质量保证体系下,经过了 ISO9000、ISO14000 等各种国际认证,在重型建筑设备、工业车辆、机床、自动化系统等运营范畴中,提供世界级水平的产品,见图 6-8。

图 6-8　韩国大宇发电机

(八)日本小松柴油发电机组

日本小松柴油发电机组在这个能源紧缺、低碳环保流行的年代倍受欢迎,因为其主要的优点是噪声小,带有原装防音箱,省油是其一大特色,众所周知日本的设备工艺精良,省油、节能是最大的亮点。

(九)日本电友发电机组

日本电友发电机组带有防音箱,省油、静音,是一些影视行业圈的必备之选,因此其供不应求。

(十)美国科勒发电机组

美国科勒发电机组,动力强大,适合用于工矿等一些大型建设工程。

三、国外船用柴油机的型号含义

1. Sulzer 船用柴油机

Sulzer 船用低速柴油机有 RD,RND,RLA,RLB,RTA,RTAM 等系列产品。例如 6RTA84M 柴油机,其代号的含义为:

6——气缸数；

84——缸径(cm)；

M——改进代号；

RTA——技术特征代号。

在技术特征代号中：

R——焊接结构、二冲程、十字头式；

D——直接倒转、带有推力轴承；

N——新型机；

L——长行程；

T——超长行程、直流扫气；

A，B——机型改进发展序号。

2. MAN 低速船用柴油机

例如 K9Z60/105E 柴油机，其代号的含义为：

9——气缸数；

60——缸径(cm)；

105——活塞行程(cm)；

K——十字头式；

Z——二冲程、单作用式；

A，B，C，D，E，F——设计改进发展序号。

3. MAN B&W 船用柴油机

例如 5L60MC 柴油机，其代号的含义为：

5——气缸数；

L——长行程；

S——超长行程；

MC——二冲程、十字头式、定压增压强化柴油机。

E——经济型(降功率使用)。

4. 三菱船用柴油机型号

8UEC 85/180 D 代号的含义为：

U——直流扫气；

E——废气涡轮增压；

C——十字头式；

T——筒状活塞；

V——V 形气缸排列；

D——系列号(A，B，C，E)；

85/180——缸径(cm)/行程(cm)。

第二节　国产船用柴油机主要品牌

一、国产柴油机品牌

1. 潍柴(潍柴重机股份有限公司)

公司专业开发、制造和销售船舶动力和发电设备市场用 30 ~ 12000 马力的中、高速柴油机、发电机组及动力集成系统,兼顾经营柴油机零部件、船用齿轮箱配套等产业。

2. 玉柴(玉柴船舶动力股份有限公司)

成立于 2009 年,公司位于珠海市富山工业园,具备瓦锡兰、曼恩二冲程发动机生产许可,可生产制造 YCMP – WÄRTSILÄ 系列和 YCMP-MANB&W 系列船用低速发动机,年产能 110 台/120 万马力。产品广泛应用于散货船、集装箱船、油轮、工程船等各类船舶。公司首台船用低速机于 2011 年 11 月成功下线,2015 年 6 月,公司生产的世界首台投入商业运营的 5RT-flex50DF 双燃料低速发动机成功交验。

3. 上柴(上海柴油机股份有限公司)

目前拥有 R、H、D、C、E、G、W 等七大系列柴油、天然气发动机,功率覆盖 50 ~ 1600kW。

4. 济柴(中油济柴)

中油济柴核心业务是中、大功率内燃机的研发制造,年产中大功率内燃机及机组 5000 台以上,延伸业务包括液力传动装置、电气控制装置、燃气动力集成装置等。

5. 通柴(南通柴油机厂)

公司专业生产“飞鲸”“富来威”“通柴”牌 NT、T、S、J、NK、TC 等系列柴油机、气体发动机,缸径有 135mm、138mm、165mm、200mm,缸型分 2、4、6、8 缸直列型和 12 缸、16 缸 V 型,功率覆盖范围从 25kW 到 1800kW。

6. 淄柴(淄博柴油机动力有限公司)

我国大功率中高速柴油机专业化制造企业。

7. 河柴(河南柴油机重工有限责任公司)

国内唯一的轻型高速大功率柴油机的研制生产基地。

8. 广柴(广州柴油机厂股份有限公司)

目前年产中速柴油机及燃气发动机约 200 台,功率约 40 万千瓦。

9. 东康(东风康明斯发动机有限公司)

位于湖北省襄阳市,与美国康明斯公司以 50∶50 的股权比例合资兴建的现代化中重型发动机制造公司。

10. 重康（重庆康明斯发动机有限公司）

与美国康明斯双方投资比例各占50%。是康明斯在中国最大的重载和大马力发动机专业制造工厂。

二、代号含义

E——二冲程，无E为四冲程；

S——十字头；

D——可倒转。无D为不可倒转；

Z——增压；

V——V型排列，一般为直列式；

C——船用；

G——高增压；

P——平卧型；

F——水冷式，无F为风冷式；

X——凝汽冷却；

A或B——改进序列号。

三、举例

9ESDZ43/82表示：9缸、二冲程、十字头、可倒转、增压柴油机，气缸直径43cm、活塞冲程82cm。

12VESDZ30/55表示：12缸、V型排列、二冲程、十字头、可倒转、增压柴油机，气缸直径30cm、活塞冲程55cm。

12VE300ZC表示：12缸、V型排列、二冲程、缸径为300mm、筒形活塞式（箱式）、不可倒转、增压、船用柴油机。

6135C表示：6缸、缸径为135mm、筒形活塞式（箱式）、不可倒转、非增压、直列式、四冲程船用柴油机。

第二篇 船舶辅机点线面

第七章
船用泵及其管路系统

第一节 教学要求与概况

一、教学要求(机工培训、机工学历、机工长、三管轮适用)

掌握往复泵、齿轮泵、螺杆泵、离心泵的结构,工作原理及性能特点;
了解叶片泵、喷射泵、旋涡泵的结构、工作原理及特点;
掌握泵的一般操作管理要点,熟悉船用泵常见故障分析和排除方法;
熟悉船舶管路系统的一般组成及布置原则。

二、概况

本章内容丰富,各种船用泵(图7-1)均可认为是一种独立的机械设备,它们各自的工作原理、结构形状、特点问题各不相同,均需进行点、线、面梳理。由于各种泵功能相同(均为输送流体),故有许多共同之处。这个"共同之处"就是本章的重点。为了加深对泵的认识,找出各种泵的异同,方便对比,列出表7-1船用泵的名称和用途表、表7-2船用泵的分类图表、表7-3各类泵性能对比表。认真学习这三个表,对泵的知识学习有很大帮助。

图7-1 各种泵外形图

船用泵的名称和用途表　　表7-1

名称		用途
通用泵	压载泵	调驳或充排各压载舱、尖舱的压载液体,保证船舶的正常吃水和航行性能。可兼作排除货舱积水、消除、卫生系统备用泵
	舱底水泵	排除前后尖舱、货舱、机炉舱和推进轴隧中的积水。通常至少一台为往复泵

续上表

名称			用途
通用泵	消防水泵		保证消防系统用水。所有消防泵都应由独立的原动机驱动。总排量应不少于全部舱底水泵排量的2/3
	卫生水泵		将海水输送到日用卫生水柜,供生活使用
	淡水泵		自淡水舱向日用淡水柜输送淡水。通常由独立的原动机驱动
动力装置用泵	主机柴油发电机	海水循环泵	向主机各冷却器供应海水,冷却主机淡水和滑油
		冷却水泵	向主机供应冷却淡水
		燃油低压输送泵	自日用燃油柜向喷油泵输送燃油
		燃油驳运泵	驳运主机各燃油舱间的燃油
		润滑油泵	自主机润滑油柜向主机各摩擦部件、主轴承、十字头轴承供应滑油
		滑油驳运泵	自润滑油储存柜向主机润滑油柜补充滑油
辅助装置用泵	辅锅炉	给水泵	自热水井或补给水柜向锅炉供水
		燃油泵	自日用燃油柜吸油输送到喷油嘴
	液压甲板机械	主油泵	向液压系统提供压力油,通过执行元件变为机械功
		辅助油泵	向主压力油系统补偿油液,提供冷却、润滑、操纵用压力油
		应急泵	紧急情况下启用应急
	造水装置	给水泵	向造水装置蒸发器供水
		凝水泵	自冷凝器中抽吸凝水,并压送至淡水柜
		排污泵	将蒸发器中残存的高浓度污水排至舷外
		真空泵	不断抽吸蒸发造水装置中的空气,造成高真空度
	压缩机和制冷装置	冷却水泵	冷却压缩机,冷凝制冷剂
		润滑油泵	润滑压缩机的摩擦部位
	排污装置	污水、污油泵	将经过处理的污水柜中的污水排至通岸接管或舷外
		排渣泵	将经过处理的粪尿排至舷外

续上表

名称		用途
特殊用泵	货油泵	在油船上输送货油
	捕鱼泵	供捕鱼使用
	泥浆泵	输送泥浆

船用泵的分类图表　　表 7-2

- 船用泵
  - 容积式泵
    - 往复泵
      - 活塞泵(往复泵)
      - 柱塞泵
        - 斜盘式轴向柱塞泵
        - 斜轴式轴向柱塞泵
    - 回转泵
      - 齿轮泵
        - 外齿轮泵
        - 内齿轮泵
        - 转子泵
      - 螺杆泵
        - 三螺杆泵
        - 双螺杆泵
        - 单螺杆泵
      - 叶片泵
        - 单作用叶片泵
        - 双作用叶片泵
      - 水环泵
  - 叶轮式泵
    - 离心泵
      - 蜗壳式离心泵
      - 导轮式离心泵
    - 轴流泵
    - 混流泵
    - 旋涡泵
  - 喷射式泵
    - 水喷射泵
    - 蒸汽喷射器
    - 空气喷射器

各类泵性能对比表

表7-3a)

泵的名称	往复泵	齿轮泵（内啮合　外啮合）		螺杆泵		叶片泵		水环泵	离心泵	旋涡泵	喷射泵
		内啮合	外啮合	单螺杆	双螺杆						
按基本原理分类	容积式								叶轮式		喷射式
自吸能力	好	较好（一般自吸高度≥500mm）						一般不用来排液	无（除自吸式外）	开式有，闭式要加气液分离器	很好
允许吸上真空度（MPa）	中 0.05～60	中		中		差		—	范围很大，最大可达0.08左右	差＜0.04～0.05	很好 接近0.1
转速范围（r/min）	低 ＜500	较高		1450～1750		较高		较高	很高	较高	—
理论流量	取决于运动部件尺寸和转速，与工作扬程无关							—	取决于叶轮尺寸和转速，并与工作扬程有关		取决于面积比、相对压差和工作流体流量
流量均匀性	差	较好	较差	好		较好	好	较好	好	好	好
流量调节方式	回流调节、变速调节							变速调节	节流、变速、回流调节	回流调节、变速调节	改变工作流体压力（流量）
内漏途径	泵阀、活塞环	齿轮端面、齿顶、啮合齿		螺杆顶圆、啮合线		转子和叶片端面、叶顶、叶槽		转子端面	密封环	转子端面、隔舌	—
容积效率（%）	85～99	65～75	70～90	65～85	75～95	58～92	80～94	65～82	70～80	70～80	—
流量范围	中	小		小	中	小		小	大	小	中
不平衡液压力	径向力（对曲轴）	径向力		轴向力 径向力（从动螺杆）		径向力	—	径向力（单作用）	径向力 轴向力	径向力	—

各类泵性能对比表　　表 7-3b)

泵的名称	往复泵	齿轮泵（内啮合　外啮合）		螺杆泵		叶片泵（单作用双作用）		水环泵	离心泵	旋涡泵	喷射泵
				单螺杆	三螺杆						
额定扬程	与工作部件尺寸、转速无关，取决于密封性能、承压能力和原动机转速等							主要与叶轮出口圆周速度平方成正比，与叶片形状和数目也有关系			取决于面积比和工作流体压力
安全阀	要设							不设			
扬程（压力）范围 m（MPa）	高	≤30MPa	≤25MPa	≤4～10MPa	≤20～40MPa	≤6.5MPa	≤6.3～32MPa	—	3～1000m	5～250m	小
总效率	能达较高	较高		较高		较高		较低	能达较高	较低	低
最大功率（kW）		<350	<120		<390	<30	<320			<40	
价格	较高	较低	低	高		中		低	低	低	低
污染敏感度	较小	中（高压泵大）		小	较小	较大		中	小	中	小
黏度敏感度允许黏度范围	小	中		小		中		—	小	大	大
起动要求	开排出阀								关排出阀	开排出阀	
船上适用场合	小流量、高扬程；要求自吸。如舱底水泵、扫舱泵、锅炉给水泵	对性能要求不高的油泵，如滑油泵、驳油泵、液压辅泵		舱底水油水分离器的污水泵	主机滑油泵、液压泵	工作条件较好的油泵，如清洁油驳运泵、液压泵		真空泵。如离心泵的引水泵	一般水泵；大流量输油泵，如油船货油泵、大动压载水泵、消防泵	小流量水泵，如辅锅炉或压力水柜给水泵	应急输水泵、真空泵、清洁泵

表 7-3c)

各类泵性能对比表

内容	泵种				
	往复泵	齿轮泵	螺杆泵	滑片泵	离心泵
特点	(1)排量与排压无关 (2)压头可以很高 (3)有较强的自吸能力 (4)转速不能过高 (5)排量不均匀 (6)惯性冲击力大	(1)排量比较均匀 (2)吸排口由转向决定 (3)有自吸能力但须防干转 (4)加工装配精确度高,间隙影响大 (5)不宜超压超速 (6)存在径向不平衡力 (7)有齿封现象	与齿轮泵极似	同左	(1)没有自吸能力,起动前必须引水 (2)推荐封闭起动 (3)排量均匀压头稳定 (4)转速高 (5)结构简单,工作可靠 (6)可串可并,适应面广 (7)有指向吸入侧的推力
结构问题	零件多、易损件多、尺寸大、多作用泵结构复杂	齿轮本身制造要求高、间隙控制严格、尺寸较小或很小	螺杆制造精密、间隙控制严格	转子与叶片配合精密、各间隙控制严格	阻漏环处结构较精密、多级泵显得较复杂但平衡性好
须调控好的间隙	(1)活塞环天地、搭口间隙 (2)活塞与缸套间隙 (3)阀的升程应满足无声工作条件 (4)盘根松紧 (5)传动减速机构间隙	(1)端面间隙 (2)径向间隙 (3)啮合间隙 (4)轴封间隙	(1)泵体与螺杆 (2)径向间隙 (3)轴封间隙	(1)端面间隙 (2)片与槽间隙 (3)轴封间隙	(1)阻漏环径向间隙 (2)轴封间隙
失效与故障	间隙超值、阀失效、运动件磨坏、减速装置故障	齿面损坏,间隙超值,轴承坏,轴封漏	螺旋面磨损,间隙超值,轴承坏,轴封漏	叶片磨损,弹簧问题,间隙超值,轴承坏,轴封漏	间隙超值,平衡性太差,轴承坏,轴封漏
管理要点	吸排阀要开足,管路要畅通,调好安全阀,不能超速,注意润滑	同左,且要:防干转,油液要干净,注意转向,注意油温	同齿轮泵,起动防过载,轴封处不能“一滴不漏”	同左,且装配应对号入座	防空气进入,封闭起动,注意水温,注意转向,重视振动,监视吸、排压力表

第二节　往复泵的重点、线索、知识面梳理

一、往复泵知识重点

往复泵(图7-2)的基本原理就是本单元的重点,即通过活塞位移运动,使泵内工作容积(封闭容积)发生变化,带来压力变化,形成内外压差,将外界液体吸入后排出,如图7-3。这个知识重点对学员理解泵的工作、泵的特性、正确管理,有很好的指导意义。

图7-2　卧式往复泵

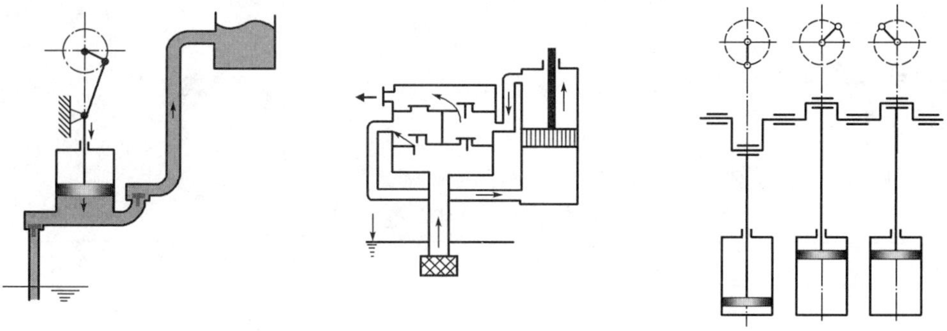

a)单缸单作用　b)单缸双作用　c)三缸三作用

图7-3　往复泵的工作原理

二、往复泵思路线索

1. 目的功能

以输送液体为目的,增加液体的机械能(位能、压力能、动能)。

2. 基本原理

见“往复泵知识重点”。

3. 装置组成及零部件作用

泵缸与活塞围成封闭容积；

活塞的强力移动带来容积变化；

进、排水阀成为工作容积联系吸排管路的开关；

曲柄连杆机构将电动机的旋转变为活塞的往复运动。

附件还有：吸、排空气室、吸入过滤器、轴封、进排液截止阀、安全阀、吸入真空表、排出压力表等。

4. 工作原理（图 7-4）

如此循环往复，不断输送液体。

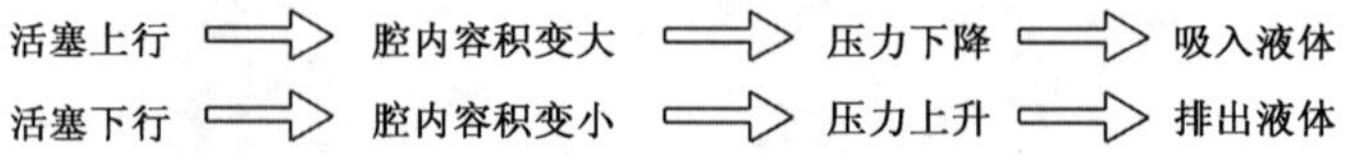

图 7-4

5. 特点或问题

往复泵特点有五个，见表 7-3 各类泵性能对比表。

6. 失效形式

见表 7-3 各类泵性能对比表。

7. 管理要点

见表 7-3 各类泵性能对比表。

8. 故障分析与排除

见表 7-4 往复泵故障分析与处理。

往复泵故障分析与处理 表 7-4

现　象	原　因	处理方法
1. 不能供液或流量不足	(1)吸入容器无液体； (2)吸入阀未开足或温度高导致汽化； (3)吸入管漏气； (4)吸入滤器堵塞； (5)泵阀损坏、泄漏，或搁起； (6)活塞环、缸套或填料磨损； (7)安全阀泄漏或弹簧太松	容器充注液体； 开足吸入阀或降低温度； 消除漏气； 清洗滤器； 维修或换新泵阀，清除搁起物； 维修或换新； 维修或换新
2. 安全阀顶开或电机过载	(1)排出截止阀未开或排出管路堵塞； (2)排出压力太高且安全阀失灵； (3)轴承、填料太紧或活塞因故咬死； (4)泵缸中有异物卡死	开足排出阀或消除堵塞； 消除排压高，校验安全阀； 调整间隙、松紧或修换； 拆检

续上表

现　象	原　因	处理方法
3. 异响	(1)泵缸中有敲击声,可能是泵缸中有异物或活塞固定螺帽松动; (2)泵缸中有摩擦声,可能是活塞环破裂或填料过紧; (3)泵阀撞击,可能是弹簧断裂或弹性不足; (4)传动部件摩擦间隙过大	拆检; 拆检; 换新弹簧; 调整或换新
4. 摩擦部件发热	(1)间隙过小; (2)润滑不足; (3)摩擦表面不干净	调整间隙; 改善润滑; 清洗滑油滤器和摩擦表面
5. 阀箱有异响	(1)泵阀弹簧断裂或弹性不足; (2)泵阀升程过大; (3)泵阀阀盘压盖螺帽松动	换新弹簧; 降低升程; 上紧

注意:检查应从最容易判断的原因查起,并借助有关仪表。

三、往复泵多面包围

1. 外形尺寸

单作用泵尺寸可很小,极简单。多作用泵因吸、排阀腔、减速装置等占很大体积,尺寸大,显得笨重(图7-2)。

2. 主要参数

排量、压头、功率、效率、转速、作用数、活塞直径、行程、允许吸上真空度等。

见电动往复泵容积效率表(表7-5)和往复泵总效率表(表7-6)。

电动往复泵容积效率表　　表7-5

泵缸直径(mm)	排量(m^3/h)	容积效率(%)	
		新　泵	旧　泵
小于50	小于20	0.85~0.95	0.80~0.85
50~150	20~60	0.90~0.97	0.85~0.92
150以上	60以上	0.95~0.99	0.90~0.95

往复泵总效率表　　表7-6

泵的类型及泵缸直径(mm)	动力泵(新泵)		直接作用泵
	无减速机构	以蜗轮减速	
小型泵 $D \leqslant 50$	0.65~0.75	0.6~0.65	0.8~0.83
中型泵 $150 \geqslant D > 50$	0.75~0.80	0.65~0.75	0.83~0.85
大型泵 $D > 50$	0.80~0.90	0.75~0.80	0.85~0.90
直动泵	0.8~0.88		
手摇泵	0.5~0.85		

3. 转速高低

转速多在于200～300rpm以下，一般最高不超过500rpm。转速过高，泵阀迟滞造成的容积损失会相对增加；泵阀撞击引起的噪音和磨损也将加剧；液油和运动件的惯性力也将增加。由于转速受限，往复泵较难进入大流量范围。为了减速，从电动机至曲轴之间必须增设减速装置，当然会使泵构造复杂化。

4. 适用场合

见表7-3各类泵性能对比表。

5. 安装位置

安装在所输送液源附近，船上一般安装机舱底层。

6. 结构形式

见表7-2船用泵的分类图表。

7. 受力情况

见表7-3各类泵性能对比表。

8. 使用材料

下面列出DSL系列电动往复泵主要零件材料（表7-7）。

DSL系列电动往复泵主要零件材料 表7-7

零件名称	材料
阀杆，活塞杆，衬管	1Cr18Ni9Ti
上、下阀座，阀，活塞	ZHSi80-3
水缸套，小轴瓦、连杆瓦、填料内套	ZQSn6-6-3
小轴、连杆螺钉	45
十字头	ZG35
活塞环	夹布胶木
弹簧	QSi3-1

9. 制造工艺

铸、车、钻、钳工等。

10. 装配要求

严格控制活塞环的搭口间隙、天地间隙、轴封间隙及减速传动装置的装配间隙，调好阀的升程，见表7-8。

11. 温度压力

减速箱部分及轴承因运动摩擦而发热，须留意滑油温度≤70℃；泵缸及排出管路要承受排出压力,有时可能很高,故设有安全阀。

活塞环安装间隙(单位:mm)　　表 7-8

活塞杆直径	搭口间隙		天地间隙	
	安装间隙	极限间隙	安装间隙	极限间隙
<100	1.5	4.0	0.15	0.30
100 ~ 150	2.0	5.0	0.20	0.40
150 ~ 200	2.2	5.5	0.25	0.50
200 ~ 300	2.5	6.5	0.30	0.60
>300	3.0	7.5	0.40	0.80

12. 工况调节

流量的调节可以采用停机调节、改变转速或旁通回流,但绝不允许用关小排出阀开度的办法去调节排量;压头是按照服务对象的需要而自动产生的,无须调节。

13. 典型实例

船上用得最多,结构最具代表性的往复泵是 2DSL 电动往复泵,如图 7-5。学员在看泵的总装配图的同时,一要分析动力传动路线,了解从原动机到活塞的运动怎样传递;二要分析泵的作用数。2DSL 泵每一缸是双作用的,整台泵来说就是四作用,即曲轴每转动一周,总管中排液的次数是 4,因而排液的不均匀性减少。

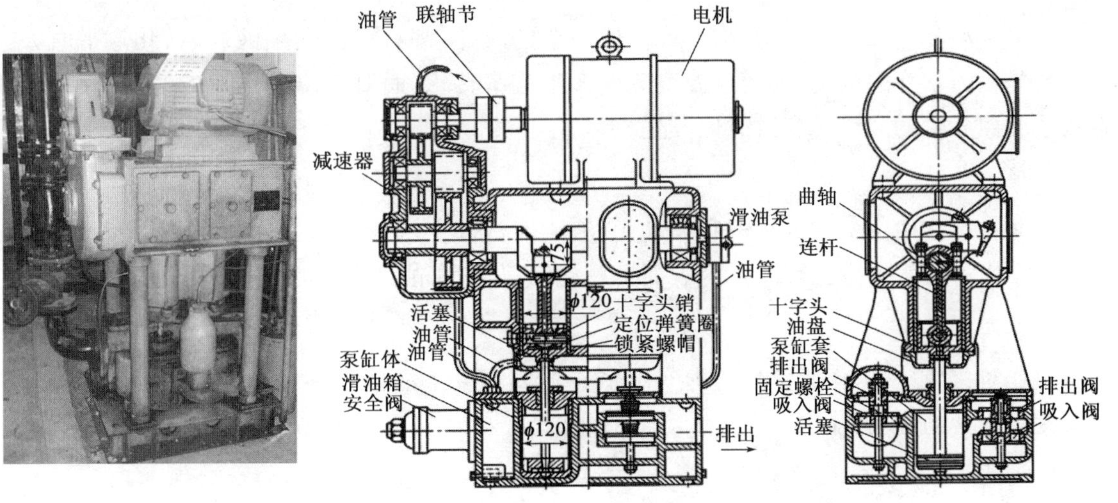

a)往复泵实物图　　b)电动往复泵结构实例(装配图)

图 7-5　2DSL 往复泵

四、泵与管路疑难补问辅导

(一)泵的效率问题

泵的效率是指有效功率(输出)与轴功率(输入)之比 $\eta = N_e/N$。讲某一样东西的效率就是拿它作为研究对象,衡量它的输出与输入之比。一般说,产出肯定低于输入,即效率小于100%。对泵来说,它的输出是它的有效功率 $N_e = G \times H = Q \times r \times H$,其中 G 为重量排量(N/S),Q 为容积排量(m^3/S),r 为液体重度,H 为压头(m/水柱)即单位时间内真正传递给液体的能量。而输入呢,是机械能,即泵轴转动时具有的能量,这是原动机传给它的。"输出"之所以会小于"输入",原因在于泵工作会有几方面的损失,消耗了一部分能量,这几方面的损失包括:

(1)容积损失。包括泵的"内-内"泄漏和"内-外"泄漏.泵的"内-外"泄漏在外观上容易发现,而"内-内"泄漏是泵内压力不等,又存在间隙造成的,不易发现,须经分析判断才可知道。

(2)机械摩擦损失。泵本身是个装配体,只要运动部件一动,摩擦在所难免,有些运动件与静止件之间的卡阻力还很大,一有相对运动,即要耗去一部分功率。

(3)水力损失。由于液体在泵内运动(进入、流动、排出)而使液体自身,液体与流道之间摩擦带来损失。包括液体不稳定流动而产生的惯性损失、沿程流阻和局部流阻损失。

泵的效率影响因素分析,为我们更好地管理、使用泵,提供了努力方向。

(二)汽蚀和水击现象

1.相关知识

压力和温度这两个因素的改变,或任何一个的改变,都有可能发生液、汽转化。平时大家常见的是压力不变的情况下,随着温度改变产生液汽转化,而对于温度不变的情况下,由于压力的改变而产生的液汽转变情况比较生疏。

2.现象

①泵在运转中突然产生响声和振动;②液流因汽塞变得不畅通,有时甚至不能正常工作;③经常发生汽蚀水击泵,拆开后,内表面机械剥蚀、化学腐蚀严重,像被虫子咬过的一样。

3.原因

工作时,泵缸内工作腔室的压力有时低于当时温度下液体的饱和压力(吸入时),有时压力又变得异常的高(排出时)。

4.过程

当压力低于当时温度条件下的饱和压力→逸出空气泡和冒出蒸汽泡→气穴→当工况变化压力转为高于或大大高于汽化压力,气穴被挤破→气穴中心会出现瞬时真空→液体质点向气穴中心猛冲→气穴中心处形成很高的局部压力→水击现象→水击导致金属表面疲劳损伤、机械剥蚀。

另外,大量逸出的气泡夹杂氧气,加重金属表面的化学腐蚀。

5. 防止办法

仍然从温度和压力两方面考虑,确保不至形成气穴的条件,即降温(不输送温度较高的液体)与保证工作压力不太低。泵的吸入区应重点防范。防止出现汽蚀现象的做法有:①减少吸入液体的几何高度;②保证吸入管路畅通;③限制泵速;④增设空气室;⑤降温;⑥油液黏度不能太大。

(三)往复泵排量不均匀时的减轻措施

排量不均匀原因有二:一是每一次往复中,只有一半时间是有排液的;二是排液过程中,尽管电动机转速均匀,但曲柄连杆机构决定了活塞运动的速度不均匀,所以其排液过程本身也是不均匀的。

减轻方法:增加作用数(作用数为一个工作循环中排液总管的排液次数),如由单作用改为双作用、三作用(如图 7-6)、四作用等;增设空气室。

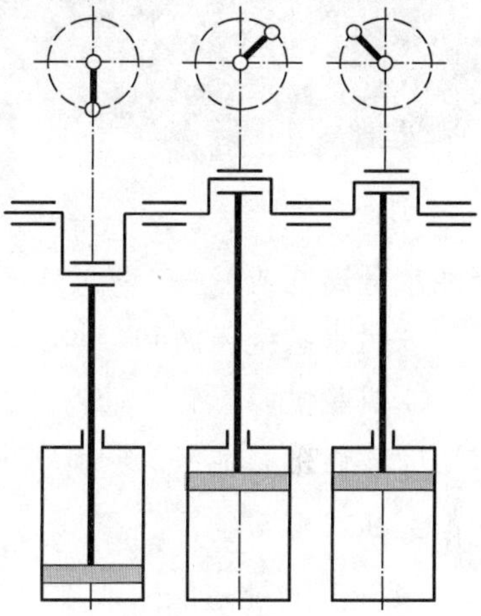

图 7-6　三缸三作用(曲柄夹角 120°)

下面以排出空气室为例说明空气室的工作原理。如图 7-7a),当往复泵的瞬时流量大于平均流量时,泵轴转角由 β_1 至 β_2 段排出管阻力较大,泵的排出压力较高,空气室内气体被压缩,泵缸排液超出平均流量的部分(如图 7-7b)中面积 bcdb 所示)进入空气室储存。

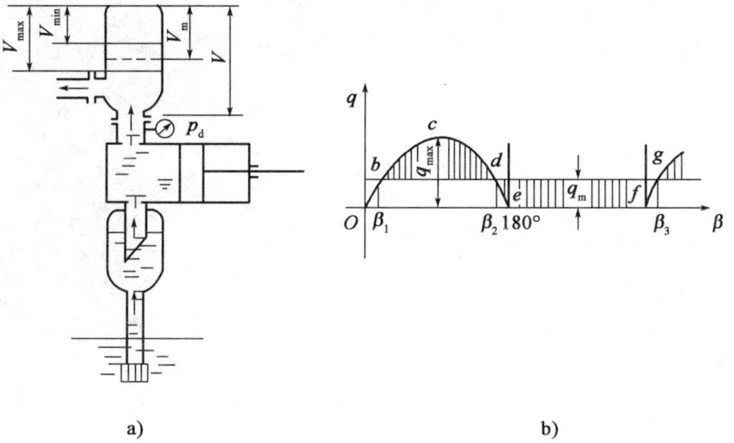

图 7-7　往复泵空气室的工作原理图

当瞬时流量小于平均流量时泵轴转角由 β_2 至 β_3 段排出管阻力较小,排出压力较低,空气室内的气体膨胀,使按平均流量供应不足的部分液体由空气室流向排出管,从而使排出管路中的流量接近均匀。一个简单的空气室,如图 7-8,大大减轻了往复泵的固有缺点。

图 7-8　往复泵空气室外形图

（四）舱底水系统和压载水系统的比较

1. 舱底水系统

（1）作用：将船体渗入、设备泄漏、舱口漏入、冲洗甲板等造成的舱底积水排出舷外。

（2）系统布置原则和要求：

①吸入口应布置在每个舱底的最低处；

②各处污水经吸入支管分别汇集于前、后舱底水阀箱，然后经总管通于水泵，最后经排出总管排至油水分离器或舷外；

③污水系统要做到“只出不进”，为此，各支管上都安装有“截止-止回阀”；

④机舱里设置有二处以上污水吸入口，且至少有一根吸入支管与舱底水泵直接相连，必要时还应能连接其他泵协同排水。

2. 压载水系统

（1）作用：能过灌入或排出海水来调整船舶吃水、稳性、横倾和纵倾。

（2）系统布置原则和要求：

①应能将各压载舱内的水顺利进行前、后或左、右互相调驳，满足“能进能出”要求，为此，系统中不能装设止回阀；

②系统的排量应能满足快速调整各处压载水的要求，必须时还要能兼紧急排水之用，所以压载水管口径比污水管口径大得多，见图 7-9；

③为满足压载水双向流动要求，又简化管路，在系统中使用了调驳阀箱。

图 7-9　某轮机舱压载管路

3. 点评

涂成深绿色的压载水管直径粗大，走向通往各压载舱（在专用管遂中）与海水离心泵间；而涂成黑色的污水管则伸向机炉舱、货舱各个角落，直径也不大，必竟船上污水量不可能很多。两者还有一个大不同的就是系统设置，一个是“能进能出”，另一个是“只出不进”。

4. 报道实例

红旗 123 轮排压载水有好办法

红旗 123 轮接到船工三部关于开展打排压载水的劳动竞赛通知后，积极开展活动，在开展打排压载水竞赛活动中取得了较好的成效。

确保压载水系统的气密性及压载水泵大的抽吸力是保证成功排净压载水的关键。该轮压载管路锈蚀严重，管路经常穿洞、爆裂。大副与三管轮协作配合，对爆裂的压载管路及时包裹止漏,共打码30多个;换上新压载阀杆的密封盘根,并上紧压盖,保证压载系统的密封性。

大副与现场装货指导员加强联系,确保装货时艏、艉有一定的吃水差,一般控制在2米以上,以便双层底压载水更快排出。抵港装货前,根据天气情况,在不影响船舶操纵的情况下,适当提前排放个别双层底压载水,目的是为了不影响装货进度,减少在港停泊时间,实现多装快跑。

三管轮加强对机工操纵技能培训。在排压载水开始时,用两台压载泵同时排放所有压载舱水,以节省压载水排放时间。当排至适度时,密切注意真空表压力的变化,当真空压力出现波动时,说明个别水舱接近排完,及时通知木匠进行量水,并将差不多排完的水舱阀关掉,以免影响其他舱的正常排放。

压载水打(排)得干净,船舶装货量就更多,也能产生良好的经济效益。

(五)机械轴封装置的认识

机械轴封装置在泵中、制冷压缩机中、液压舵机、液压马达中均有应用,是一个难而又必须掌握的结构,如图7-10。

a)机械轴封实物

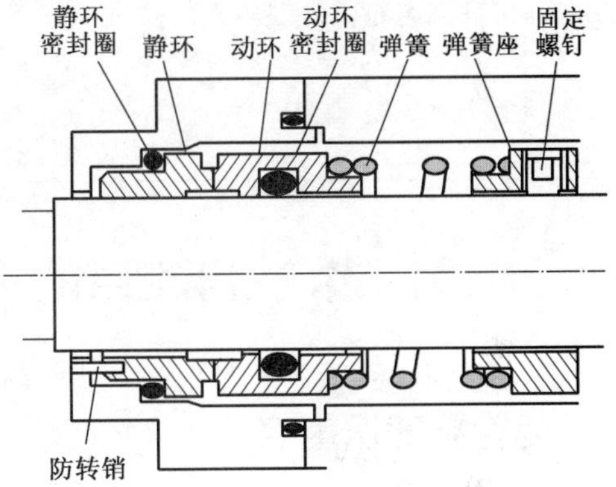

b)机械轴封装配图

图7-10　机械轴封的结构和原理

1. 优点

与填料密封相比,漏泄量少,在运转中可以达到几乎不漏的程度,具有密封性能好,使用寿命长的特点;机械密封安装正确时,在一定时间内可以不加调整;同时摩擦耗功小,泵轴或轴套基本上不受磨损,在正常情况下不需要维护保养。

2. 缺点

制造复杂,安装精度要求高,更换不便,密封元件也不易选配。

3. 适用

广泛用于输送高温高压和强腐蚀性液体的设备中。

4. 原理

把轴、盖之间的径向间隙的密封问题，先转化为静、动环之间轴向间隙的密封问题，又因轴向密封是平面之间的贴合，加上动环弹力自动补偿磨耗，即构成了机械密封的工作。

5. 装配要点

套在轴上的静环与轴的配合松紧最重要。过松，造成泄漏；过紧，不能移动，动环磨耗后不能自动补偿，还是要漏。这个松紧的程度还要与强簧的原始弹力、预紧弹力结合起来考虑，使套在轴上的静环紧箍轴外圆，但又在弹力推动下可以移动。

6. 故障分析(表 7-9)

机械密封的常见故障分析表　　表 7-9

故障现象	周期性泄漏	经常性泄漏	突然性泄漏
原因分析	(1)泵轴有轴向串动，动环来不及补位、移位； (2)转子发生周期性振动	(1)动静环密封面不符合要求； (2)动静环密封面内夹入杂物； (3)静密封处橡胶密封圈损坏； (4)静环、动环与轴的垂直度有误差(>0.075mm)； (5)泵转子振动	(1)密封环碎裂； (2)弹簧断裂； (3)防转销脱落或切断； (4)泵强烈抽空，破坏密封

第三节　齿轮泵的重点、线索、知识面梳理

一、齿轮泵知识重点

齿轮泵的基本原理是本节重点，那就是，通过齿轮泵的回转，使泵腔内两个独立的封闭容积发生变化，带来压力变化，形成内外压差，从而实现吸液和排液，如图 7-11。必须指出，齿轮泵内的容积虽不大，但当齿轮高速回转时，其容积变化率是不小的。压力的变化取决于容积变化率，而不是容积的大小。

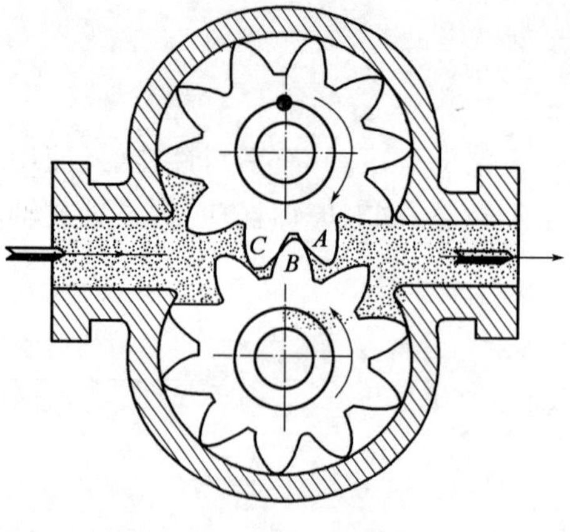

图 7-11　齿轮泵原理图

二、齿轮泵思路线索

1. 目的功能

输送油液从一个位置到另一位置(包括从低到高)或使油液产生一定的压力和流速，即增加液体的机械能。

2. 基本原理

见“齿轮泵知识重点”。

3. 装置组成及零部件作用

组成：一对齿轮，二个空间，三个间隙。附件是：轴封、安全阀、进、排液截止阀、压力表等。

作用：齿轮是传递能量的零件，同时也是构成封闭容积的元件之一；泵体是围成封闭容积的元件，也是装配和对外连接的基础（主体）。有合适的三个间隙，齿轮才能回转工作。

4. 工作原理（即详细工作过程）

齿轮转动⟶一侧容积扩大⟶压力下降⟶与外界形成压差⟶吸入油液；

⟶一侧容积缩小⟶压力上升⟶与外界形成压差⟶排出油液。

5. 特点或问题

特点见表7-3各类泵性能对比表。具体说来：

(1)具有干吸能力，但不如往复泵。这是因为它虽然也能排送气体，在吸口形成一定程度的真空，但其排气时密封性很差，能形成的吸入真空度不大，自吸高度一般不高。因装配精密摩擦面多，起动时不宜干转。

(2)泵的吸、排工作必须由“三个间隙”保证，密封性能越好，泄漏越少，效率和能产生的压头就高。一般端盖间隙0.04～0.08mm；滑油泵端隙0.25～1mm。

(3)排量是连续的，但并不均匀。齿轮泵的流量是连续的，但由于每瞬间挤入齿间的轮齿体积周期性的变化，故瞬时流量有脉动，噪声较大。齿数越少，流量脉动率越大。理论流量由工作部件的尺寸和转速决定，与排出压力无关，不允许靠关小排出阀的节流调节流量。排压与尺寸、转速无关。

(4)齿轮泵无须吸排阀门，可由电动机直接传动，结构简单，价格低廉，易损件少，工作可靠。

(5)吸入口和排出口是根据齿轮旋向而定的，若反转，则吸、排口将掉过来。

(6)存径向力，将引起轴承偏磨。齿轮泵工作时会产生径向力。如图7-12所示，由于齿顶间隙的漏泄，齿轮外周的液体压力是从排出腔到吸入腔逐级降低的，液体压力的合力，基本上通过齿轮中心指向吸入端。

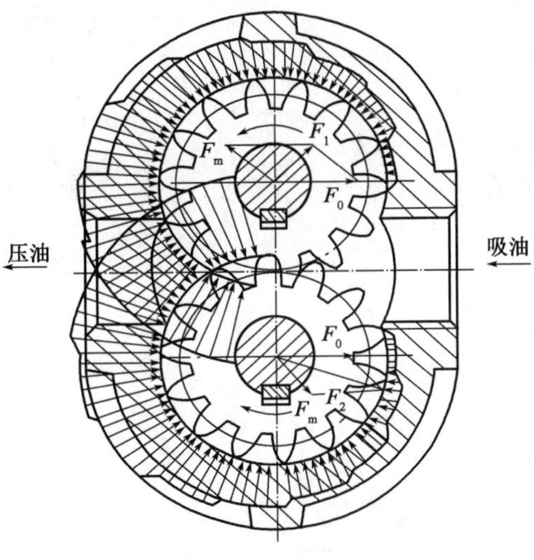

图7-12　齿轮工作时受径向力示意图

(7)存在齿封现象。

(8)摩擦面较多，仅适用于输送润滑性能好的油类。

6. 失效形式

见表7-3各类泵性能对比表。

7. 管理要点

见各类泵性能对比表。下面列出各回转泵操作管理要点：

(1)起动前泵内必须充满油液。回转泵虽然具有自吸能力，但应避免在吸上油液之前高速转动，避免产生干摩擦。

(2)起动前要开足吸、排阀门。

(3)注意油泵的转动方向，方向错误则无法吸上油液。

(4)原动机驱动轴和泵轴的连接及轴线对中应正确，符合说明书规定要求。

(5)工作压力不能超过额定值，以免引起原动机过载和加速泵的磨损，造成薄弱环节损坏。

(6)运行中注意检查压力、温度和密封装置是否漏油，机械轴封工作是否正常，有无振动和噪音等异常情况。

(7)经常检查、清洗滤器。

(8)保持油箱中的液面高度，防止泵因晃动而吸入空气。

8. 故障分析与排除

表7-10列出回转泵常见故障分析和排除方法表，齿轮泵为其中一员，情况一样。

回转泵常见故障分析和排除方法表　　表7-10

序号	故　障	原因分析	排除方法
1	起动后不排油或排量不足	(1)电动机反向旋转或转速低； (2)油泵吸上高度太大； (3)吸入管接头未拧紧或吸入管漏气； (4)吸入滤器阻塞； (5)吸入阀未开或未开足； (6)柱塞泵带辅油泵供油，未先起动辅油泵； (7)油箱内油液不足，油位过低或油箱侧倾，吸入管露出油面； (8)起动前，油泵内未灌油，产生干摩擦，发生咬死； (9)泵年久磨损，间隙过大； (10)安全阀未调好或旁通阀未关紧	检查电源，纠正接线； 检查油泵装配情况，降低吸上高度，减少吸入阻力； 拧紧接头或检查其他漏气因素； 清洗或更换滤器； 开足吸排阀； 起动辅油泵后再起动主油泵； 加油使油位达到使用要求； 拆检，起动前先向油泵内灌油； 更换或拆检； 调整安全阀，关紧旁通阀
2	运转中油泵突然不排油或排量下降	(1)停电或电压下降； (2)吸入滤器阻塞； (3)油液严重泄漏，吸入口外露； (4)泵内机件严重损伤或卡阻； (5)泵年久磨损、老化	检查电源； 检查清洗过滤器，检查吸入管； 检查、堵漏、加油； 拆检、修复，更换净油液； 更换新泵
3	磨损过快，短期内性能下降	(1)装配不当，轴中心线不正，装配时未保证洁净要求，泵内留有污物杂质； (2)油液不洁净，含有磨料性杂质或腐蚀性污染； (3)使用不当，长期在高压下工作，空转，变量泵长期在极小排量下工作	拆检； 过滤或更换油液； 改进使用

续上表

序号	故　障	原因分析	排除方法
4	运转时噪声过大，压力波动过大	(1)泵本身制造装配质量差； (2)泵轴与发动机连接质量差； (3)泵支承架强度、刚度不足； (4)吸入滤器尺寸、吸入管直径太小； (5)伴有嗖叫声，说明管道和阀门有节流狭道，流速过大； (6)吸入管漏入空气； (7)产生汽蚀，液压冲击； (8)油泵工作超载； (9)共振	更换泵； 检查，重新安装； 加强支承架； 加大尺寸； 检查、尽可能加大管道和阀门； 检查、排除管道泄漏，清除油液中的汽泡； 减少油液中溶解的空气和水分，排除系统中的空气； 排除系统中的空气； 改变工况，避开共振区

三、齿轮泵多面包围

1. 外形尺寸

因无须吸排阀，无须减速装置，故齿轮泵小巧紧凑，尺寸可做得很小。

2. 主要参数

排量、压头、功率、转速、齿轮几何尺寸等。

3. 转速高低

转速高，齿轮轴与电动机直接相联。但转速亦不可无限制升高，以免液流所受离心力过大产生汽蚀。

4. 适用场合

见表7-3各类泵性能对比表。

5. 安装位置

可单独安装在基础上，亦可附装在机器上。尺寸小时，“串联”在管路中即可。

6. 结构形式

详见表7-2船用泵的分类图表。参见图7-13为外齿轮泵结构图、图7-14内齿轮泵结构图。

7. 受力情况

有一指向吸入侧的侧推力，加重轴承负担，使其偏磨，如图7-12所示；回转运动的油液受离心力；无轴向推力。

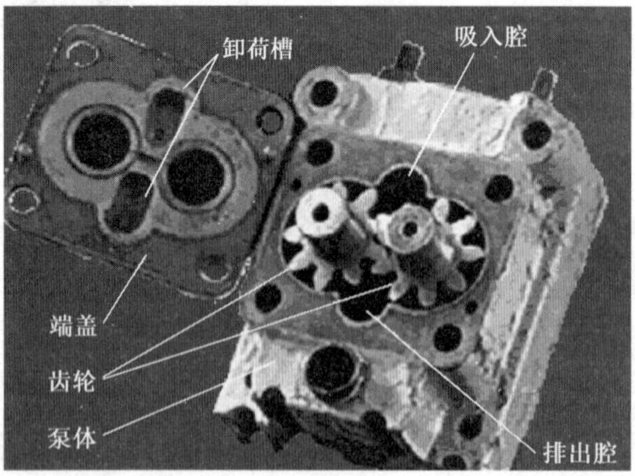

图 7-13　外齿轮泵结构图

图 7-14　内齿轮泵结构图

8. 使用材料

齿轮一般用中碳钢,再经表面淬火的热处理;泵体为铸铁或铸钢。

9. 制造工艺

铸造、滚齿或铣齿、车、镗等。

10. 装配要求

周向和齿间的啮合间隙已由制造精度决定,影响泄漏最关键的是端面间隙,由装配决定。通常端面泄漏量与间隙数值的三次方成正比,即间隙增大一倍,泄漏量约增大七倍。因此,在轮齿能自由回转的前提下(包括热态)其值越小越好,一般外齿轮泵控制在 0.04 ~ 0.08mm。

11. 温度压力

轴封处、轴承处以不感觉烫手为宜,不过热。不宜超压使用,否则影响寿命。吸入侧为真空区,须防空气漏入。

12. 工况调节

一般不调工况。需要时亦不能用关小吸、排截止阀调节流量,只能用回流或变速去调节。

13. 典型实例

如图 7-15,国产 CB-B 型,工作压力 $25.4 \times 10^5 N/m^2$,还有 C、D、E、F 和 H 等系列都采用了间隙补偿方法,使排压可达 10 ~ 14MPa。目前水平:

$Q = 0.75 \sim 150L/min$

$P = 686 \times 10^4 \sim 206 \times 10^5 N/m^2$

$n = 1200 \sim 4000r/min$

四、齿轮泵疑难补问辅导

(略)。

图 7-15　齿轮泵装配示意图

第四节　螺杆泵的重点、线索、知识面梳理

一、螺杆泵知识重点

本单元的重点是螺杆泵的工作原理,也是难点。如图 7-16,主动螺杆上的凹槽和从动螺杆上的凹槽相互连通,构成"∞"的封闭容积。

随着螺杆啮合转动,与泵吸入腔相通的容腔首先在下面吸入端开始形成并逐渐增大(图 7-16 中容腔Ⅳ),不断吸入液体,然后封闭。接着,一方面这个封闭容腔沿轴向不断向上推移,直至排出端(犹如一个螺母在螺杆回转时不断沿轴向上移);另一方面,新的吸入容腔又紧接着在吸入端形成,一个接一个的封闭容腔移到排出端与泵排出腔相通(图 7-16 中容腔Ⅰ),其中的液体不断被挤出。如果螺杆反转,则泵的吸、排方向相反。

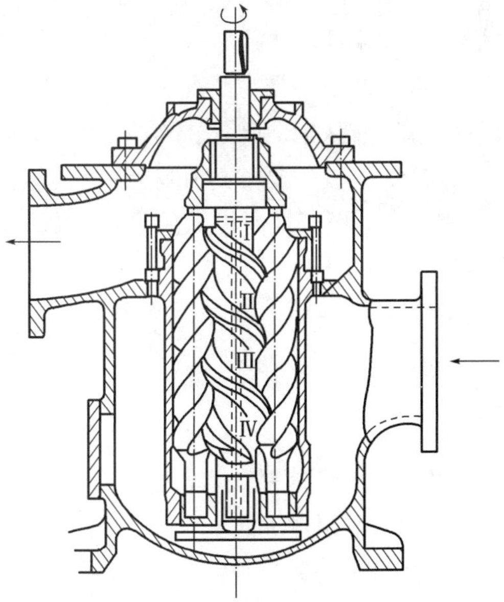

图 7-16　螺杆泵工作原理图

螺杆泵是利用螺杆回转时能使螺牙间液体沿着轴向移动来进行工作的,这实际情况就是,螺杆原地转动,不随螺杆转动的"液体螺母"将沿着螺杆轴向移动一样的原理。

实际上,液体螺母的上移,就腾出了位置,就不断地形成一个开口的低压空间,新的液体必然吸入,即排、吸过程业已发生。因此,螺杆泵的工作仍然是“容积式”的。

二、螺杆泵思路线索

1. 目的功能

输送液体,增加油液的机械能。

2. 基本原理

仍是容积式,即通过工作部件(螺杆)的回转运动,使泵内封闭容积发生变化,带来吸、排压力变化,实现吸排液体。

3. 装置组成及零部件作用

主螺杆——传递能量部件,它驱动液体运动,同时又是形成“变化封闭容积”的零件之一。
副杆——起到阻止“液体螺母”跟随主螺杆一起旋转的作用。
衬套——共同构成封闭容积。
泵体——形成吸、排油路,也是全泵的装配基础。
附件有:推力垫块,安全阀、平衡活塞,吸排压力表,截止阀等。

4. 工作原理

见“螺杆泵知识重点”。单、双、三螺杆泵原理都是相同的。如图 7-17。

5. 特点或问题

特点与齿轮泵极相似。但:
(1)没有困油现象、工作平稳、噪声振动小。
(2)液体搅动少。
(3)螺杆泵的受力情况和密封性能良好,少泄漏。
(4)油液从轴向吸入,不存在离心力妨碍液体吸入的问题,吸入性能好。
(5)加工装配要求高,价格约为同规格齿轮泵的 5 倍。
问题:主螺杆轴向推力的平衡问题;转向不能错,否则会使推动平衡装置丧失作用,使泵损坏。

6. 失效形式

各类泵性能对比表(表 7-3)。

7. 管理要点

见各类泵性能对比表(表 7-3)。另,螺杆泵在工作中,轴封可以允许有微量的漏泄,一般每 20 ~ 30s 不超过 1 滴。

8. 故障与排除

螺杆泵是回转泵的一种,参见表 7-10 回转泵常见故障分析和排除方法表。

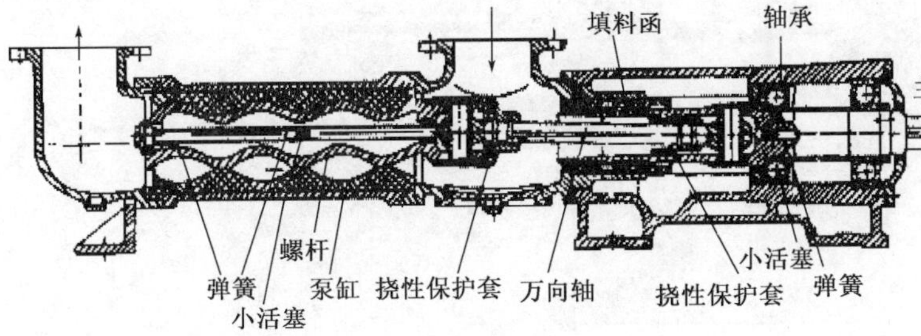

a)结构图

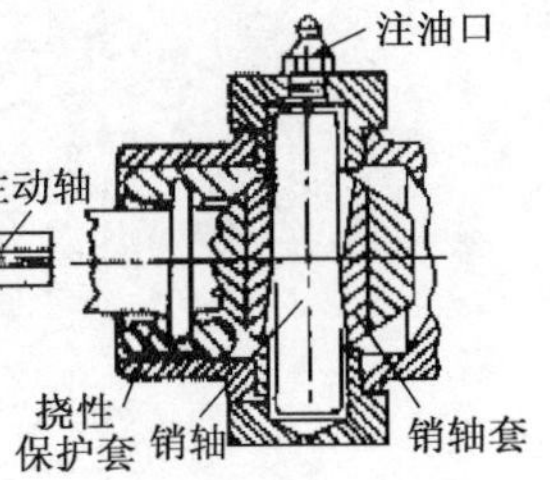

b)万向联轴节

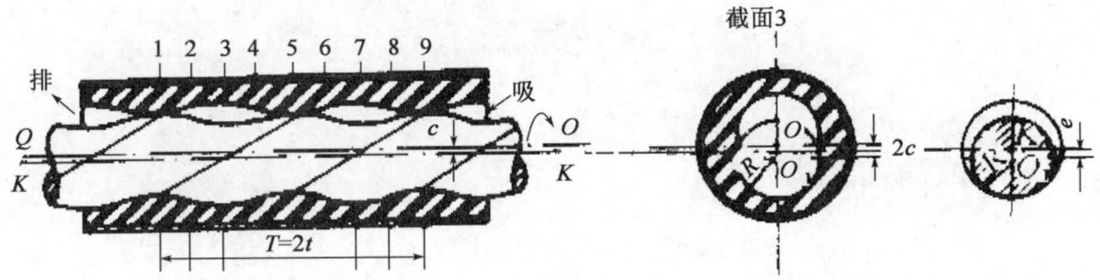

c)泵缸和螺杆

(一)单螺杆泵的结构图

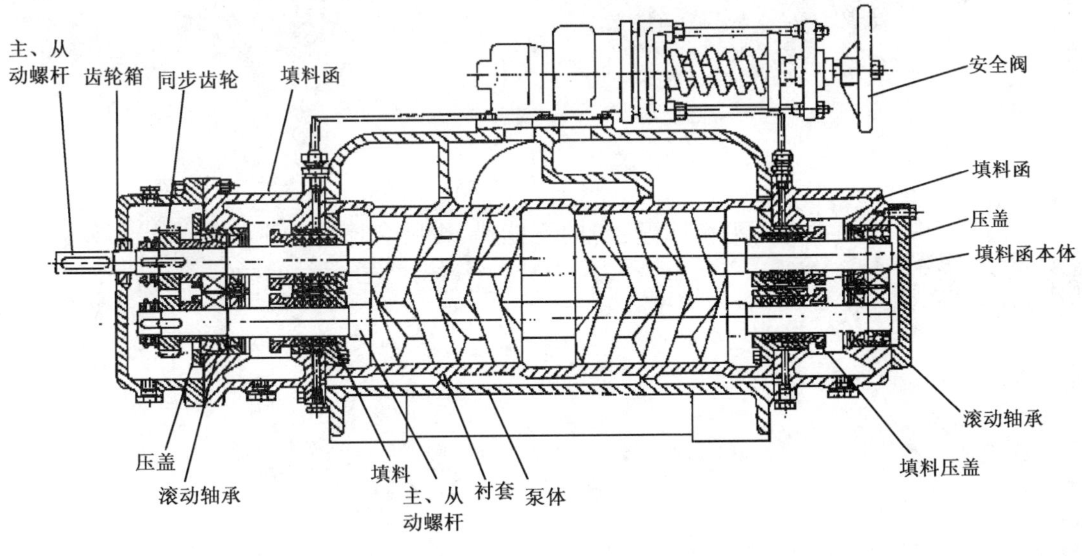

(二)双螺杆泵的结构图

图　7-17

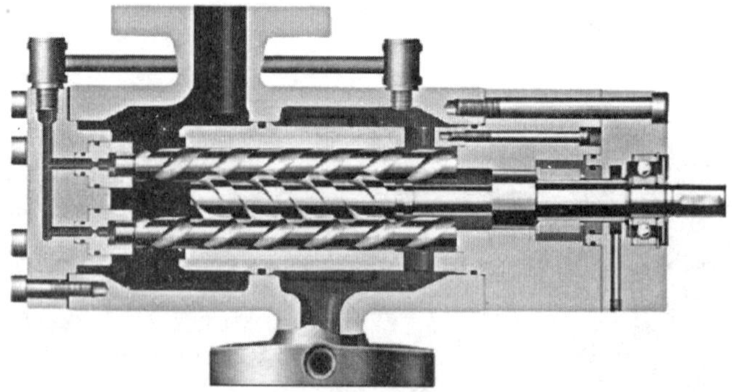

(三)三螺杆泵结构图

a)单螺杆泵

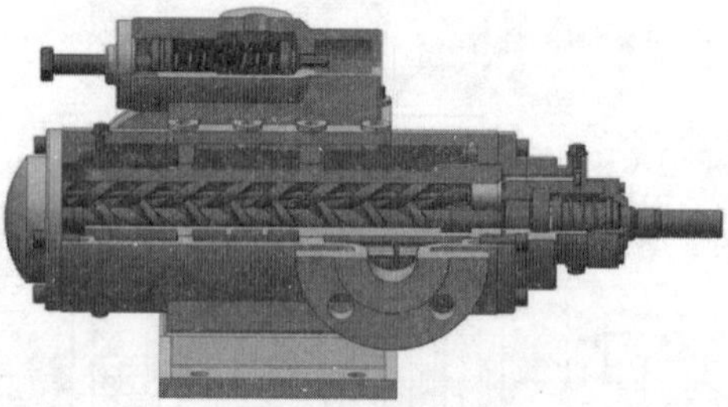

b)双螺杆泵

(四)单、双螺杆泵外形

(五)三螺杆泵外形

图 7-17　单、双、三螺杆泵结构组图与外形组图

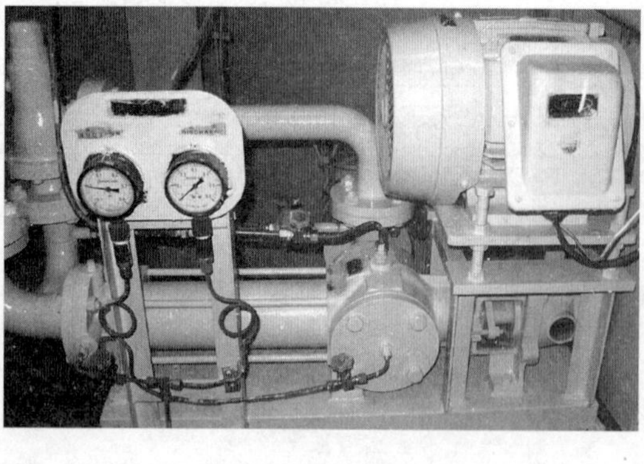

图 7-18　某船螺杆泵

三、螺杆泵多面包围

1. 外形尺寸

无须吸排阀，结构简单，紧凑，体积小，但轴向尺寸稍大，对高压泵尤为突出。如图 7-18。

2. 主要参数

排量、压头、功率、效率、转速、螺杆几何尺寸。

3. 转速高低

很高，详见表 7-3 各类泵性能对比表。

4. 适用场合

见各类泵性能对比表(表7-3)。

5. 受力情况

立式螺杆泵不工作时螺杆自重由轴承承担。工作时的轴向力由平衡装置平衡,受力好;因螺杆轴向尺寸长,刚性差,容易因外力而弯曲变形在拆装和取出存放时应特别注意。凸出导杆径向力已经平衡,螺杆和自重不会发生很大的磨损;凹螺杆无论是空转或排液时都有径向平衡力,但径向力由整个衬套工作面承担,此压不大,一般不会引起螺杆变形。

6. 使用材料

用优质中碳钢或低碳钢表面渗碳淬火处理,也可以用合金钢。

7. 制造工艺

铸造、车削加工、铣销加工、镗削。

8. 装配要求(表7-11)

螺杆泵的装配要求表(单位:mm)　表7-11

项　目	要求尺寸
轴套对衬套安装孔的同心度	0.02
衬套安装瓦轴对大端面跳动在100mm内	0.02
螺杆外径小于50mm,外径的径向跳动	0.02
螺杆外径大于50mm,外径的径向跳动	0.03
螺杆推力轴承端面对轴向跳动	0.02

9. 温度压力

同齿轮泵。

10. 工况调节

方法同齿轮泵。

11. 典型实例

LB-25型三螺杆泵,如图7-16所示。其工作压力1.6MPa,流量1.5m^3/h。

四、螺杆泵疑难补问辅导

(略)。

第五节　离心泵的重点、线索、知识面梳理

一、离心泵知识重点

离心泵吸排动作原理是重点：①充液排空气；②叶轮驱动液体做圆周运动；③离心力使液体向四周甩出（排）；④叶轮中心形成真空吸进新的液体（吸）；⑤新液又在离心力作用下排出。如图7-19。

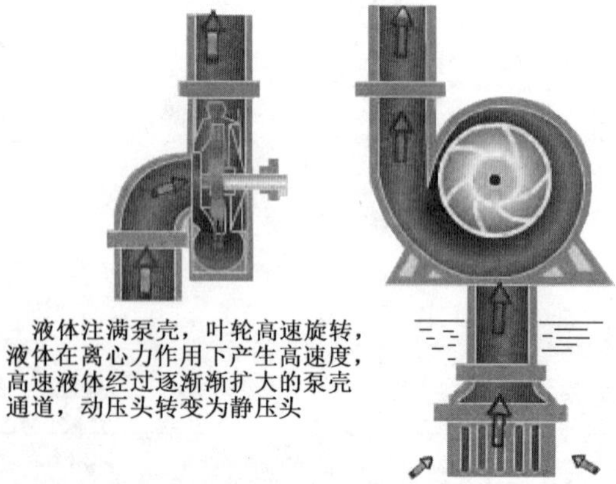

图7-19　离心泵原理图

二、离心泵思路线索

1. 目的功能

输送液体，增加液体的机械能。

2. 基本原理

离心泵是叶轮式泵的一种。工作原理不同于容积式泵，它是利用叶轮的高速回转，使液体受离心力的作用而产生吸排，从而达到输送的目的。工作过程：转动——→离心力——→一定速度——→排出——→转换成压力能。泵工作时，叶轮也做高速转动，但内部各处的容积找不到变化的地方和变化的时候，它的基本原理与容积式泵有根本的区别。其次，根据离心力计算公式和伯努利方程，可推出反映泵传递给液体多少能量的压头公式为 $H = K \times N^2 \times D^2$，其中，$K$ 为系数，N 为泵转速，D 为叶轮直径。从公式可知，要增加泵的压头，增加其转速和叶轮外径都很有效。再有，根据这种泵吸、排靠离心力的原理，如果起动时泵内有空气的话，虽然驱动流体同速旋转，但空气质量只是水质量的一千八百分之一，产生的离心力很小，在吸入管路上必然不能形成足够大的真空把水从井面吸上来，故离心泵没有自吸能力。

3. 装置组成及零部件作用

要使液体产生离心力，必须有叶轮驱动它旋转，要消耗电动机功率；甩出来的液体要收集起来，较高的速度能要转化为静压头以减小水力损失，这就要有特定外形的泵壳；轴要伸入静止的泵壳中回转，泵内、外压力又不相等，故应设轴封装置；为防泵内部因压力不等造成的漏泄，还须有阻漏环。这样，一台离心泵的结构模型就可以想象出来了。

叶轮（铸铁或青铜）——叶片驱动水转动，是能量来源。见图7-20，叶轮结构形式有三种。

①闭式，泄漏较少，要求水质干净；②半开式，性能居中；③开式，效率甚低，但可作污水泵。

泵壳（铸铁或铸钢）——回收液体；把速度能转变或部分转变为压力能。

泵壳结构形式分为：蜗壳式、导向叶片式。图7-21为导向叶片式泵壳。

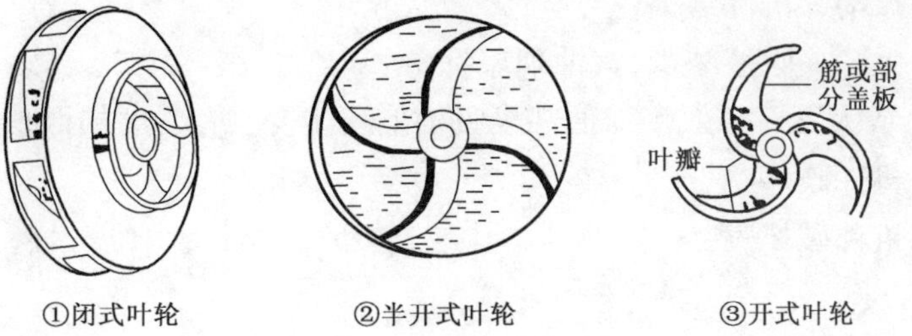

图 7-20 离心泵的叶轮

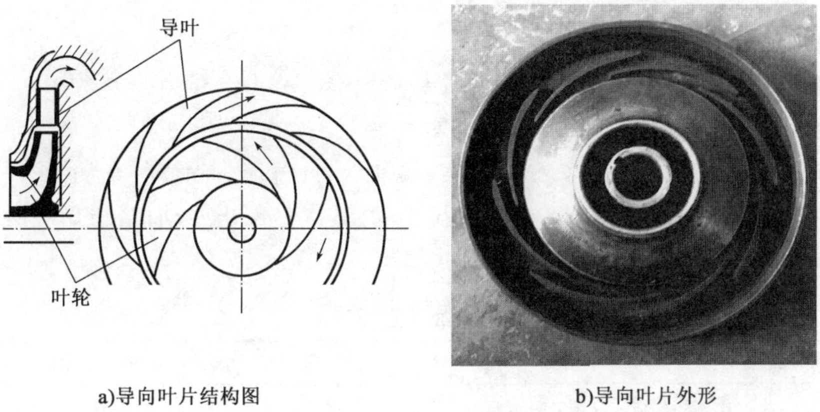

图 7-21 导向叶片式泵壳

阻漏装置——①密封环,即高压区和吸入口低压区的阻漏元件。密封环有三种形式,见图 7-22;②轴封:有填料密封装置、机械密封装置、带水环密封装置,作用是阻止泵内高压水从转动的泵轴漏出。其中,带水环密封装置可阻止空气漏入泵,并冷却泵轴。

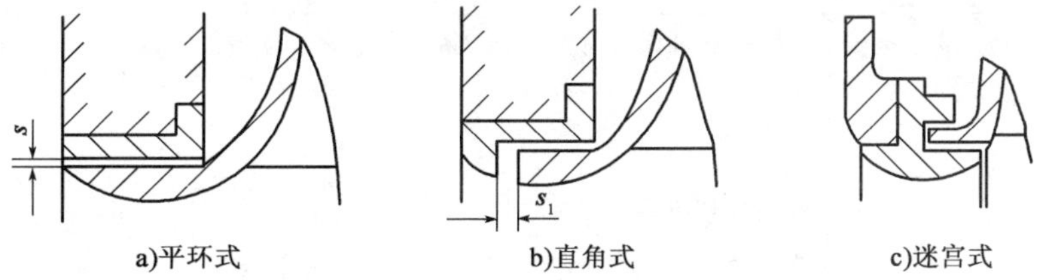

图 7-22 密封环的形式

4. 工作原理

即泵吸排动作过程,见"离心泵知识重点"。

5. 特点

也是十分重要内容,详见表 7-3 各类泵性能对比表,学员应掌握好。

6. 失效形式与后果

泵内有空气——吸不上液体;

阻漏环径向间隙超值——内漏严重,容积效率低;

轴线不直——振动和机件磨损；

吸入路线阻力大——吸液减少，汽蚀现象；

轴封漏液（气）或太紧——效率变低甚至吸不上液体，耗功大，磨损严重；

轴承磨损——机件破坏、噪声；

零件松脱——机件破坏。

7. 管理要点

见表7-3各类泵性能对比表。并且注意其中的运行操作要点。“封闭起动”是这种泵特有的做法。

(1)起动
- 前：盘车检查，开足吸入阀，放空气。
- 中：封闭起动，注意观察转向、压力表。
- 后：供水后再观察一段时间。

(2)运行中：查排量、看排压表、看真空表，摸轴承、听声音、查泄漏、查润滑、保清洁。

(3)停车时：与起动步骤相反，首先关闭排出阀，其次是停止原动机，最后关吸入阀。

8. 故障与排除（表7-12）

离心泵故障及原因表　　表7-12

序号	故　障	表　现	原　因
1	起动后不能供液	(1)离心泵高于吸入液面而不能产生足够的真空度，无法吸上液体	①自吸失灵，如初次使用的自吸离心泵未向泵内灌水；②吸入管或轴封漏气；③吸入管露出水面
		(2)吸入真空度已大于“允许吸上真空度”，仍无法吸入液体	①吸高过大；②吸入管流阻过大，如滤器堵塞；③吸入管不通，如吸入阀未开；④液体温度过高
		(3)泵产生的封闭排出压力太低，无法排液	①叶轮松脱、淤塞或严重损坏；②转速太低或转向弄反；③进入泵内的液体含气多
2	流量不足	不是泵的扬程特性曲线降低，就是管路的特性曲线变陡或上移，以致工况点向流量小的方向移动	滤器脏堵；密封环间隙过大；电机反转等
3	电动机过载	声音沉重，轴颈磨损快，起动电流大，轴承发热异常	电压降低导致电流升高而过载；填料压盖过紧；泵轴弯曲或对中不良；叶轮碰擦；液体黏度、密度超过设计要求；双吸叶轮装反；排出管脱开敞口运转
4	运转时振动过大和产生异常声响	声音不对，异响	机械方面原因：（略） 液体方面原因：气穴（汽蚀）现象、有驼峰形扬程曲线的离心泵发生喘振

三、离心泵多面包围

1. 外形尺寸

结构紧凑，外形尺寸不大，从叶轮外径可预计压头高低，从吸入口径可估算排量大小。图7-23为4种离心泵外形图。

a)IS、IR型单级单吸离心泵

b)S型单级双吸离心泵

c)SWA型卧式多级泵

d)DFAY型卧式输油泵

图 7-23　几种离心泵外形图

2. 主要参数

排量 Q、压头 H、输入功率 N、总效率 η，参见表 7-13。

单级离心泵主要性能参数表　　表 7-13

型　号	排量（m/h）	压头（米水柱）	容许吸入真空度（米水柱）	转速（r/min）	轴入功率（kW）	电动机功率（kW）
2CL-6	19.8	31	6.5	2900	2.88	4
8CL-12	288	29	6	1450	28.4	30
12CL-13	792	29.3	4	960	90	100
2BA-6	20	30.8	7.2	2900	2.61	4
3BA-13A	39.6	15	5	2900	2.0	3
4BA-12	90	34.6	5.8	2900	10.8	17
6BA-8B	140	22	6.3	1450	11.3	17
2BL-6	10 ~ 30	34.5 ~ 24	8.7 ~ 5.7	2900	1.86 ~ 3.09	4
3BL-6	30 ~ 70	62 ~ 44.5	7.7 ~ 4.7	2900	9.3 ~ 13.3	18.5
3BL-6A	30 ~ 60	45 ~ 30	7.5 ~ 6.4	2900	6.7 ~ 8.3	7.5
3BL-9	30 ~ 55	35.5 ~ 28.8	7.0 ~ 3.0	2900	4.64 ~ 6.32	7.5
4BL-25	54 ~ 99	17.6 ~ 25	5	2900	3.96 ~ 4.0	5.5

3. 转速高低

必须有较高的转速，泵与电动机可直接相连。

4. 适用场合

适用很广，不同液质、不同干净程度、不同工况均可。

5. 安装位置

泵至水井面间的吸入高度受限制（<10m），为防汽蚀，吸高越小越好，最好为负值。

6. 结构形式（图7-24）

- 叶轮：开式、半开式、闭式
- 泵壳：蜗壳式、导向叶片式
- 阻漏环：圆柱式、锯齿式、迷宫式
- 轴封：普通填料式、带水环填料式、机械轴封

图7-24　结构形式

7. 受力情况

泵内叶轮两边受力不均，部分抵销以后，受一指向吸入口的轴向合力，如图7-25，较大时必须采取平衡措施。

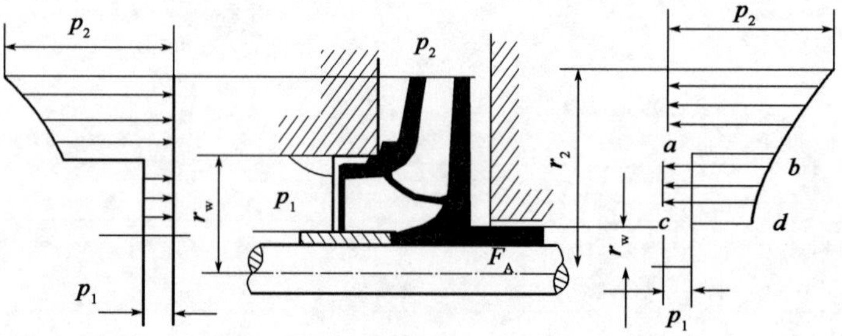

图7-25　离心泵叶轮两侧的压力

8. 使用材料

一般用铸铁，船用泵怕生锈，多用铸铜，价格高。

9. 制造工艺

铸造，机床切削。

10. 装配要求

主要控制阻漏环径向间隙（表7-14），泵轴与电动机轴的对中，轴封的装配，前两项有严格的数值限制。

离心泵密封环装配间隙(单位:mm)　　表 7-14

密封环内径	名义直径差值	总间隙		半径方向间隙允许值
		最　小	最　大	
>50~80	0.3	0.3	0.42	0.06~0.36
>80~120	0.3	0.3	0.44	0.07~0.37
>120~150	0.35	0.35	0.51	0.08~0.43
>150~180	0.4	0.40	0.56	0.08~0.18
>180~220	0.45	0.45	0.63	0.09~0.54
>220~260	0.5	0.50	0.68	0.09~0.58
>260~290	0.5	0.50	0.70	0.10~0.60
>290~320	0.55	0.55	0.75	0.11~0.64

11. 温度压力

轴承、轴封温度较高,防止超限;吸入侧为有一定真空度的低压、排出侧为高压区,内-内、内-外压力不等。

12. 工况调节

可以通过串联、并联、混联、节流、旁通、切割叶轮、降速等法调节工况,但切不可用关小吸入阀的办法。

13. 典型实例

典型实例 6CBLZ—7 型,如图 7-26,自带引水泵,对称布置叶轮,可串可并,适应船舶消防和紧急排水需要,参见表 7-15。

6CBLZ—7 型离心泵主要性能表　　表 7-15

名　称	并联工况			串联工况		
流量 Q(m^3/h)	180	150	110	75	45	22
扬程 H(10Pa)	25	38	50	80	110	122
功率 N(kW)	26	25	23	26	22	17
允许吸上真空高度(10Pa)	5			5		
转速(r/min)	2900			2900		
用途	压载水泵、舱底水泵			消防泵		

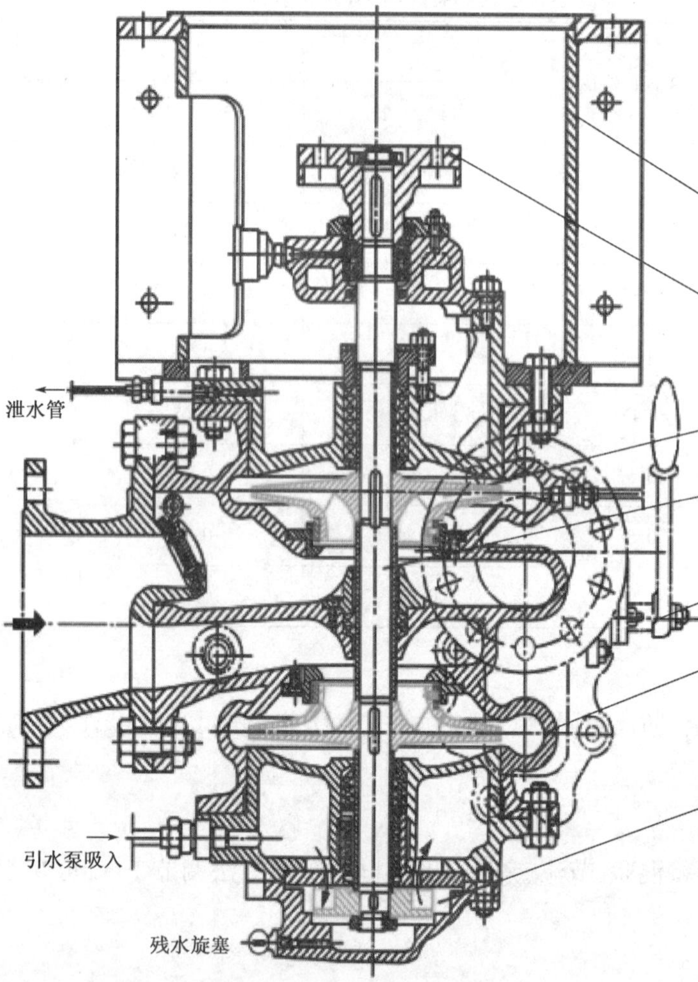

图 7-26　6CBLZ—7 型离心泵

四、离心泵疑难补问辅导

离心泵虽然较容积式泵具有结构简单、转速高、流量大和维护保养容易等优点，但相比之下也存在自身的短处，突出的问题是离心泵不具备干吸能力，起动前需要灌引水。这是因为当离心泵起动时，若泵壳与吸入管内无水，其叶轮吸、排的仅是空气。众所周知，空气不但质量很小而且是可以压缩的，因此叶轮旋转后所产生的离心力不足以在叶轮的吸入口造成很大的真空度，也就是说在泵体内仍有空气存在，使液体不能沿吸入管进入泵体中。为此船用离心泵一般的安装位置总是布置在水线以下，以保证泵壳内与吸入管路中经常充满水，使泵在灌注头下工作，保证泵的正常吸入。由于海轮的通用泵一般都是使用离心泵，因此多用来输送、调驳或排放双层底所贮存的淡水、压载水，以及机舱底部的舱底污水。在这种情况下离心泵就不得不安装在液面的上部，这就存在着吸高的问题。为此要求离心泵必须是自吸式的，或配有自吸装置(引水装置)。

离心泵自吸的常用方法有三类：

(1)自带自吸真空泵或采用特殊形式的泵壳来实现自吸(成为自吸式离心泵)。

(2)在普通离心泵上附设自吸装置(如水环泵、空气喷射器)。

(3)采用真空箱集中抽气系统。

本书仅介绍离心泵的空气喷射器自吸装置，外形如图7-27，靠来自气瓶的0.5～0.7MPa的压缩空气来为离心泵抽气引水，尺寸十分紧凑，而且离心泵可延时起动，从而避免了干转，原理如图7-28。

图7-27　空气喷射器自吸装置外形

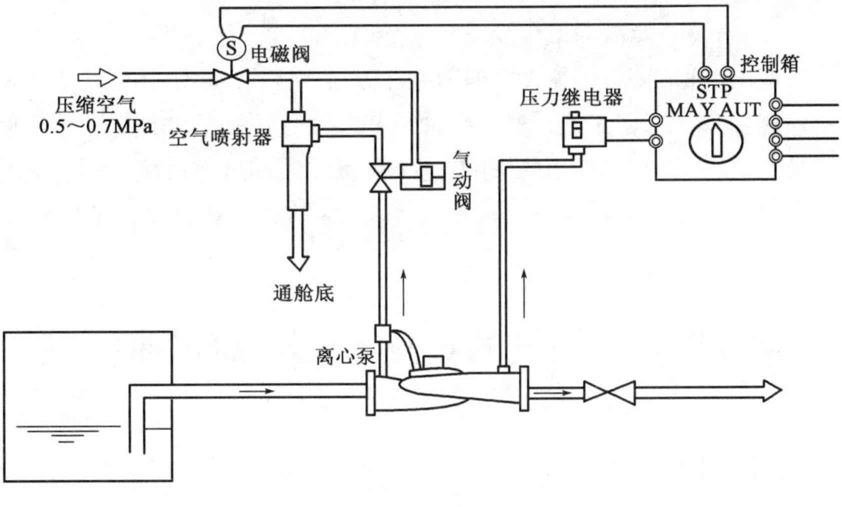

图7-28　离心泵的空气喷射器自吸装置原理图

第八章
分油机

第一节　教学要求与概况

一、教学要求(机工培训、机工学历、机工长、三管轮适用)

掌握分油机的组成、结构、工作原理;
熟悉分油机的操作步骤及故障分析与排除方法;
掌握分油机最佳参数的选择及运行管理;
了解自动排渣分油机自动排渣原理。

二、概况

船舶柴油机使用的稳定性、可靠性、耐用性,取决于燃料和润滑油的质量。而买回来的油料很脏,是不宜直接使用的,均需经过燃油分油机和滑油分油机的处理加工才能使用。采用离心法分离又快又好,且不受船舶摇摆的影响,这不是沉淀法和过滤法可比的。离心分离质量取决于对分离筒内油水分界层位置的控制。发展到自动排渣机,其自动排渣的结构、原理,是本章的难点。

第二节　分油机的重点、线索、知识面梳理

一、分油机知识重点

油水分界面的位置对分油效果的影响是本章知识的重点。分油效果不好,分油机就失去了存在的价值。油水分界层位置是否处在合适位置,是影响分油效果的主要因素之一。在分离筒高速旋转工作中,这个"位置"是看不见的,也是会随一些因素而变化的,所以油水分界层位置对分油效果的影响的理论分析很重要,只有很好地在理论上先理解了,控制调节起来才会有正确的判断。

另外,这一知识的理解,对加深分油机工作原理的认识,及操作管理步骤(例如正式分油

前的"水封"操作)的制定都有帮助,油水分界面的位置对分油效果的影响分析如图 8-1 所示。

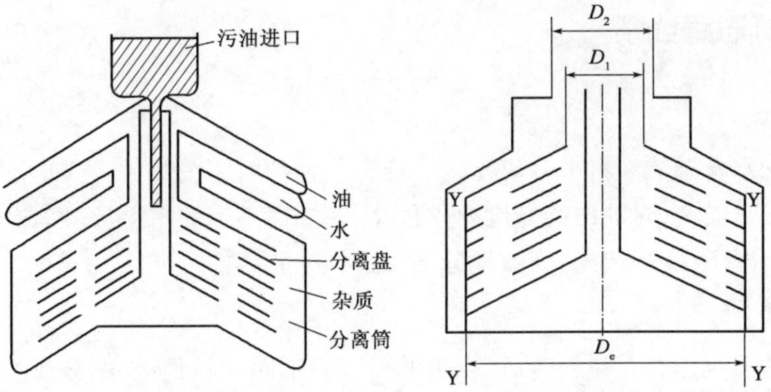

a)分界层控制　　b)分离筒结构

图 8-1　油水分界层控制及分离筒结构示意图

正常工作的分油机,在离心力的作用下,油水分界面是一个圆柱面,直径 D_e 若是合适的,应落在分离盘分离孔的外缘。这时,不会出现所谓的"跑油"或"跑水"现象,即分离效果好。根据油侧和水侧的压力平衡关系,经推导可得公式:

$$\frac{r_{油}}{r_{水}} = \frac{D_e^2 - D_2^2}{D_e^2 - D_1^2}$$

式中:$r_{油}$、$r_{水}$——分别表示油和水的比重;

D_e——油水分界面直径;

D_2——出水口直径(即比重环内径);

D_1——出油(净油)口直径。

从上式可以看出,当 D_1 不变、D_e 也保持在最佳位置不变时,若分离不同比重的油(即 $r_{油}$ 改变),就需要相应的改变 D_2,即改用不同口径比重环,否则:

(1)改分轻油时——→油的向外压力(所受离心力)减小——→油水分界面将内移——→油封层将变薄——→水分、小水滴可能混入净油中——→分不干净。

(2)改分重油时——→油的向外压力(所受离心力)增加——→油水分界面将外移——→水封层将变薄——→油分、小油滴可能混至污水中排走——→跑油现象。

以上两种情形都是分离效果差,都是不允许的。根据不同比重油料,相应正确选择比重环内径 D_2,就成了维持油水分界面在最佳位置的唯一办法。选择比重环的方向是:

若改分轻油——选用比原来口径大的比重环(以便减小相对过大的水对油的作用力);

若改分重油——选用比原来口径小的比重环(以便增加相对过小的水对油的作用力)。

必须指出,分油机刚一开始分油时,油料中的水分毕竟是很少的,若不曾经过"水封"阶段的操作,就相当于水封层无限薄,建立不起水封,这样油料就会从出水口直接跑出,导致出水口跑油。可见分油前的"水封"过程必不可少,"水封"水过多则不用怕,当油料通进筒后,通过油水受力的平衡，多余的水会赶跑。

二、分油机思路线索

1. 目的功能

把净油从含水含杂的油料中分离出来。船上各种油料用量很大，主机、发电机等用油设备又要确保工作可靠安全，对油的纯净度要求很高，在摇摆不定的水上环境，在沉淀法不能用，过滤法不够用的情况下，实现快速、高效地分油，意义非同寻常。

2. 基本原理

油、水、杂的混合体经高速旋转后，产生的离心力不同，因而能快速分离。

根据 $F = m \times \omega^2 \times R$（$m$——质量，$\omega$——角速度，$R$——回转半径），在高速旋转条件下，$\omega^2 \times R$ 的数值很大，这样尽管油、水、杂的质量 m 的差别不大，但乘上 $\omega^2 \times R$ 后，离心力 F 的差别就大了。受力 F 的差别大，三种物质就容易分开，且能快速到位。

3. 装置组成及零部件作用（图 8-2）

分离盘——驱动油料随筒高速旋转；把油料分隔成薄层以利于分离。

分离筒——盛装油料，还要构成“三个口”（污油进口、净油出口、污水出口）。

加速和传动装置——通过机械传动起增速，改变传动方向作用，使分离筒、立轴高速旋转。

摩擦离合器——防止电动机起动时，因分离筒的静止惯性大而过载；分离筒被锁住时，也不致烧电动机。

制动装置——停车时进行刹车，使分离筒快速越过“共振转速区”。

止动器——必要时不让分离筒转动。

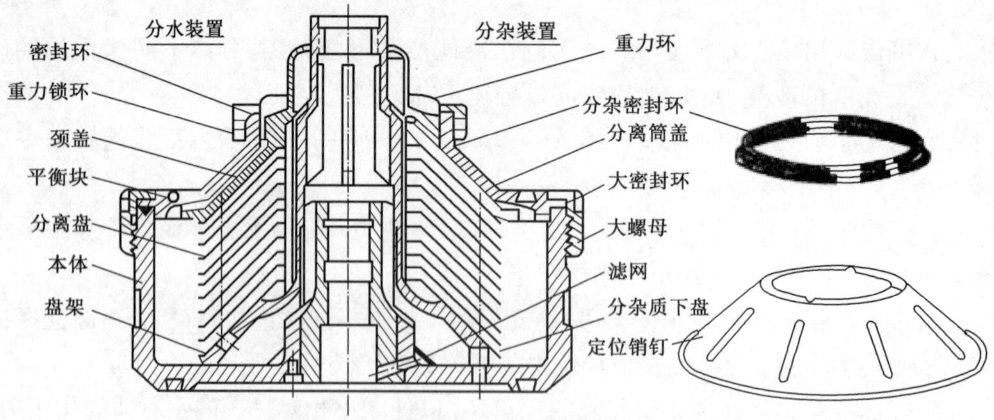

图 8-2　分离筒结构

4. 工作原理

油料进入⟶被分离盘带动旋转和分层⟶离心力使油水杂分开⟶净油、污水溢出，渣积黏在分离筒内壁——→纯净油输至日用柜。如此循环往复,不断输送油液。

5. 特点或问题

比较过滤法、沉淀法,采用离心法分离的普通分油机,分得净,分得快,不受船摇摆的影响,但油渣积在分离筒内须定期清洗,工作量较大。若采用自动排渣的分油机,就比较完美了。如何实现自动排渣,这是普通分油机需解决的一个问题。

6. 失效形式

(1)积渣太多,没及时清洗或排渣。

(2)水封水不足或没经过"水封"。

(3)摩擦离合器打滑,分离筒转速不达额定值。

(4)比重环、分油加热温度、分油量选择不当。

(5)装配不正,轴承磨损,振动或噪声。

(6)密封胶圈老化走位。

(7)自动排渣控制部分失效。

7. 管理要点(图8-3)

(1)分油机是高速运转机械,起动前的检查、准备极为重要。

(2)分油操作前,首先要进行"水封"。

(3)做好比重环、加热温度、分油量、排渣间隔时间的正确选择。

(4)摩擦离合器内不能弄进油或水。

(5)保证齿轮箱内运动件的润滑,并严防水(或水蒸气)混入其内。

(6)要保证运转的平衡性。

(7)正确使用制动器和止动器。

(8)要保持工作水的畅通和工作水数量足够(自动排渣)。

图8-3　船舶分油机房

(9)对于自动排渣部分,要着重检查其排渣口密封性,密封处有缺陷,应及时修复。

8. 故障分析与排除(表8-1)

分油机的常见故障分析和排除表　　表8-1

序号	故　障	产生原因分析	排除方法
1	运转不正常,有强烈振动	(1)分离筒装配不正确; (2)分离筒上键槽没有落在立轴的圆柱销上; (3)缓冲齿轮圈损坏; (4)螺旋齿轮过分磨损或断齿; (5)分离筒内污物分布不均,或有杂物; (6)立轴的上部或下部轴承损坏; (7)检修时破坏了原有的动平衡	拆检分离筒,并正确装配; 同上; 更换; 拆检,损坏应更换; 清洗分离筒或取出杂物; 拆检并更换; 重做动平衡试验

续上表

序号	故障	产生原因分析	排除方法
2	溢油管溢油	(1)进油量太大; (2)分离筒内积聚污物太多; (3)重力环的口径太小	减少进油量; 清洗分离筒; 选用合适口径的重力环
3	分水工作时,水中含大量油	(1)水封水不足; (2)重力环口径太大; (3)集油器中、上、下室之间的垫片损坏; (4)起动时进油太快,太多,冲破水封; (5)净油排出泵排量不足或不排油	停止进油,重新水封; 换较小口径重力环; 拆检并更换垫片; 重新水封,渐开进油阀,调小进油量; 检查油泵,排除故障
4	机壳底部出水孔出油和水	(1)分离筒密封橡胶环损坏或胀大,失去密性; (2)分离筒橡皮密封环压不紧; (3)污油满溢; (4)立轴高度不对	更换; 拆下,重新正确安装; 关小进油阀,清除分离筒内污物; 调整立轴高度
5	油泵吸不上油和排量不足。	(1)吸油管漏气; (2)过滤器阻塞或压盖未压紧; (3)油泵安全阀调节螺杆处漏气; (4)油的黏度太大; (5)摩擦联轴器打滑,转速不够	检查并堵漏; 清洗滤器或旋紧压盖螺母; 旋紧调节螺杆上的螺母; 提高油料加热温度; 清洗联轴器摩擦面油污或更换摩擦片
6	控制阀虽转至"密封"处,但有分离筒未密封有漏泄	(1)高置水箱水位太低; (2)控制阀有漏泄; (3)盘架环和活塞环安装不正确(盘架环的倒角边应朝下)或损坏; (4)主密封环密封面损坏; (5)立轴高度不对,使分离筒和配水盘间相对位置不正确	加水; 检修; 正确安装盘架环和活塞环或更换; 更新; 调整主轴高度
7	控制阀虽转至"开启处"排渣口仍未开	同6的(1)、(2)、(3)、(5)	同6的(1)、(2)、(3)、(5)
8	分离效果不良	(1)分离筒内积渣太多; (2)油温过低; (3)重力环选择不当	增加排渣次数或洗分离筒; 提高油温; 更换重力环
9	分油机出现异常振动和噪声	(1)分离盘未"对号入座"或装配记号未对准; (2)齿轮或轴承等运动部件损坏; (3)部分固紧件松动; (4)分离筒与机盖或配水盘碰擦; (5)前次排污不净,污物在分离筒内分布不均匀; (6)转齿干摩擦	检查并纠正; 修理或更换; 固紧; 适当调整; 拆开清洗; 加润滑油

三、分油机多面包围

1. 外形尺寸

较小，占地少，比起沉淀或过滤，占的体积要小得多。

2. 主要参数

分离量、分离筒转速、分离筒直径、加热温度、比重环直径（系列）、电动机功率。

3. 转速高低

很高，达6000～8000r/min。就是靠高速旋转，产生差别较大的离心力而工作，故对转动平衡性要求高。设备转动惯量也非常大，起动后达到额定转速时间较长。

4. 适用场合

能分各种牌号的柴油、机油，包括污油。

5. 安装位置

机舱最底层面，靠近柴油日用柜旁。

6. 结构形式（表8-2）

碟式离心分离机的型号及技术规格表　　表8-2

型　号	分离量（L/h）	分离筒转速（r. P. m.）	配电动机			排渣方式
			型　号	功率（kW）	转速（r. P. m.）	
FYR-5	500	6750～7125	JO_2-32-4-TH Z_2C-41	3 3	1430 1500	人工排渣
DRY-15	1500	6930～6250	JO_2-31-4-TH	2.2	1500	人工排渣
DZY-30	3000	6000	JO_2-31-4-TH Z_2C-51	5.5 5.5	1500 1500	手动自动排渣
DZY-50	5000	6000	JO_2-42-TH Z_2C-51	7.5 7.5	1500 1500	手动自动排渣
DBY-30	3000	6245		5.5		自动排渣

7. 受力情况

工作时受离心力很大，重心高，有“头重脚轻”之感。分离筒重量靠底下的止推轴承承担。若安装不正，破坏了平衡性时，有一横向振动力源。

8. 使用材料

外壳铸铁，分离筒铸钢。分离盘为不锈钢，轴和螺旋齿轮用合金中碳钢。

9. 装配要求

平衡性要求很高,要进行严格的平衡试验。不允许随便找零件更换;立轴的正确安装和高度调整要求也很高。注意锁紧环用的是反牙螺钉。

10. 制造工艺

铸、车、钳等。

11. 温度压力

分油机不受高温或高压影响。分重柴油、低质燃料油时必须加热。须正确控制加热温度。另外,齿轮箱内润滑油温度不能超限,否则润滑无保障。

图 8-4　自动排渣分油机

12. 工况调节

单机工作——最为常用,用一台分油机处理全部流量。

串联——前台分水,后一台分杂,提高分离质量。

并联——各处理总分离量的 50%。

13. 典型实例

国产 DZY-30 型和 DZY-50 型手控自动排渣分油机。除了国内品牌,海船上现多配用瑞典的阿法拉伐、德国的韦斯法利亚和日本三菱等品牌,都是全自动控制的,故障报警方面,阿法拉伐更加详细、直观。

图 8-4 为自动排渣分油机外形图。

四、分油机疑难补问辅导

(一)自动排渣分油机

(1)普通分油机不论是分水装置还是分杂装置,所分离出来的机械杂质都积存在分离筒内,积存过多,将影响净化效果,因此,工作一段时间后,必须拆开分离筒,进行人工清洗,这不仅费时费力,而且影响生产。

自动排渣是从积聚于分离筒内的杂质完全可以利用水来清除这个基本思路出发,在结构上改进一步而实现的。即沿分离筒四周开设排渣口,排渣口的开闭由能上、下移动的零件控制,打开时排渣,关闭时分油,从而实现自动排渣。至此,排渣问题已转移到控制"差动活塞"或"盘架底"上下移动的问题。

(2)DZY-30 型与 DZY-50 型异同点:

这两种手控自动排渣分油机的驱动装置与分离结构等基本相同,主要区别在自动排渣的控制机构上:

"30 型":依靠能够作上下移动的"活塞"来控制分离筒本体周壁上排渣口的启闭。

“50 型”:依靠上下移动的“盘架底”,来控制分离筒本体周壁的排渣口的启闭。

(3)国产 DZY-30 型手动自动排渣分油机结构清楚易学,学员在弄清 DZY-30 型(图 8-5)的动作基础上再去学习 DZY-50 型就容易多了。

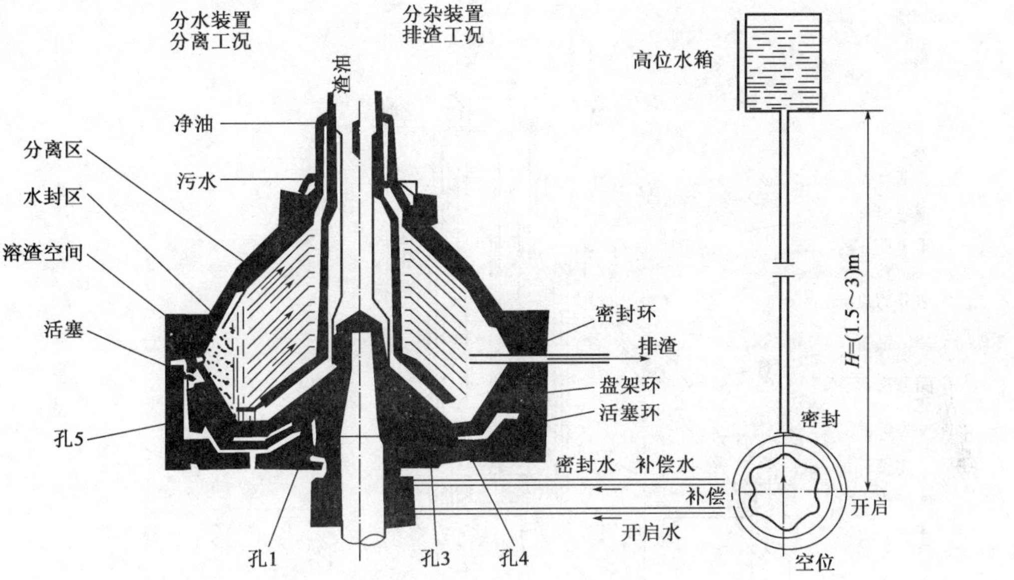

图 8-5 DZY-30 型手控排渣控制系统图

如图 8-6,差动活塞的上下位置是由手动控制阀开度变化,改变工作水量的大小来实现控制的,有四个挡位。

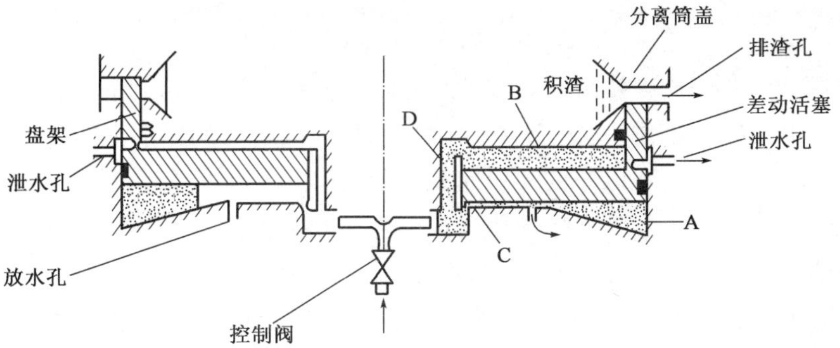

图 8-6 “30 型”分油机工作控制原理

①密封(稍开)——较少量的工作水,只能进入活塞下部,上部水道剩水由泄水孔排光导致活塞上移,为分油做准备;

②补偿(微开)——极少量的工作水,只是作为上推工作水的泄漏、蒸发的补充。正在分油作业;

③开启(全开)——大量的工作水,工作水进入活塞下部,又有一部分进入活塞的上面,泄水孔

漏出很少,来多去少。由于向下的作用面积大于向上的作用面积,水力导致活塞下移,进行排渣;

④空位(全关)——停止一切工作。分油机未停前,活塞将恢复上位;

(4)“30 型”分油机工作控制原理如图 8-6。图 8-7 为其对应的分离筒装配结构图。

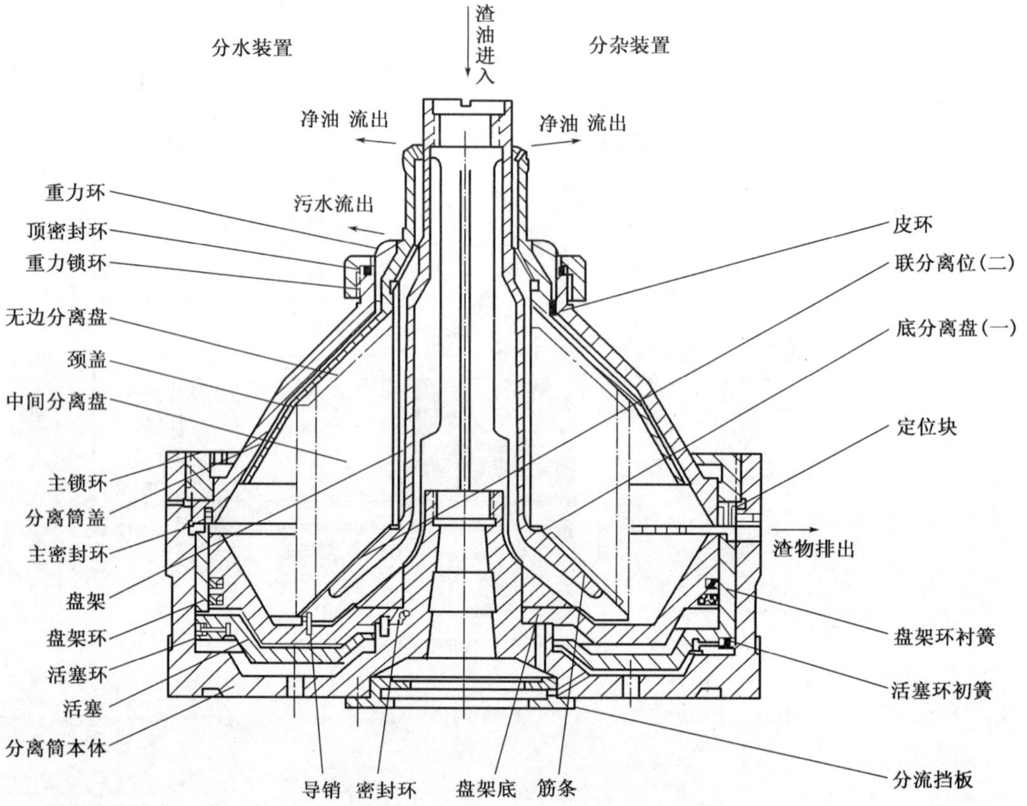

图 8-7 DZY-30 型分离筒装配结构图

①排渣时,控制阀全开,大量进入工作水,同时供至差动活塞的上下部空间,经小孔 C 进入差动活塞的下部空间的工作水,由于放水孔的泄放,在离心力的作用下所能产生上顶力的面积为沿回转半径方向在放水孔以外的环形面积,而经通道 D 进入差动活塞的上部空间的工作水,虽然存在泄水孔的泄水,但因作用面积远比下部空间为大,所以仍可将差动活塞压下,打开排渣口进行排渣;

②当转至分油时,控制阀可先关然后稍开,先关可使差动活塞上部进行放空(在离心力作用下,经泄水孔放掉)。这样,在空间 A 中的工作水,因离心力的作用,就可把差动活塞顶起封闭排渣口,以适应分油工作的需要,继而稍开控制阀,可使 A 空间充满水,以保证有足够大的上顶力;

③补偿时,控制阀微开,供水较少,只用来补偿空间 A 中的工作水因蒸发和漏泄所减少的部分。长时间分油可节省工作水;

④转至空位时,切断工作水,一方面是根据分油机的使用经验,如分油时不需补偿,则可将控制阀关掉或者进行定期补偿,以节约用水。另一方面是当分油机停车时,关掉控制阀,以防

高位水箱中的水漏掉。

如果把手控阀的操作控制，改为程序自动控制，即变为全自动排渣分油机，如图8-8。另外，船上使用的分油机除国产品牌外，还有许多国外品牌，这里不作叙述。

图8-8　某船舶全自动排渣分油机

(二)分油机故障现象

表8-3列出了船员实际工作中碰到的各种故障现象。

船员实际工作中碰到的故障现象表　　表8-3

序号	故障形式	原因
1	分油机刚起动时出现跳电现象	起动阻力大，起动电流过高
2	分油过程发现断油现象	进油泵不能正常吸入，齿轮泵与连轴杆传动销折断致使齿轮不能转动
3	密封不了	分离向本体的小孔堵塞，水无法进入，滑动圈不能复位，活动底盘不能上移，排渣口无法封死
4	分油过程中排渣口跑油	滑动圈下方弹簧断裂
5	分油过程中出水口跑油	燃油质量差，为混合油成分复杂，料度大，杂质多，加油温度过低等
6	分油过程排渣口跑油	分油机长期工作，传动齿轮和轴承过度磨损使主轴下沉
7	活塞咬死在密封位置，不会上落	泄水孔堵塞。大多数都出现在电磁阀或流量表和感温包上。吊分离筒时，没有使用专用工具，而是直接用葫芦拉，把主轴和配水盘一起拉动，致使配水盘变形
8	分油不久便跑油	转速问题，电机员对马达测速后才知转速未达到要求
9	出水口跑油报警	油温表损坏，导致燃油温度过高或主密封环的密封面损坏
10	自动密封困难	密封水电磁阀故障
11	密封圈老化	工作中水质比较差(船舶摇摆)容易产生水垢，堵塞导水孔。控制各阀的继电器故障，表现卡死阀芯
12	分油过程中出水口跑油	进油阀开得太大，破坏水封
13	不能密封	高置水箱水位过低
14	运转中出现振动和噪声	排渣不干净，大量杂质在分离筒内

续上表

序号	故障形式	原因
15	运行时发现偶发式跑油	分离筒低下的塑料胶圈有划伤的裂纹
16	排不了渣或密封不了,无法重新分油	泄水孔堵塞
17	工作时没有油进分油机	电磁阀常失灵(宁安轮)
18	排渣口不能提开	控制阀经常失灵(新珠江轮)
19	一开启供油阀就跑油,开大些就多跑些	自动给水电磁阀失灵
20	一碰到大风大浪,船摇摆不定时,分油机就会时而密封不好而跑油	原来是高位水箱中的水在作怪,摇摆时水垢泛起,把泄水孔堵死
21	分油机经常出现跑油	油质的好坏及其比重大小有直接影响
22	跑油	未等转速达到规定就开始分油

第九章
船用活塞式空压机

第一节　教学要求与概况

一、教学要求(机工培训、机工学历、机工长、三管轮适用)

掌握空压机的基本结构,工作原理;

掌握冷却对空压机工作的重要意义;

熟悉操作规程、管理要点、常见故障,了解自动控制设备。

二、概况

船上空压机作为最初动力源,又是船舶柴油机主机、发电机起动、自动控制的能源,是船舶能够开航的重要条件之一。提供有一定压力的空气容易,不易的是空压机要能省功、高效、耐用,所以阀件的工作、整个冷却效果、运动件润滑等问题需要学员重视,对加强冷却的理论依据要很好理解。

第二节　空压机的重点、线索、知识面梳理

一、空压机知识重点

(1)空压机理想循环中的不同压缩过程分析是重点。

简单反映空压机工作原理的过程为"理想循环过程",分吸气、压缩、排气三个阶段,如图 9-1。压缩过程根据对外散热的多少又可分为:

绝热压缩——对外散热为零,压缩温升快、耗功最大,见压缩线 1—2;

定温过程——对外散热为 100%,无温升,耗功最小,见压缩线 1—2″;

多变压缩——既有一定的散热,又有温升,散热多少应视冷却情况而定,耗功属于前两者之间,见压缩线 1—2′。其中前两者都是一种极端状态,但是,这里给我们一启示,就是应该加强气缸的冷却,尽快散发压缩产热,使过程尽量靠近定温压缩,这样便可以减少压缩耗功。所

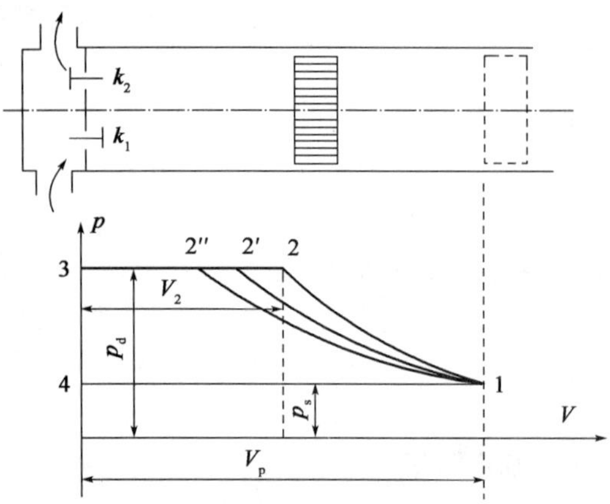

图 9-1 活塞式压缩机的理论工作循环

以冷却是减少空压机耗功,提高工作效率的重要途径。

(2)空压机实际工作循环认识也是重点。

在理想循环基础上,多考虑空压机实际存在的四个因素:余隙容积、进排气路上的阻力、热交换、漏泄等,就是它的实际工作循环。如图 9-2。分析它的目的是为了找出提高吸气量、减少耗功的办法。例如:余隙容积的存在是客观需要,有它正面的作用,但负面影响则是对高排压(即压缩比较大)空压机提出了要采用多级压缩的问题,否则,随着压缩比加大,空压机对外吸气越来越少,最终不向外吸气,效率降为零。采用多级压缩,再辅助中间冷却,高排压空压机效率可得以提高。图 9-3为二级压缩示意图。多级压缩的做法,也解决了单级压缩比过大时,排气温度太高,机械负荷不均衡,润滑方面承受不了等问题。所以,实际存在的四种情况,是影响空压机结构形式、工作、管理等全局的因素,对它们的分析无疑是重点。

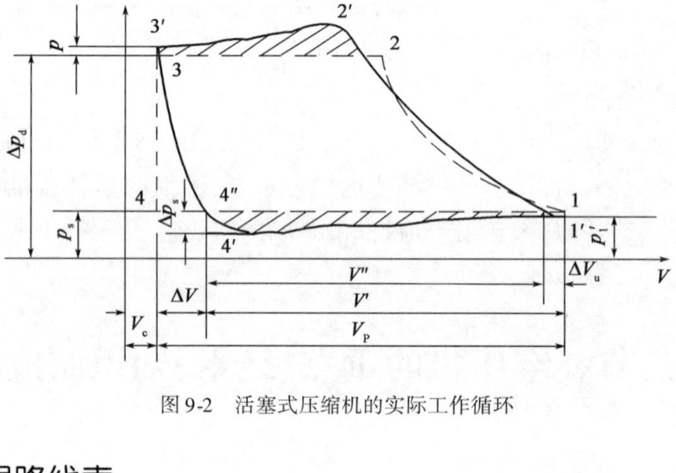

图 9-2 活塞式压缩机的实际工作循环

二、空压机思路线索

1. 目的功能

产生一定压力、较大流量的压缩空气,船用压缩空气压力一般要达到 0.3MPa。

2. 基本原理

活塞式空压机,通过活塞运动使气缸容积变化,先吸入空气,后经压缩达到一定程度再排出,往复循环工作。

3. 装置组成及零部件作用

活塞式空压机主要构造大家比较熟悉,这里不再重复,需要注意的地方在于每级所设的进、排气阀、安全阀、中间冷却器、润滑装置及启动卸载装置,它们的作用如下:

(1)进、排气阀:是实现气缸的吸、排气管通断控制的开关,是空压机中最重要又最易损坏的零件。

(2)安全阀:防止缸内气压过高,以免损坏机件、产生危险或电动机超负荷。

(3)中间冷却器:使已被第一级压缩升温的空气,经散热冷却,为下一级压缩提供良好条件,同时可减少第二级气缸容积。

(4)润滑装置:为各级运动件提供润滑、带走摩擦热,同时增加气缸壁和活塞环间的气密性。

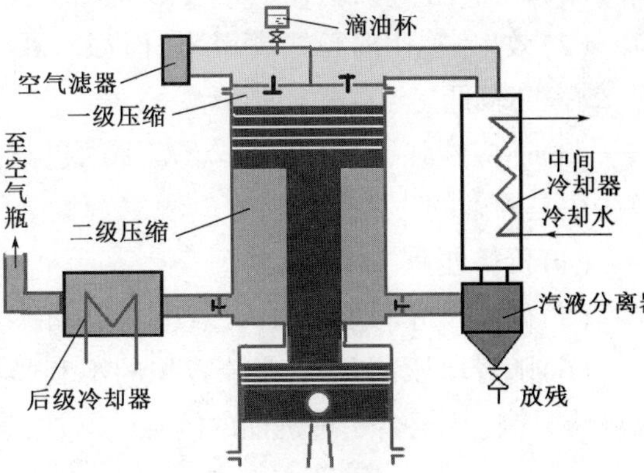

图9-3　级差式空气压缩机工作原理图

(5)启动卸载装置:为了减轻启动负荷,以免过大的启动电流造成电极烧损及对电网冲击,中大型空压机均设置了启动卸载装置。

4. 工作原理

以二级压缩为例。

活塞向下运动:①第一级向外吸气过程;②第二级进行压缩过程,后排至气瓶;

活塞向上运动:①第一级压缩后向中冷器排气;②第二级吸入第一级排出并经中间冷却后的空气。活塞上、下运动一次完成一个工作循环,实现较高的排气压力,如图9-4。

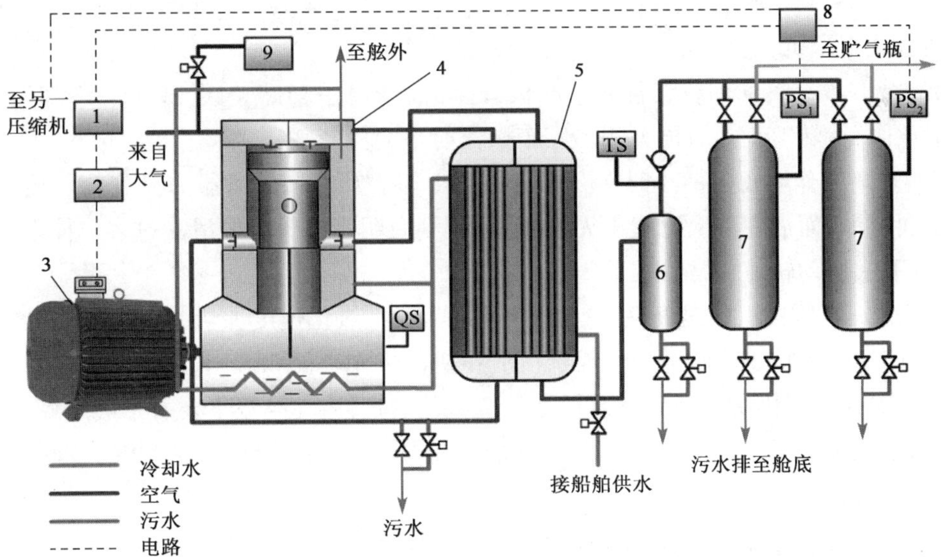

1-保护开关;2-压力控制开关;3-电动机;4-空压机;5-中间冷却器;6-气水分离;7-气水再分离;8-压力继电器;9-滴油杯

图9-4　二级压缩空压机工作原理

5. 特点或问题

活塞式空压机有下列特点:

(1)压力范围广,从几个到几千个大气压力都适用。

(2)效率高,比离心式高得多,而回转式压缩机由于高速气流的阻力损失和内泄漏等原因,效率亦较低。

(3)适应性强,排量可在广泛范围内进行选择,特别在较小排气量的情况下,要采用速度型往往是困难的。

(4)价格便宜。

(5)外形尺寸和重量较大,气流有脉动,易损件也较多。

(6)随着增压比升高,余隙容积的不利影响将造成效率越来越低;随着增压比升高,气体温度将升高,甚至会超过机油的闪点。解决的办法是多级压缩。

6. 失效形式

(1)余隙容积过大。

(2)活塞环漏气。

(3)进、排气阀泄漏。

(4)冷却效果差造成工作效率下降。

(5)润滑不良造成不能工作。

(6)其他元件损坏或松动。

(7)自动控制失灵。

7. 管理要点

对活塞式空压机:

(1)卸载。没有自动卸载装置的空压机,起动前开启手动卸装阀,或中间冷却器、液汽分离器的泄放阀,待转速正常后再关闭。停车操作时也应先卸载。

(2)泄水。工作时每隔两小时左右打开中间冷却器及液汽分离器的泄放阀。放出来的水应只在水面有油,而沾在手上捻起来无油腻感,否则表明带出气缸的滑油过多。停车后泄放阀应开启,待下次启动转速正常后在关闭。

(3)润滑。空压机工作温度高,会使滑油黏度下降,氧化速度加快,容易生成酸类、胶质和沥青等,加速油质恶化。同时部分生成物沉淀在机件工作表面和流通道上,又加剧磨损和增大流动阻力。因此空压机所用油应具有较好的抗氧化安定性;在高温下要有足够的黏度;有足够的闪点(高于压缩终了空气温度40℃以上为宜),并防止柴油等低闪点油类混入;此外,应不会与水形成乳化物。

启动前和工作中要注意检查曲轴箱油位,严格保持在油尺两刻线之间。采用油勺飞溅润滑时,以曲轴在下死点油勺浸在油中20~30mm为宜,油勺离箱底2~3mm。另外击油勺斜口必须正对运动方向,不能装反。低压缸如采用滴油润滑,启动前和工作时还应注意油杯油位不低于1/3,并将滴油量调至每分钟1~2滴。

工作中注意滑油温度。当吸气温度不超过45℃时,用水冷却的空压机滑油温度应不超过70℃,用风冷却应不超过80℃。对压力润滑系统还应注意油压,一般应不低于0.1MPa,并注意及时清洗滤器使之保持通畅。

(4)冷却。当一级吸气温度不超过45℃时和冷却水温不超过32℃(海水)时,各级排气温度应不超过200℃,进入空气瓶的空气温度水冷时应不超过进水温度加30℃,风冷时不应超过境温度加40℃。冷却水进出口温差一般应不超过13℃。万一发现压缩机在工作经常断水,必须立即停车,让其自然冷却,切忌在气缸很热时通入冷却水,以免"炸缸"。风冷机要防止风扇装反。

(5)压力。工作中各级排气压力,随排出容量中的压力升高而逐渐升高,应注意压力比是否正常,各级排气温度是否超过额定值。

(6)余隙。必要时要用压铅丝法检查活塞在上死点时与气缸盖的余隙高度。

(7)气阀。气阀是压缩机的易损件之一,对工作影响甚大。管理中应注意它是否漏泄,升程和弹簧的强度、弹性是否合适。空压机气阀的漏泄比往复泵泵阀漏泄对工作影响更大。

8. 故障分析与排除

表9-1、表9-2、表9-3。

机械故障的原因及排除方法　　表9-1

序号	故　障	原　因	排除方法
1	连杆螺栓拉断	(1)装配时螺母拧得太紧,连杆螺母因承受过大的预紧力而拉断;	松紧应合适,一般连杆螺栓上紧后,连杆大头应有不超过1mm的轴向位移;
		(2)紧固时产生偏斜,连杆螺栓因承受不均匀的载荷而被拉断;	连杆螺母的端面与连杆大头的接触面应平整,配合紧密;
		(3)连杆螺母松动,连杆螺母因承受过大的冲击而被拉断;	连杆螺栓装好后,必须穿上开口销,以免螺母松动;
		(4)连杆轴承过热,活塞卡住或超负荷运转,连杆螺栓因受过大的应力而被拉断	检查轴承过热和活塞被卡住的原因,空压机尽量防止超负荷运转
2	活塞卡住或卡死	(1)润滑油已变质或润滑不良,使活塞在气缸中的摩擦加大而卡住;	更换滑油,检查润滑不良的原因;
		(2)冷却水供应不均匀,时多时少,或在气缸过热以后进行强烈冷却而引起气缸急剧收缩,因而使活塞卡住;	消除冷却水供应不均的原因,禁止对过热的气缸进行强烈冷却;
		(3)曲轴连杆机构偏斜,使活塞运动时摩擦加大而卡住;	校正曲轴连杆机构的垂直度;
		(4)气缸与活塞的装配间隙过小,或气缸中掉入金属碎块或其他污物	调整装配间隙或从气缸中取出掉入物
3	轴承发热	(1)轴颈与轴瓦配合不均匀或接触面小,单位面积上压力大;	重新拂刮轴瓦,使其接触面积的大小和均匀度符合要求;
		(2)轴承偏斜或曲轴弯曲;	适当调整其配合间隙;
		(3)润滑不良或润滑油变质	检查润滑系统的工作情况或更换滑油

续上表

序号	故　障	原　因	排除方法
4	气缸与缸盖发热	(1)冷却水供应不足; (2)冷却水管路堵塞,使供水中断,或飞轮装反,风扇方向不对; (3)气阀工作不正常,造成各缸的负荷重新分配,负荷增大的缸,气缸与缸盖的温度升高	适当加大冷却水的供应量; 检查并疏通,或改变飞轮的安装方向; 检查并排除气阀工作不正常的原因
5	不正常的撞击声	(1)连杆大头松弛; (2)连杆小头松弛; (3)轴承间隙过大或轴颈磨损失圆	检查松弛的原因,并紧好连杆螺母; 更换轴承; 调整间隙或修理曲轴
6	突然冲击	(1)气缸中积聚水分,产生"水击"; (2)阀片折断或吸气阀并紧螺母松脱	检查原因并排除,修复损伤部分; 取出碎裂物,并修复损伤部分,注意装上气阀并紧螺母的开口销
7	气缸的敲击声	(1)活塞或活塞环磨损; (2)活塞或活塞环卡住; (3)气缸或气缸套磨损; (4)曲柄连杆机构与气缸中心线不一致; (5)余隙容积过小	修理或更换; 改善润滑条件,加强润滑和冷却水的供应量,调整其配合间隙; 镗缸或更新缸套; 检查并调整其相互之间的同心度; 增加气缸垫床的厚度
8	吸、排气阀的敲击声	(1)气阀定位螺钉未到位。气阀受到气流的冲击上、下跳动; (2)阀片折断; (3)弹簧松软或失去作用; (4)阀座深入气缸与活塞相碰	松开并紧螺母,旋紧气阀定位螺钉; 更换; 更换; 用加垫使阀座升高

排气量降低的原因及排除方法　　表 9-2

序号	故　障	原　因	排除方法
1	空气滤清器的故障	空气滤清器因部分被污垢堵塞,阻力增大,降低了进气压力,进入气缸的空气比容增大,影响排气量	吹扫和清洗滤清器
2	气阀的故障	(1)阀片变形或阀片与阀座磨损,或阀片和阀座接触面有污物,造成阀关闭不严而漏气; (2)阀座与阀孔结合面不严密,或忘记垫垫片而造成漏气; (3)气阀的弹簧刚性不当,过强则气阀开启迟缓;过弱则关闭不及时,均会影响排气量; (4)气缸的通道被炭渣部分堵塞	清除污物,研磨阀片和阀座或更新阀片; 研磨阀座与阀孔的接触面或把垫片垫上; 更换弹力适当的弹簧; 清除

续上表

序号	故障	原因	排除方法
3	气缸和活塞的故障	(1)气缸或活塞,活塞环磨损,间隙过大,漏气严重; (2)气缸盖与缸体贴合不严,造成漏气; (3)气缸冷却不良,新鲜空气进入时,形成预热,空气比容增大影响排量; (4)活塞环因装配间隙过小或润滑不良而咬死或折断,不但影响排气量,还能引起压力在各级中重新分配; (5)活塞环的搭口转到一条线去了,漏气严重; (6)传动皮带过松,皮带打滑,空压机达不到额定转速; (7)气缸余隙空间高度因垫片变薄而变小	更换缸套或活塞、活塞环; 刮研接合面或更换垫床; 改善冷却条件; 拆出活塞清洗活塞环和环槽,调整装配间隙,消除润滑不良的因素; 拆下活塞,使搭口错开(一般错开120°); 调整皮带的松紧度; 调整垫片厚度

排气压力和温度不正常及其他故障的原因和排除方法 表9-3

序号	故障	原因	排除方法
1	高压级排出压力高于额定值	安全阀失灵	检查安全阀
2	低压级排出压力偏高	高压的进气阀或气阀漏气	研磨气阀或更新气阀片
3	低压排出压力偏低	低压缸的进气阀或排气阀漏气	研磨气阀或更新阀片
4	高压排气温度过高	高压缸的排气阀漏气	研磨或更新阀片
5	低压缸的排气温度过高	低压缸的排气阀漏气	研磨或更新阀片
6	滑油消耗量过大,储气瓶中有过量的润滑油	曲轴箱的油面过高	放去多余油
		活塞环磨损,咬死,折断或搭口转到一边去了	更换活塞环或错开活塞环的搭口

三、空压机多面包围

1. 外形尺寸

如图9-5所示,高排压高排量的活塞式空压机相对来说外形尺寸较大,另外储气瓶还要留一个大空间。但对小排量低排压的活塞式空压机则可以做得很紧凑。

2. 主要参数

排压、排量、转速、各级压缩比、各级压力、各级气缸容积、余隙容积。

压缩机的机械效率范围:

$$\begin{cases}\text{大中型压缩机效率} & 0.9 \sim 0.95\\ \text{小型压缩机效率} & 0.85 \sim 0.90\\ \text{微型压缩机效率} & 0.80 \sim 0.87\end{cases}$$

a)多用空压机　　b)船用空压机

图 9-5　两种空压机实物图

气体压送机械按压力、排量范围分类见表 9-4。

气体压送机械按压力、排量范围分类　　表 9-4

压 力 类 别	排气压力范围	排 量 类 别	排气量范围
低压	0.2～1.0MPa	小排量	$10m^3/min$
中压	1.0～10MPa	中排量	$10～30m^3/min$
高压	10～100MPa	大排量	$30m^3/min$ 以上

活塞式压缩机应用甚广。本篇主要介绍活塞式压缩机。

3. 转速高低

如 CZ60/30 型空压机，其转速 N = 750r. p. m，属中速。大、中型活塞式机转速不能太高，否则运动件惯性太大，对机器工作不利，吸气效率也会降低。

4. 适用场合

船上应用广泛，还有应急空压机（图 9-6），大多是活塞压缩式。

5. 安装位置

由电动机驱动的，可装在机舱适合位置，一般在最低层，因为振动较大，气瓶放置位置要占较大空间，还要考虑靠近用气设备，如图 9-7。

图 9-6　船舶应急空压机

图 9-7　机舱存储压缩空气的气瓶

6. 结构形式

(1)速度型:①离心式;②混流式;③轴流式。

(2)容积型:①往复式 a. 活塞式;b. 自由活塞式;c. 隔膜式。

②回转式 a. 滑片式;b. 螺杆式;c. 转子式。

7. 受力情况

单级压缩机受力情况很不均匀,惯性冲击力大,但 CZ60/30 型这种两级双作用机,无论活塞向上运动还是向下运动都有压缩,起到气垫的作用,受力得到改善,多缸机比单缸机受力合理。

8. 使用材料

(略)。

9. 装配要求

对照 CZ60/30 型机装配图 9-8,装配时缸头与缸体之间的垫片、刚体与机座之间的垫片、连杆大小,以及两端轴承间隙的大小,都会影响到气缸余隙容积的大小,是装配时严格控制的地方。

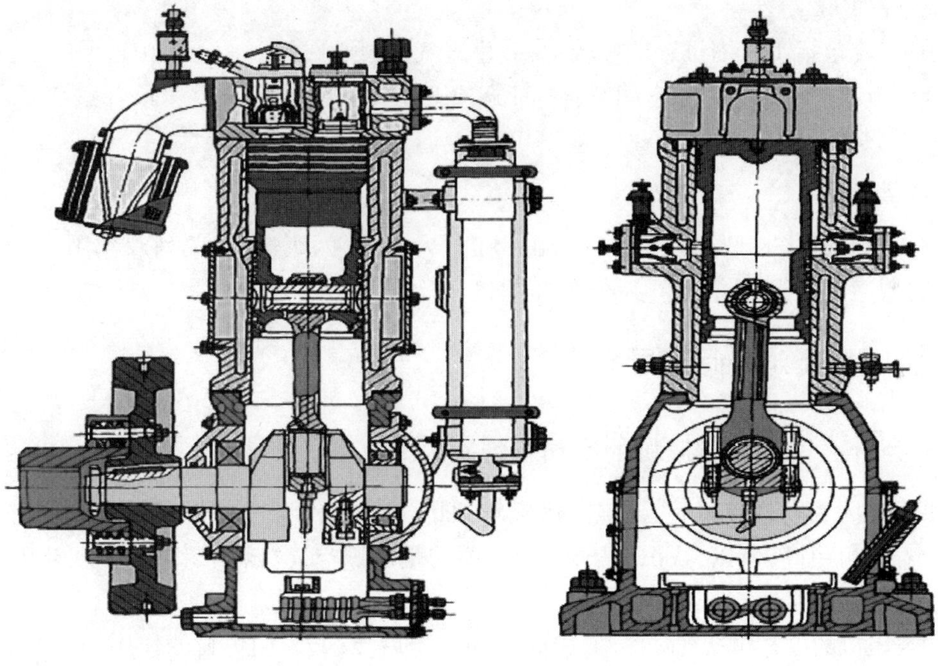

图 9-8　CZ60/30 型空压机装配图

CZ60/30 型电动空压机的主要装配间隙见表 9-5。

CZ60/30 型电动空压机的主要装配间隙(单位:mm)　　表 9-5

项　目	规 定 值	允许最大值
余隙容积高度	0.5 ~ 1.00	
1、2 级气缸与活塞间间隙	0.25 ~ 0.38	0.66
1、2 级气环、刮油环的天地间隙	0.011 ~ 0.069	0.12

续上表

项　　目	规　定　值	允许最大值
1 级气密环搭口间隙	0.50～0.80	2.00
2 级气密环塔口间隙	0.40～0.70	1.50
刮油环搭口间隙	1.20～1.50	2.20
连杆大端轴瓦与曲轴销的径向间隙	0.03～0.09	0.15
连杆大端与曲柄臂之间的轴向间隙	0.17～0.36	0.80
连杆小端轴瓦与活塞销之间的径向间隙	0.025～0.077	0.12

10. 温度压力

对 CZ60/30 型空压机，当 I 级进气温度为 20℃时，各级排气温度不超过 170℃；最高排水温度不超过 45℃；经冷却后进入空气瓶的压缩空气温度不超过 60℃。

第一级安全阀开启压力为 0.7MPa；

第二级安全阀开启压力为 3.3MPa。

11. 工况调节

问题调节：包括①压缩机定期停转；②截止进气；③顶开进气阀；④自由连通。

连续调节：包括①改变转速调节；②部分顶开进气阀；③部分行程顶开进气阀；④节流连通。

12. 典型实例

如图 9-8，CZ60/30 型，额定排气量 60m^3/h。为立式、两级压缩、单列双作用、级差式筒状活塞、封闭型飞溅润滑、水冷式电动空气压缩机。

四、空压机疑难补问辅导

（一）为什么说做好空压机的冷却有特别意义

如果不是因为空气受压后会发热，则空压机的工作条件可优越得多，结构也可再简单一些，效率、寿命可更高，所以，认识空压机，很主要的是认识空气发热带来的影响，知道怎样有效去冷却。

船用空压机的冷却包括气缸冷却、中间冷却和压后冷却，它们各自的作用（目的）课本上已列得比较详细，这里不再述。关于“使压缩过程尽量趋近于等温过程，以节省耗功。”应这样去理解：空气压缩就会发热，若能及时将热散发出去，则不会因本身的热膨胀使压力上升，压缩过程的压力升高线不至变陡（相对等温线），即耗功可减少；气缸的冷却，可减轻活塞气缸在往复循环中热交换的影响；气缸冷却不好，储入气瓶的是热空气，可在气瓶中空气的热量终将散失。

至于“中间冷却能减少耗功”可以这样理解：通过中间冷却，空气容积减少，第二级压缩的时候活塞的作用面积可缩小，这样，压强同样的排气压强，面积减少了，压缩推力减轻了，耗功就可减少。

总之,空压机的冷却对保证空压机的安全、高效影响甚大,显得特别重要。

(二)吸排气阀检修

空压机的吸、排气阀是主要易损件之一,如图9-9。空气压缩机在设计工况下工作时,两级压缩比相等,则中间压力(一级压缩排气压力)$P_1 = 0.65\text{MPa}$。根据中间压力高低可判断气阀工作的好坏,一级气阀不好,中间压力下降;二级气阀不好,中间压力上升。正常情况中间压力应在计算值附近,不应偏离过多,否则压缩机效率下降。气阀工作不好主要是阀片与阀座密封不好,或不能按时启闭,原因是长时间工作使阀座有损坏和缺陷,阀片、弹簧变形。平时应根据压力变化情况检修气阀。

a)碟形阀片外形图

b)排气阀组件外形图

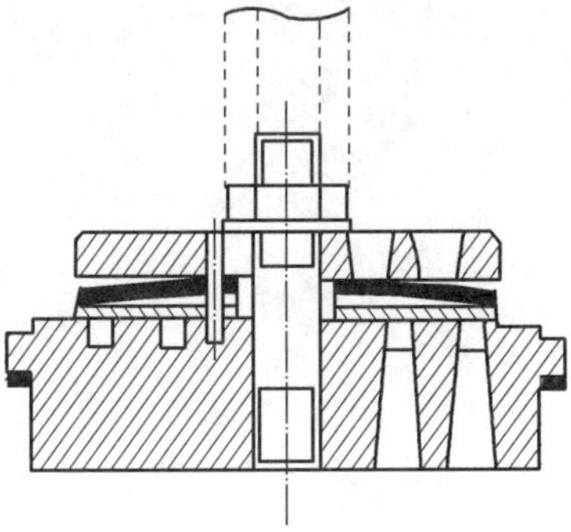

c)排气阀

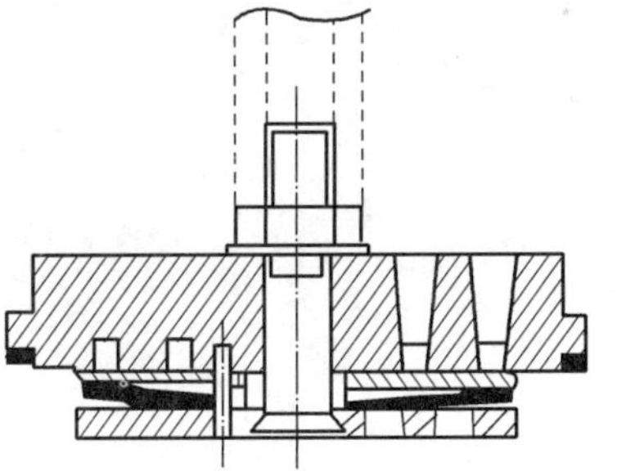

d)吸气阀

图9-9　空压机环状阀

检修时将阀整体拆下后解体检查阀座圈的两条阀片有无缺陷,是否连续,阀片有无麻点,是否变形,阀弹簧是否完好。一般情况下可在平台上研磨阀座与阀片,研磨时应均匀用力,防止偏磨。研磨后装复气阀,在将阀装于压缩机上时,应检查阀机体的垫圈和橡胶密封阀。

(三)空压机的紧急停车

空压机内承受较高的压缩压力,机件受力大,如出现下列情况必须紧急停车,学员应心中有数：

(1)空压机在运转中出现不正常的冲击声和敲碰声。

(2)某一吸压力已显著地超出规定的数值,并在继续地增高。

(3)安全阀跳动或压力表失灵。

(4)冷却水温度高于允许值。

(5)压缩空气管路有大量的空气漏出。

(6)空压机部件过热,或压缩空气温度高于允许温度。

(7)冷却安全膜破裂。

(8)空压机某些零部件损坏。

(四)船员反映空压机出现过的问题

(1)空压机排温较高,可能是阀漏,也可能是冷却器进水管堵塞,水进不去。

(2)滑油过多,空气中粘带,堵住电磁阀,使自控失灵。

(3)空压机温度很高,原因是海水冷却泥渣多。

(4)空压机缸头垫片太高,致使达不到压力。

(5)缸头垫片不平,压不紧,漏气,把垫片打烂。

(6)运转一段时间,温度高、噪声大,查出阀片断。

(7)空压机自带滑油泵的,压力有时起不来,原来是自带泵的止回阀坏了,造成烧轴承。

(8)进气阀拆过,螺母没上紧,掉进了气缸,把活塞打烂,缸套打烂。

第十章
船舶制冷与空调

第一节　教学要求与概况

一、教学要求(机工培训、机工学历、机工长、三管轮适用)

掌握机械压缩制冷的基本工作原理及制冷系统的组成;
熟悉常用制冷剂的基本特性;
了解制冷装置自动化控制的组成和动作原理;
熟悉制冷装置的一般操作管理和常见故障;
了解空气调节的基本知识及空调系统的组成。

二、概况

本章重点:系统组成及闪发降温原理。
本章难点:冷剂状态的判断,自动化控制动作原理。

制冷装置每条船都在用,要解决几十个人航行二三十天以上的伙食冷藏问题,和生活区、工作间的空调问题。另外,渔业船、冷藏船、液化气船使用的制冷量更大。船上使用的多是蒸汽压缩制冷,所以,这种系统的组成及闪发降温原理是教学重点。能够制冷,即能够把舱室内的热量转移出去,是系统一切工作的起点。制冷剂是转移热量的媒体,对其特性的认识、掌握,将为正确使用管理打下基础。

第二节　船舶制冷的重点、线索、知识面梳理

一、船舶制冷知识重点

制冷装置中的闪发降温原理,以 R12 制冷剂为例,如图 10-1。

(一)闪发降温(制冷)原理

膨胀阀前,来自冷凝器的冷剂,因实际温度低于其压力对应的饱和温度,经判断为过冷状

态，以液体形态出现。高压过冷液体经膨胀阀节流降压后，引入低压空间，温度仍为25℃，此时实际温度远高于压力对应的饱和温度，已经是过热状态，于是液体迅速蒸发，直至其温度降至压力所对应的饱和温度才稳定下来。由于闪发过程非常急促，来不及从外界吸取热量，液体蒸发所需的热量起初来自液体本身，这就是闪发降温的原理。

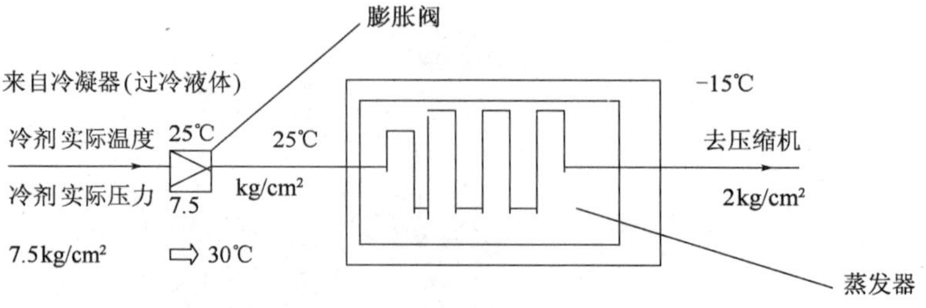

图10-1　冷剂突降压力后的闪发降温过程示意图

注意：物体有一性质，所有液体在蒸发过程中都要吸收热量，致其本身温度下降（除非外界不断地向液体补充热量）。

（二）压缩聚热升温和凝结放热过程

如图10-2所示，蒸发器后，等温汽化过程结束，冷剂蒸汽由压缩机吸入，进行绝热压缩，外界耗机械功。压缩后，热量聚集，表现为温度上升，为向低温冷却水放热凝结创造了条件。高压过热蒸汽通入冷却器后，即进行降温凝结过程，释放汽化潜热和向外释放机械功，冷剂回到过冷状态，为下一次循环做好准备。

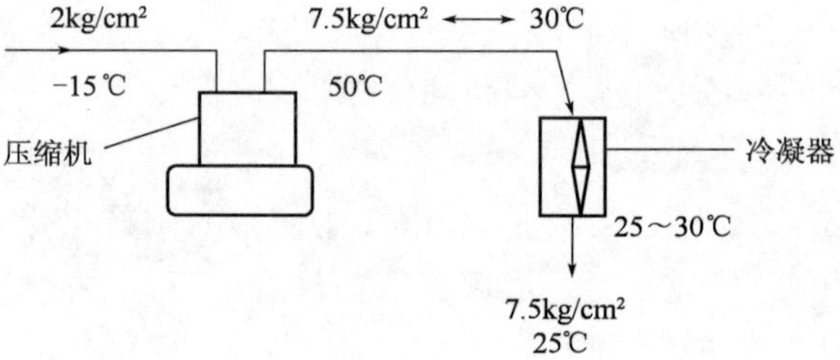

图10-2　冷剂蒸汽压缩后进入冷却器中的凝结放热过程示意图

图10-3为整个制冷系统“串”起来后的情况，冷剂就可在里面循环工作了。

二、船舶制冷思路线索

1. 目的功能

把物体中的热量移走，降温并维持这个低温。船舶制冷的主要用途是伙食冷藏及货物冷藏运输；作为舱室空调冷源；其他用途。

其中，对伙食冷藏要求为贮藏量满足70人，续航70天生活需要。库温要求为：

①鱼肉库为低温冷库，应维持－9～－12℃；

②蔬菜库为中温冷库,应维持 5 ~ 8℃;

③粮食库为高温冷库,应维持 12 ~ 15℃;

④奶品库,应维持 1℃,制冷柜库,应维持 0℃。

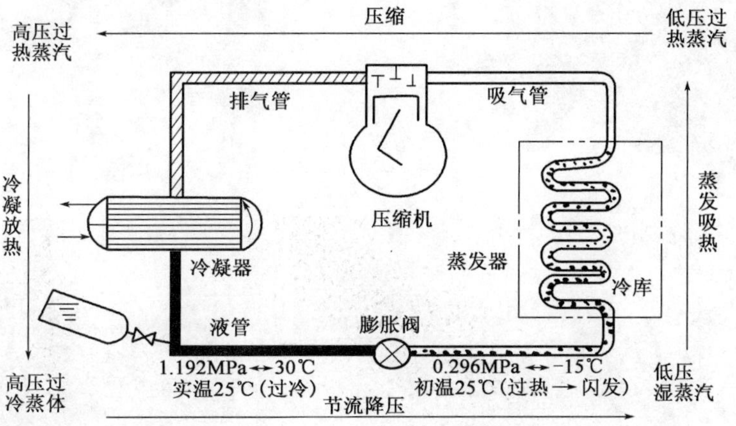

图 10-3　制冷系统循环工作示意图

2. 基本原理

制冷方法有:(1)天然制冷(天然冰块);

(2)人工制冷(图 10-4)。

- 利用液体汽化吸取汽化潜热的物理制冷
  - 蒸汽压缩式
  - 蒸汽喷射式
  - 吸收式
- 利用气体膨胀，温度下降吸取热量
- 利用半导体的泊耳帖效应制冷

图 10-4　人工制冷原理图

目前,多数远洋船舶伙食冷库,采用的都是蒸汽压缩式的人工制冷。

3. 装置组成及零部件作用

机械压缩制冷装置“4 + 1”。“4”指四大件,如图 10-5 所示,“1”指加一种制冷剂。

四大件及作用:

膨胀阀——节流而降压,并调节冷剂流量。

蒸发器——蒸发吸热的场所。

压缩机——抽吸蒸汽并将其压送到冷凝器。

冷凝器——散热冷凝的场所。

四大件按规定顺序串联组成系统。常用的制冷剂有 R12、R22、R717、R134a。但制冷系统要能安全、自动、高效工作,还要有一串辅助设备和自动控制设备。辅助设备有:分油器、储液器、干燥器、过滤器、热交换器、止回阀、融霜送气阀;自动控制设备有:温度继电器、电磁阀、膨胀阀、背压阀、高低压继电器、冷却水调节装置、能量调节装置。

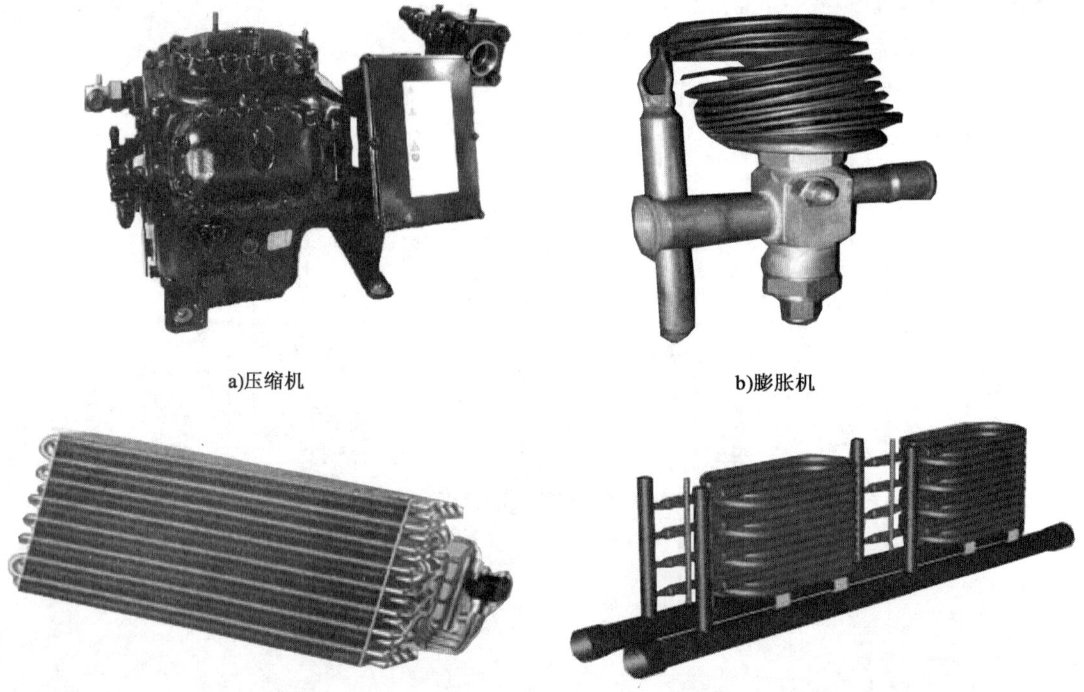

a)压缩机　b)膨胀机　c)冷凝器　d)蒸发器

图 10-5　制冷装置四大件

各元件的作用如下,见图 10-6 所示:

(1)分油器:把机油与冷剂分开,避免流失和机油的不利影响。

(2)储液器:冷库负荷大时,循环的制冷剂多,冷库负荷小时,循环量少,要有一个仓库来调节。储液器可兼放空气。

(3)干燥过滤器:清除系统中的水分和污物,防止产生腐蚀、冰塞和脏堵。

(4)热交换器:增加冷剂液体的过冷度,提高系统效率;同时增加冷剂蒸汽的过热度,以防止压缩机受液击。

(5)电磁阀:控制回路的通断,该阀本身又由温度继电控制。

(6)温度继电器:与电磁阀一道,起控制库温度高、低限的作用。

(7)低压继电器:通过感知蒸发盘管内的压力去控制压缩机的起停,维持蒸发压力在某一数值。

(8)高压继电器:通过感知压缩出口压力,对压缩机起超压保护作用。

(9)背压阀:调定蒸发管内的压力,在“一机多库”中实现不同的库温设置。

(10)能量调节装置:轻载起动和根据冷库负荷调节压缩机工作缸数。

4. 工作原理

详细工作原理这里不详述,读者应搞清三个问题:

(1)如何制冷循环?

可参见图 10-6。

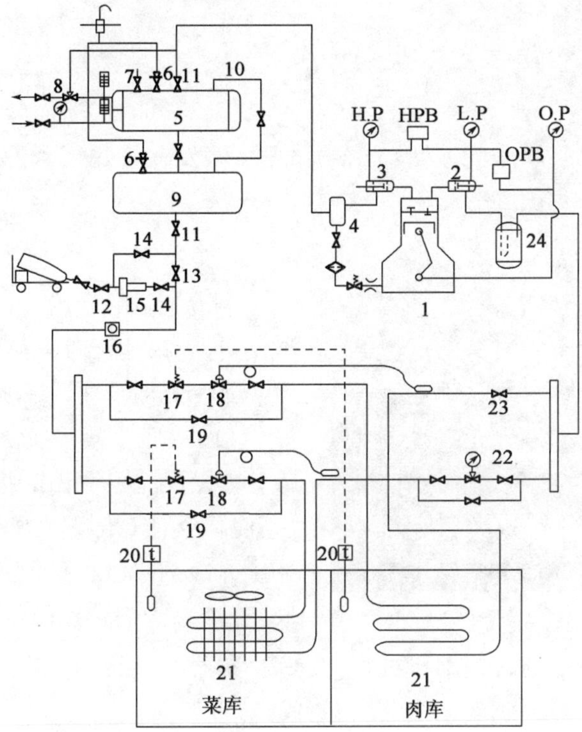

1-压缩机；2-吸入阀；3-排出阀；4-油分离器；5-冷凝器；6-安全阀；7-放气阀；8-水量调节阀；9-贮液器；10-平衡器；11、13、14-截止阀；12-充剂阀；15-干燥过滤器；16-液体观察镜；17-供液电磁阀；18-势力膨胀阀；19-手动节流阀；20-温度控制器；21-蒸发器；22-蒸发压力调节阀；23-止回阀；24-气液分离器

图 10-6 伙食冷库制冷装置的系统简图

(2)各段管路的状态及压力、温度的高低？

(3)控制与调节？

可参见图 10-7 系统联合控制程序图。

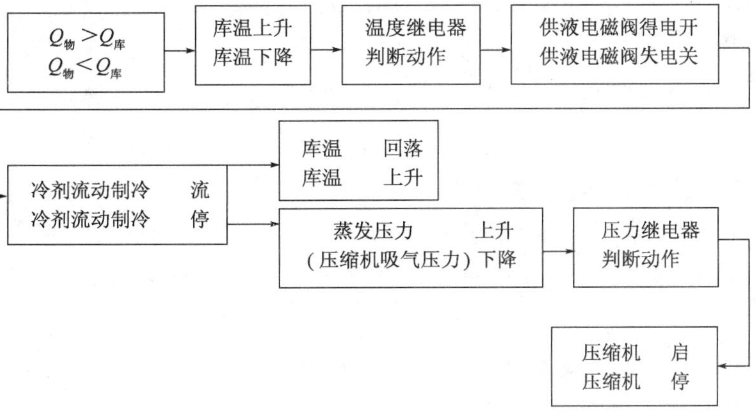

图 10-7 制冷系统联合控制程序

5. 特点或问题

船上制冷装置功率大，要求安全、可靠、耐用。

6. 失效形式

冷剂不足或冷剂漏光；膨胀阀冰塞；压缩机故障；蒸发盘管霜层太厚；冷却水不足；温控失灵等，都是失效表现。详见故障分析。

图 10-8　某轮制冷装置

7. 管理要点

制冷装置的启用、运转、停用，冷剂的充注、取出、检漏都是管理重点，图 10-8 为某轮制冷装置。其中充加冷剂是一项重要而实用的工作。

(1)一般步骤。通常通过充剂阀(一般设在液管干燥器前)进行，钢瓶出口向下斜置于磅秤上，使制冷剂经干燥器进入系统。新装或大修后初次充冷剂时，可以开启从充剂阀通贮液器的阀，让液态冷剂直接向贮液器转移(速度快)。

正常补充冷剂时，一般通过压缩机进行：关闭贮液器出口阀和干燥器的旁通阀，打开干燥器出口阀，起动压缩机由充剂阀经干燥器、膨胀阀、蒸发器向系统充入冷剂，并经冷凝器冷凝后贮存于贮液器中。为了加快充剂速度，尽可能将各冷库供液电磁阀开启。

在充剂过程中如发现低压管路结霜融化，钢瓶结霜，说明钢瓶中冷剂已用完，应另换一瓶；充至贮液器液位达 1/3 ~ 1/2。如果充注冷剂过多，可能会使高压控制器动作而停车。

(2)对没有充剂阀的小型装置，可将钢瓶向上直立接在压缩机吸入端的合适部位(常选吸入截止阀多用通道)充剂。

8. 故障分析与排除(机工了解，三管轮熟悉)

制冷装置各部件设计制造不妥，或操作管理不当均可能造成相关运动部件和自控元件频繁出现故障。故障一旦产生，船舶管理人员就应及时分析故障诱发因素，并快速、准确地找出故障源进而加以排除。

制冷压缩机是制冷装置的心脏，由于航区和海况的变化引起的外界热负荷的波动，高速运转的各部件的摩擦和惯性力作用使压缩机处在极其恶劣的工作条件。故制冷装置的大部分故障均出现在压缩机及其系统上。

(1)压缩机高低压阀片泄漏和破损。压缩机高低压阀片长时间处在交变应力下工作，易产生疲劳变形甚至断裂，造成压缩机高低压工作腔泄漏，影响压缩机的吸排气。诊断方法是：停止压缩机运行，若高低压压力表上的读数在短时间内迅速趋于一致，则说明高低压工作腔已旁通；此故障若发展成阀片碎裂则对制冷装置损害极大。因此要求当班人员随时观察压缩机的工作声响和运转状况。要注意的是，船舶航行中，随着航区的不断变化冷却水温度及外界气温变化极大，制冷剂流量不稳定，极易造成阀片热疲劳失效。

(2)压缩机润滑系统故障。润滑系统常见的故障有油压偏低、滑油乳化、油位难以判断等。油压难以建立或偏低使油压差继电器动作而迫使压缩机停止运行。

油压过低,可能产生的原因有:

①系统润滑油量不足,此情况应向系统补油至合适量;

②轴带油泵间隙过大,油压难以达到要求;

③润滑部位摩擦副之间的间隙太大;

④回油电磁阀开度过大,回油量过多,油压难以建立起来;

⑤油滤器太脏,油压损失过大,使压力难建立。

油量不足的原因可能有:

①滑油大部分残留在系统中;

②回油阀的自动浮球卡死,滑油不能正常回曲柄箱,系统油量不足;

③轴封漏油严重。

(3)压缩机系统的活塞连杆故障。压缩机系统的活塞连杆也是易损部件,连杆由于其特定的工作环境,在交变冲击应力下易造成疲劳断裂,此故障常见现象是:压缩机有异常敲击声。出现上述现象后,应立即停止制冷装置运行,拆下损坏件换新。为避免上述故障出现,在启动制冷装置前,应对压缩机进行盘车,启动时切忌低压进气阀开启过大而产生较大的冲击负荷。

(4)压缩机缸头结霜或压缩机缸头温升异常。制冷装置在工作过程中,压缩机回气管路结霜属正常现象,但在外界负荷迅速变化,冷却水温度变化过大,膨胀阀调整不当时,均可能导致回气管混入较多液态制冷剂而造成压缩机气缸壁和机体结霜,甚至造成压缩机“液击”。尤其是船舶空调装置和伙食冷库在热负荷较小,冷却水温度较低工况下运行时,若膨胀阀调节不当,极易造成压缩机缸头结霜甚至结冰。

压缩机缸头温升异常的原因大多是冷剂中混有不凝气体,另外冷凝器冷却效果差,导致冷凝压力升高,也会使压缩机排气压力和温度升高。

(5)冷凝压力和冷凝温度过高。为避免些情况出现应做到:

①启动压缩机前,先开启冷却水泵循环;

②在停止压缩机后,应让冷却水泵再循环一段时间;

③对停用时间较长的制冷装置,在停用期间要尽量放干冷凝器及其管路中的冷却水,这点对船舶制冷装置显得极为重要,以预防严寒而使管道或冷凝器冻裂;

④定期或适时清通冷凝器冷却水侧和清洗冷却水泵吸入口滤器。

(6)热力膨胀阀故障。热力膨胀阀是制冷系统的关键部件之一,又是易损部件,使用中应高度重视。热力膨胀阀的常见故障主要有:

①开度调节太小,以致冷剂流通量不足;

②开度调节得太大,冷剂流量超过实际热负荷,冷剂在蒸发器出口的过热度过小,具体表现为:压缩机低压吸气管路严重结霜,压缩机缸头结霜或结冰,甚至压缩机出现“液击”;

③膨胀阀节流后形成“冰塞”。此种现象多发生溶水性极小的氟利昂制冷系统中,游离态的水经节流降压降温结成冰晶,堵塞节流阀或管路。若在冷剂中不仅含有水而且还有机械杂

质,则会影响正常的节流降压效果,“冰塞”现象更为严重。

(7)蒸发器常见故障。制冷装置的蒸发器是根据制冷负荷设计选型定的,蒸发器及其附件在制冷装置运行中常见的故障有:

①蒸发器盘管表面严重结霜;

②被冷却对象的温度难以下降;

③自动调节元件失常。

以上故障情况表明,船舶航行条件下工作,与陆岸有很大不同,学员应引起注意。

图 10-9　船舶伙食制冷系统

三、船舶制冷多面包围

1. 外形尺寸

图 10-9 船舶伙食制冷系统,一台占空间不大,但还应有一台备用,空间就不小了。

2. 主要参数

蒸发温度、蒸发压力、冷凝温度、冷凝压力、吸气过热度、和膨胀阀前的液体过冷度、制冷系数、系统制冷量、制冷压缩机轴功率、冷负荷与热负荷(单位时间从冷库移出的热)。

3. 转速高低

关注制冷压缩机转速。小型的 600r. p. m. ,大型的 1440r. p. m. 。

4. 适用场合

远洋船舶及冷藏船、大型渔业船。

5. 安装位置

机舱高层外围,靠近船舶伙食冷库。

6. 结构形式

机械压缩制冷。

7. 受力情况:

(略)。

8. 使用材料

怎样的物质可作为制冷剂?从蒸发制冷原理知,凡是容易蒸发和冷凝液化的物质都可用作制冷剂,但要考虑制冷效果、经济性、安全等具体情况:

①在一个大气压下,液化温度(沸点)要求低;②冷凝液化压力要适中;③制冷量 Q_V 要求尽可能大些;④临界温度要高,凝固温度要低;⑤物理化学性质要求;⑥安全方面的要求;⑦经济方面的要求。

记住常用制冷剂的饱和温度与对应压力(表 10-1)。

船用制冷剂的饱和温度与压力

表 10-1

温度(℃)	压力(绝对)(MPa)		温度(℃)	压力(绝对)(MPa)		温度(℃)	压力(绝对)(MPa)	
	R22	R134a		R22	R134a		R22	R134a
-40	0.105	0.052	-5	0.421	0.243	30	1.192	0.770
-39	0.110	0.054	-4	0.436	0.253	31	1.223	0.792
-38	0.115	0.057	-3	0.451	0.262	32	1.255	0.815
-37	0.120	0.060	-2	0.466	0.272	33	1.288	0.839
-36	0.126	0/063	-1	0.482	0.282	34	1.321	0.862
-35	0.132	0.067	0	0.498	0.293	35	1.355	0.887
-34	0.138	0.070	1	0.514	0.304	36	1.389	0.912
-33	0.144	0.073	2	0.531	0.315	37	1.424	0.937
-32	0.150	0.077	3	0.548	0.326	38	1.460	0.963
-31	0.157	0.081	4	0.566	0.338	39	1.497	0.989
-30	0.163	0.085	5	0.584	0.350	40	1.534	1.016
-29	0.171	0.089	6	0.602	0.362	41	1.571	1.044
-28	0.178	0.093	7	0.621	0.375	42	1.610	1.072
-27	0.185	0.097	8	0.641	0.388	43	1.649	1.101
-26	0.193	0.102	9	0.660	0.401	44	1.689	1.130
-25	0.201	0.107	10	0.681	0.415	45	1.729	1.160
-24	0.209	0.112	11	0.701	0.429	46	1.770	1.190
-23	0.218	0.117	12	0.723	0.443	47	1.812	1.221
-22	0.226	0.122	13	0.744	0.458	48	1.855	1.253
-21	0.236	0.127	14	0.767	0.473	49	1.898	1.285
-20	0.245	0.133	15	0.789	0.488	50	1.942	1.318
-19	0.254	0.139	16	0.812	0.504	51	1.987	1.351
-18	0.264	0.145	17	0.836	0.520	52	2.033	1.385
-17	0.274	0.151	18	0.860	0.537	53	2.079	1.420
-16	0.285	0.157	19	0.885	0.554	54	2.127	1.456
-15	0.296	0.164	20	0.910	0.572	55	2.174	1.491
-14	0.307	0.171	21	0.936	0.589	56	2.223	1.528
-13	0.318	0.178	22	0.962	0.608	57	2.273	1.566
-12	0.330	0.185	23	0.989	0.627	58	2.323	1.604
-11	0.342	0.193	24	1.016	0.646	59	2.375	1.642
-10	0.354	0.201	25	1.044	0.665	60	2.427	1.682
-9	0.367	0.209	26	1.072	0.685	61		1.722
-8	0.380	0.217	27	1.101	0.706	62		1.762
-7	0.393	0.226	28	1.131	0.727	63		1.804
-6	0.407	0.234	29	1.161	0.748	64		1.846

必须掌握常用的制冷剂 R12、R22、R717、R134a 的特性,如表 10-2 所示。R22 在目前船上应用最广,R134a 是今后发展方向。

常用的制冷剂的特性表

表 10-2

	毒性	物理性	腐蚀性	渗透性	饱和温度(℃)	溶水性	溶油性	价钱	用途
R717(氨)	有	有臭,会爆	对黑金属无	中	-33.4	强	不溶,浮面	廉	大型冷库
R12	几乎无	无色、味,不燃爆	无	强	-29.8	差	溶,沉底	贵	冰箱
R22	稍大于 R22	同上	无	强	-40.8	大于 R12	溶,沉底	昂贵	空调
R134a	几乎无	同上	无	强	-26.5	差	溶,沉底	贵	取代 R12 取代 R22

9. 装配要求

(略)。

10. 温度压力

(略)。

11. 工况调节

在小型制冷装置中,通常是采用温度控制器或低压继电器来控制压缩机的启、停动作, 即所谓位式控制,实现温度控制。但对制冷量较大的大、中型高速多缸压缩机, 为了轻载起动以减小对电网冲击和在电动机不停止运转的情况下,适应库温或室温对冷量的不同需求,采用逐步调节制冷压缩机能量的办法。基本原理是用"油缸一推杆机构",间接顶开吸气阀,使部分气缸做无效运动。针对图 10-6,列出动作程序如图 10-10、图 10-11。

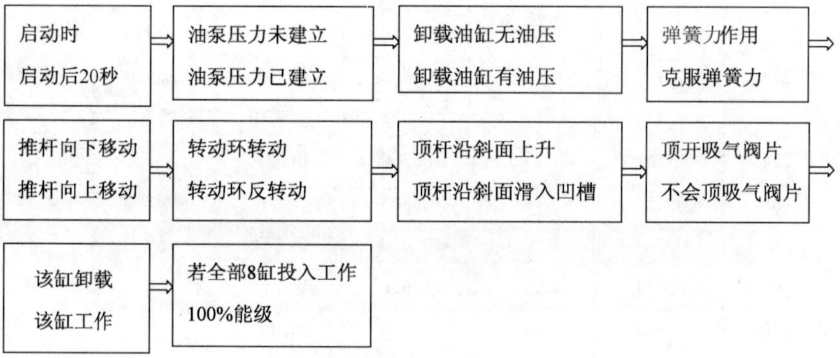

图 10-10 卸载起动程序图

工作时,可安排 8 缸都工作(100% 能级)、6 缸工作(75% 能级)和 4 缸工作(50% 能级),即分为无卸载、一只卸载油缸控制两个气缸卸载和两只卸载油缸控制四个气缸卸载。

自动控制的任务及执行元件:

(1)根据冷库负荷调节冷剂循环量(由膨胀阀担任)。

(2)控制库温在设定的上下限间波动(由温度继电器和电磁阀)。

(3)控制蒸发管内压力,作用形式是控制压缩机启、停(低压继电器)。

(4)对压缩机起高压保护(高压继电器)。

(5)在一机多库负荷调节压缩机工作缸数并实现轻载启动(能量调节装置)。

(6)调节冷却水水量,控制冷凝温度。

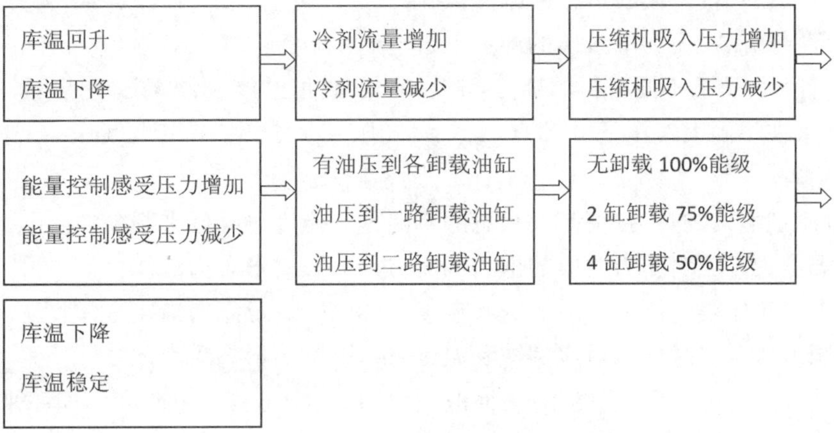

图 10-11　能量调节程序图

12. 典型实例

典型的 R22 制冷装置,图 10-12。

图 10-12　船舶伙食制冷实例图

四、船舶制冷疑难补问辅导

(一)热工概念补充

显热——物质的吸热或放热仅仅是温度的升高或下降,但形态不变。

潜热——吸热或放热后温度不变,但形态改变。

汽化——包括蒸发和沸腾两个环节。

蒸发——只在液体表面发生的汽化。

沸腾——表面和内部同时进行的剧烈汽化。

饱和温度——某一压力下液体的沸点(又叫蒸发温度)。

比如,1 个大气压下不同材料的沸点:水 100℃;甘油 290℃;水银 357℃。

再比如,水在不同大气压下的沸点:2 个大气压——120℃;1 个大气压——100℃;0.5 个大气压——81℃;

注意,制冷剂蒸发的热力过程中,状态的判断是以温度的高低来判断的(压力不变):

若实际温度大于当时压力对应的饱和温度:过冷状态,形态为液体;

若实际温度等于当时压力对应的饱和温度:饱和状态,形态为液+汽体;

若实际温度小于当时压力对应的饱和温度:过热状态,形态为汽体。

当处于某一状态的物体,温度不变,而改变压力时,状态将发生改变。如原来 100℃的水,处于饱和,但当压力变为 2 个大气压后,处于规律的过冷区,全部将变回液体。又当压力变为 0.5 个大气压后,则处于规律的过热区,全部将变成过热蒸汽。

综上所述,在温度不变的情况下,完全可以用改变压力的办法来改变物体的状态。制冷系统中,为改变物体状态特设有膨胀阀和压缩机,分别为减压器和加压器。常用制冷剂的饱和温度与压力对应如表 10-1。

五、船用空调装置

(略)。

第十一章
船舶辅助锅炉

第一节　教学要求与概况

一、教学要求(机工培训、机工学历、机工长、三管轮适用)

掌握水管锅炉、火管锅炉及废气锅炉的一般构造和传热原理；
熟悉燃烧装置、锅炉附件及自动控制元件的作用,构造和工作原理；
掌握锅炉的安全操作规程及管理要点；
了解锅炉水质处理的一般方法。

二、概况

将热水、汽压、高温、燃油、火等集于一身的锅炉,是一个危险设备;水体不断蒸发成汽,留下了盐分、水垢,造成传热面的不良影响和安全隐患。但蒸汽在船上应用广泛,不可或缺,是船舶适航的必备设备,所以又是管理重点。本章内容丰富、重要,但知识本身不难理解。

第二节　辅助锅炉的重点、线索、知识面梳理

一、辅助锅炉知识重点

辅助锅炉工作时的传热形式和提高热效率的途径是全章的重点。锅炉实质就是一个传热器,它把燃烧所产生的热能传给炉水而产生蒸汽。锅炉的结构及形式,锅炉的特性、运行管理要求,等等,都是围绕怎样提高热效率这一主题展开的。所以,锅炉工作时的传热形式和提高锅炉热效率的途径要搞清楚。其中,提高热效率的一些结构、管理措施,分散在各种型式锅炉的结构介绍中,要进行归纳和总结。

炉膛为燃烧燃料和主要传热的场所,占总受热面积10%左右,传热量却占总传热50%以上,温度达1400~1800℃。传热形式以辐射为主,为使传热量加大,应使一定空间大小的炉膛面积最大,同时把炉水尽量靠近炉膛是主要思路。

燃烧室为燃料继续燃烧的地方，可视为炉膛的延伸，辐射传热，温度降至1100℃左右。拆开背板可清洁管簇。

烟管簇是蒸发受热面的主体，约占受热面的85% ~94%。传热形式以对流为主。烟管簇后的排烟温度为150~350℃左右。以加强管内水的流动（水管炉）和加强管外火苗烟气的扰动为手段，来加强对流换热效果。

综观各种锅炉结构，提炼出锅炉热效率的结构措施如下：

（1）采用球形或半球形的炉胆，以增大辐射受热面，提高换热效果。

（2）在烟管内壁加装螺旋扰动片或选用“麻花管”，以提高烟气在管内的流动速度，增加对流换热。

（3）改成水管锅炉，将水管布置成让烟气横向流动对其进行冲刷，改善传热效果。

（4）加挡烟墙，改善烟气流动路线，减少烟气流动的死角与偏流。

（5）改成水管锅炉后可选用较小的钢管且可缩小管间距离，排得更紧密、布置更大的受热面积。

（6）加装大直径下降水管，可适当改善炉水循环。

（7）炉膛四周壁均有水冷壁而形成的辐射受热面，能更多接受高温火焰间产生强烈的辐射传热，充分利用炉膛容积及其换热面。

（8）三圈管之间构成了两个沿圈管周围方向的烟气回程，从而增大锅炉的辐射受热面，且改善炉水循环。

（9）采用三回程锅炉，加强对流换热。

从以上可见，锅炉内部的布局、细节，很多都是考虑增加传热效果而设计的。

锅炉的管理问题也是重点。锅炉是一个受热、受压容器，炉内有燃料在燃烧，无疑充满危险，若管理不当，无异于一个定时炸弹。锅炉本身的价值又高，又极易损坏，所以，从这一点来看，如何正确管理锅炉，确保安全高效，亦是一个重点，详见“管理要点”。

二、辅助锅炉思路线索

1. 目的功能

产生一定压力，一定汽量的饱和湿蒸汽以供使用。

2. 基本原理

烧油产热，传给炉水，炉水吸热变成蒸汽，达到一定的压力后向外供汽。

3. 装置组成及零部件作用

图11-1为船舶辅助锅炉示意图。

燃油辅锅炉由炉膛、燃烧室、火管或水管、烟箱、附件组成：

炉膛——见“辅助锅炉知识重点”。

燃烧室——见“辅助锅炉知识重点”。

烟管簇——见“辅助锅炉知识重点”。

容水空间——盛装炉水并形成一定水循环路径。

容汽空间——积聚一定数量和压力的蒸汽，并减少供汽中的水滴。

燃烧机构——提供一定量的燃油、空气，并组织混合扰动，控制火头的大小，以适应负荷要求。

主蒸汽阀——向外供气与否的总开关。

空气旋塞——冷炉启动时放出炉内空气；停炉时让外界与汽水空间沟通。

安全阀——当蒸汽压力超过调定值以及在应急情况下向外放泄蒸汽，以保证安全。

压力表——真实反映炉内汽压。

水位计——真实显示炉内盛水量。

汽水分离装置——分离湿饱和蒸汽中的水滴。

上排污阀——排除蒸发面上悬浮的泡沫杂质和油类污物。

下排污阀——排除沉积在底部的各种泥渣、杂质。

给水装置——让新补入的冷水均匀地进入锅筒内。

底部放泄阀——放净全部炉水。

a)燃烧器

b)水位计

c)模拟船舶辅助锅炉

图 11-1　船舶辅助锅炉示意图

4. 工作原理(图 11-2)

雾状燃油+空气+点火 ⟹ 高温火焰和烟气 ⟹
{炉膛辐射传热；管簇对流换热；燃烧室等其他地方传热} ⟹ 炉水吸热变汽 ⟹
达一定汽压 ⟹ 向外供汽

图 11-2　船舶锅炉工作流程图

5. 特点或问题

教科书介绍的四种锅炉，两个属火管炉，两个属水管炉，各有特点(优缺点)，课本上已有详列。这里要求学员要掌握的是“水管锅炉”和“火管锅炉”这两类炉的特点，为正确操作，管理打下基础。

附火管锅炉和水管锅炉的性能比较(表 11-1)。

火管锅炉和水管锅炉的性能比较　　表 11-1

序号	说　明	火 管 锅 炉	水 管 锅 炉
1	受热面的蒸发率	较低，一般仅为 25kg/m²h 左右。因烟气是沿轴向纵向冲刷管子内壁，烟气和管内壁对流换热系数较小	较高，因烟气在受热面管子外面横向冲刷，其对流换热系数较大。并普遍设置水冷壁辐射受热面
2	锅炉蒸发量	小于 10t/h； 因受热面管子均需为炉水所包围，于是需要有一个直径很大、本身又不构成受热面的锅壳，需要增加受热面时，锅壳直径亦将增大，由于锅壳又是承压部件，使其壁厚随直径成正比增加	需提高锅炉蒸发量时，增置受热面管子无任何困难
3	锅炉工作压力	小于 1.6MPa； 锅壳壁厚正比于锅炉的工作压力	汽包和水包的直径大大小于锅壳直径，故工作压力的增加易于达到。船用锅炉的工作压力已提高到 14.5MPa
4	锅炉相对质量(单位蒸发量的质量)	较大，约为 20t/(t/h)； 锅壳质量很大，又不构成受热面，锅壳中盛放的炉水约为蒸发量的十倍，受热面管子的蒸发率低	较小，仅为 3t(t/h)
5	点火升汽时间	较长，约为 10h； 因锅炉蓄水量较大，水循环微弱，锅炉本身结构的弹性欠佳	较短，2～3h
6	锅炉负荷变化引起的汽压波动及给水过程扰动引起的水位波动	较小，因蓄水量大，故炉水蓄热量大，当负荷变化，引起汽压变化时，炉水自蒸发和自给能力也强，使汽压波动较小，同时因蓄水量大，故允许有较长时间的断水，管理较方便	较大，故对管理的要求较高
7	对给水品质的要求	较低，因受热面的蒸发率较低	较高

总之,水管锅炉比较火管锅炉的特点小结如下:

(1)结构上不受庞大的锅筒限制,缩小了锅炉的盛水空间及汽水分离空间。

(2)可将水管布置成让烟气横向对其冲刷,使传热效率提高,因而整体上易于提高蒸汽压力和蒸发量。

(3)受热强度高,对水质要求高,管理要求严格。

(4)蓄水量小,升汽快,但汽压容易波动。

(5)蓄热量少,适应负荷能力差,水位易波动。

(6)结构笨重,金属耗用量多,制造工艺麻烦。

6.失效形式

(1)失水或满水。

(2)燃烧不良。

(3)突然熄火。

(4)炉内水管、烟管、水冷壁管爆。

(5)部受热面烧塌、变形或裂开渗漏。

(6)水井出现大量浮油、锅水中也已大量含油。

(7)汽水共腾。

(8)腐蚀严重。

(9)发生回火。

(10)发生明火。

(11)烟道内发生较大的爆炸声。

(12)给水管或鼓风机发生故障不能继续工作。

(13)自动控制系统故障。

7.管理要点

(1)点火升汽应缓慢、均匀加热,保证不出现大的热应力。

(2)随时调整汽压、水位处于正常状态。

(3)保证各部件、各系统不漏泄。

(4)做好上、下排污、冲洗水位计、拆洗燃油滤器相关工作。

(5)注意给水温度和给水质量,绝不可让油质跑进锅炉。

(6)保证燃烧良好,防止“突然熄火”或炉吼。

(7)保证水质处理要求,正确加投炉药。

8.故障分析与排除

锅炉的应急处理如下:

(1)水位的过高或过低。先停炉,水位过低,冷却后慢慢加水;水位过高,打开上排污阀,放水。

(2)汽压过高。安全阀未开,立即停炉,强制开启。

(3)发生回火。立即停油,加强炉内通风,再重新点火。

(4)炉水内大量含油。停止燃烧,冷却后检修。

三、辅助锅炉多面包围

1. 外形尺寸

火管炉较大,水管炉较小。立式占地少,卧式占地大,参见图 11-3、图 11-4。

图 11-3 船舶燃油辅助锅炉上半段

图 11-4 船舶燃油辅助锅炉下半段

2. 主要参数

蒸汽压力、蒸发量、受热面积、锅炉效率(表 11-2)。

船用立式横置烟管火管锅炉的主要技术参数 表 11-2

蒸发量 (t/h)	蒸汽压力 (MPa)	受热面积 (m^2)	蒸发率 (kg/m^2)	锅炉干重 (t)	外形尺寸 (mm)	备注
1.2	0.7	47	25.6	9.7	5250 × ¢ 1956	燃烧器在侧面

3. 转速高低

只有鼓风机是运动部件,(略)。

4. 适用场合

要求供汽迅速、用汽量较小且负荷变化不大的,可选水管锅炉;要求汽质较好,稳定用汽,汽量较大的,可选火管锅炉。

5. 安装位置

机舱内较高位置处,专设锅炉舱,因周围有日用油柜,要防患火灾。

6. 结构形式

按使用的能源分:燃煤、燃油、废气。

按管内流动物质分:烟管锅炉(管内流动的是火苗和烟气);水管锅炉(管内流动的是水或汽水混合物)。

按锅壳的布置分:立式、卧式。

按管群走向分:竖管、横管。

按炉水循环方式分:自然循环、强制循环。

7. 受力情况

内部构件承受汽压产生的负荷力,注意不要超过额定汽压;在受热不均匀时,炉体上将产生很大的热应力,可使锅炉内构件变形、泄漏、破坏。这是管理中须高度重视和密切注意的问题。

8. 使用材料

耐热钢板,优质无缝钢管,耐火砖等。

9. 装配要求

保证水密,保证烟气通道有一定的抽风力,整体制造残留应力小,各种部件本身应工作安全可靠、耐火砖砌筑牢固。

10. 制造工艺

冲压、焊接、扩压。

11. 温度压力

整个锅炉为一受内撑膨胀体和不均匀受热体,故绝不可超压运行,应确保安全阀有效。

12. 工况调节

大的调节——开航时可换用废气锅炉,或与废气锅炉共同供汽(并联);

小的调节——根据供汽负荷进行锅炉的供汽调节,由调节烟火强度实现。

13. 典型实例

就是课本上所列的四种锅炉:

(1)立式横置烟管辅锅炉。

(2)卧式横置烟管辅锅炉。

(3)立式短直水管辅锅炉。

(4)立式长直水管辅锅炉。

四、辅助锅炉疑难补问辅导

(一)锅炉最低水位的确定

(1)水管锅炉应高出最高受热面,不少于100mm,汽泡下降量应作为受热面。

(2)卧式火管锅炉应高出燃烧室或烟管顶部不少于75mm,多回程的可适当减少。

(3)立式火管锅炉应不低于二分之一烟管高度。

(4)混合式锅炉应高出热水管不少于50mm。

(5)当船横倾4°时,最低水位仍应符合上述要求。

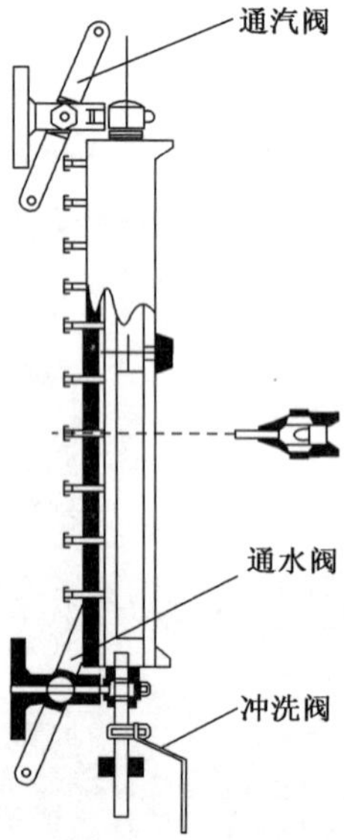

图11-5 水位计

(二)假水位现象及处理

1. 假水位表现

(1)燃烧加强后,虽没向炉内加水,但水位计(图11-5)显示的水位都上升了。

(2)当向锅炉补水时,发现水位计不是马上上升,而是明显下降。

2. 原因

因显示水位包括真实蓄水和汽泡,汽泡的多少及变化,影响了显示水位代表炉水蓄水的真实性。燃烧加强时,沸腾加剧,汽泡增多,故水位显示上升。补水时,较冷的水把汽泡浇灭了,显示水位就下降了。

3. 正确设计水位的原则

锅炉高负荷运行时,显示水位应保持高一些;在低负荷运行或熄火停炉时,显示水位应保持低一些。

(三)满水或失水后的正确处置

(1)满水——水位高出最高工作水位就叫满水。

危害:容汽空间减小,影响供汽质量,并引起汽水共腾,容易导致大量炉水跑进蒸汽管系,造成管系或机件设备的损坏。

处置:暂停供汽,开启锅炉的排污阀泄放炉水,直至降低到正常水位为止,立即将蒸汽动力泵或蒸汽机气缸的泄水阀打开,以免产生水击事故。

(2)失水——水位低于最低工作水位。

危害:造成受热面过热,甚至烧塌破坏。

处置:若判明"失水"仅几分钟,可暂停供汽,加大给水量,让水位恢复正常后再供汽,若"失水"时间不清楚,应立即熄火停止供汽,更不能贸然补炉水,待查明情况后再做处理。若贸然给水赤热钢板会因突然遇到冷水产生热应力,导致钢炉爆裂,甚至烧塌。

(四)冲洗水位计和判断水位的方法

参见图11-5按表11-3操作步骤进行。

冲洗和"叫水"的操作步骤　　表 11-3

序号	操作程序	结果	处理意见
1	开冲洗阀,关通水阀,冲洗汽连通管后关闭通汽阀	听见汽流声甚大,表明汽路通畅	如不通畅,可连续开、关通汽阀或通水阀数次,利用汽水冲击力将污物冲走
2	开通水阀,冲洗水连通管后关闭	听见水流声甚大,表明水路通畅	
3	关冲洗阀,慢慢开启通水阀予以"叫水"	(1)因此时通汽阀关闭,所以如水位高于水连通管,则水位一直升至水位计顶部; (2)如无水出现,则炉水已处于水连通管以下,锅炉已处于失水危险状态	(1)这表明情况正常,可继续进行第4步操作; (2)如明确知道,在前数分钟水位仍处于正常位置,则可加大给水量,迅速恢复水位;如失水时间不清楚,应立即熄火,停止供汽
4	开通汽阀	(1)水位下降至水位计中段表明情况正常; (2)如水位计下降至水位计玻璃以下表明炉水少,但水位仍在水连通管以上; (3)如水位仍在顶部不降下来,表明锅炉已处满水状态	(1)可投入工作; (2)加大给水量,迅速恢复正常水位; (3)首先停止供汽,并开启上排污阀放水,使水位恢复正常

(五)排污系统认识

锅炉工作一段时间后,炉水含盐浓度增加,底部聚集泥渣,蒸发面上的泡沫、油污或其悬浮物也会不断增多,影响锅炉的正常运行,因此必须用放掉大量炉水的方法将它排出炉外。排污系统的任务就是收集和排放蒸发面上的污物和底部的泥渣。

上排污可在任何情况下进行,而下排污则要求在熄火停炉或锅炉在较低的负荷时进行。对水管锅炉而言,为防止下排污时破坏正常的自然水循环,一般不允许在锅炉运行时进行。每天排污水量和次数视水质化验结果而定,废汽锅炉和辅助锅炉一样,也要定期排污。

表面排污操作:一般在投药之前进行,排污前先将炉水加至接近最高水位,水位降至浮渣盘即停,无须停炉或减低负荷。上排污漏斗应设在高出最低工作水位25mm至低于正常水位25mm的范围内。

底部排污操作:投放除垢药物后,熄火或负荷较低时(不允许在锅炉正常工作时进行),一般阀全开时间不超过30s,每次排污量为1/3～1/2水位计高度。

在上排污或下排污时,首先应将炉水上至接近最高水位,并在排放时密切监视水位的变化,以防因给水泵供水不及时而造成锅炉失水,当水位接近最低水位时(一般炉外做有记号),应立即停止排污。另外在排污前应打开舷旁的排污阀,以防开启排污阀时管内产生水击。在开阀时,先将排污阀打开,后开排污水量调节阀,关闭时,先关调节阀,后关排污阀,以防排污阀因水流冲击而失去水密。

（六）炉水质量的分析和处理（机工了解、三管轮熟悉）

1. 分析化验指标

碱度——表示炉水碱性的强弱程度。

硬度——表示水中含钙、镁盐的数量。

盐度——表明水中氯化物的含量。

含油量——可能通过输水泵混入的油污。

2. 目的

消除硬度，保持一定的碱度，尽量降低盐分和含油量。

酸性炉水会加速对金属的腐蚀，所以炉水应保持适度的碱性。但当炉水的碱度太强，在高度浓缩的碱性溶液和高度应力的作用下，炉水中又缺少硝酸盐、磷酸盐这些保护性盐类，也会使锅炉金属结晶之间产生细微裂纹——叫苛性脆化。

水中的某些盐类（如钙盐、镁盐）在低温时溶在水中，随着水温升高，溶解度降低，于是便从水中析凝出来，附在锅炉的受热面上，形成坚硬的水垢，妨碍传热，减少管子内水的流通截面，促使电化学腐蚀加强，引起"垢下腐蚀"。

当炉水中溶解的盐类、悬浮物和油污太多时，在锅炉的蒸发水面上会产生高达十几厘米且长时间不灭的泡沫，产生汽水共腾。

3. 炉水处理材料、配方、化验周期

列出炉水处理材料、配方、化验周期，分别为表11-4、表11-5、表11-6供参考。三管轮学员必须熟悉，其他学员作一般了解即可。

炉水处理药剂性质表　　表11-4

药剂名称	性　质	优　点	缺　点
苛性钠（烧碱）	强碱	价格便宜，用量少，与钙盐和镁盐都能起作用，生成泥渣	容易造成苛性脆化，故现已很少使用，但外国的一些防垢剂中仍有此成分
碳酸钠（苏打）	碱性强	价格便宜，能迅速提高炉水碱性	不能消除镁盐硬度，投入太多时，会使炉水碱度过高，在高温下能分解出 NaOH，故只适用于低压锅炉
磷酸钠（三钠）	碱性，是现在炉内处理的主要药剂	与钙盐和镁盐都能起作用，并且即使大量投入，炉水碱性也不会超过 pH = 12.5	价格贵，用量多。炉水碱量不足时，生成的泥渣会转变成二次水垢；投入太多会使炉水起沫
碳酸氢钠	弱碱，在炉水碱度够，但出现硬度时使用	同上	同上

续上表

药剂名称	性　　质	优　　点	缺　　点
硝硫钠	能防止腐蚀,现主要用来防止苛性脆化	对锅炉无不良作用	需保持干燥。温度高时会燃烧
亚硫酸钠	消除溶于水中氧气	同上	增加炉水中的含盐量
丹宁	有机胶体,在水中能生成酸,在受热面上形成阻垢防腐薄膜,并可使老水垢脱落,增加泥渣的流动性	有防腐和防苛性脆化作用	增加水中固体含物
淀粉、明胶等	增加泥渣的流动性,使泥渣容易排出,防止二次水垢		同上

"海摩格"配方百分百　　表 11-5

含量	药　　号	
	M—2	M—3
磷酸钠	64.8	90
碳酸钠	22.7	—
亚硫酸钠	3.0	4.0
淀粉	6.0	5.0
丹宁	3.0	1.0
明胶	0.5	—

锅炉水质化验周期和化验项目　　表 11-6

水　　质		化验周期	化验项目	
			海　　船	江　　船
给水	锅水舱自来水	每次装水时	含盐量 NaCl	
	离子交换软水	离子交换器运行时	(1)硬度(软水出口处) (2)含盐量 NaCl(冲洗水出口处)	(1)硬度(软水出口处) (2)含盐量 NaCl(冲洗水出口处)
	蒸馏水舱的水	每天一次	含盐量 NaCl	
	凝结水	每天一次	含盐量 NaCl	如果冷器泄漏,必须化验硬度是否增高
锅水		每天一次	(1)酚酞碱度 (2)总碱度 (3)盐量 NaCl (4)磷酸根含量	(1)酚酞碱度 (2)总碱度 (3)磷酸根含量

注:(1)航行于海、河间的船舶,参照海船规定执行。

(2)锅水水质不正常时,应适当增加化验次数,认真查找原因,及时解决。

第十二章 船舶海水淡化装置

第一节 教学要求与概况

一、教学要求(机工培训、机工学历、机工长、三管轮适用)

了解海水淡化装置的作用、构造、淡化系统的自动调节;
掌握海水淡化工作原理;
熟悉海水淡化系统的管理要点。

二、概况

船舶需要消耗大量的淡水,例如柴油机冷却水、锅炉给水,以及船员和旅客的饮用、洗漱等日常生活用水。这些淡水当然可以在船上设置专用水舱来储存携带,但是对于远洋船舶来说,由于连续航行时间长,距离补水基地远,要想储备足够多的淡水以满足船舶航行之需要,势必要腾出大量的舱室容积多装水,这就要减少船舶载货吨位,影响运输能力的发挥。另外,淡水储存时间过长,也容易污染变质。从保持远洋船舶航行应具有强大的生命力这一角度出发,也要求船舶本身能源源不断地补充淡水,以适应海上航行多变的气候和艰苦的工作条件。因此,海水淡化装置是远洋船舶的一种必备附属设备。

俗称造水机的海水淡化装置,采用真空蒸馏法造水,可以充分利用机舱废弃热源去加热海水,提高了整个动力装置的效益,其所付出的成本很小,就是用喷射泵去制造一定的真空度即可。作为一般操作人员,了解其结构、原理,熟悉其管理就够了。但对三管轮作为该设备主管,必须全面掌握造水机相关知识,熟悉海水淡化系统的管理要点。

第二节 海水淡化装置的重点、线索、知识面梳理

一、海水淡化装置知识重点

海水淡化装置的基本原理——真空蒸馏法就是本章的重点。蒸馏法是利用盐分几乎不溶

于低压水蒸气这一物理特性，首先将海水加热，使其汽化，然后再将所得蒸汽重新冷凝成蒸馏水，即获得含盐很少的淡水。

平时在我们的印象中，水都是要100℃才能沸腾变为蒸汽的，如果要把海水加热到这么高的温度，显然只能利用锅炉产生的蒸汽进行加热。这样，船上另一数量很大的余热，55～65℃的主机缸套冷却水就利用不上了。

一艘远洋柴油机货船，主机功率一万多匹，船员以30人计，各方面用水加起来，每天消耗淡水量约7～12t，再按续航30天计，全程消耗淡水达210～360t，这些淡水若要通过烧油造汽，再用热蒸汽去加热海水来实现的话，耗油不少。另外，在高温下蒸发，海水在蒸发器里易折出盐分结成水垢，最终影响传热效果甚至使造水设备不能正常工作。好在，人掌握了许多科学道理，根据"低的蒸发压力对应低的蒸发温度"这一特性，在船上先把蒸发场用喷射泵抽成93%左右的真空度(绝对压力6.68kPa)，在低压场中只要把海水加热至38℃就能蒸发，这就为充分利用柴油机缸套冷却水这一大量余热创造了条件，从而提高了制淡装置的经济性，又减少了结垢。

海水制淡装置是围绕上述的总思路来设计的，如图12-1。装置的控制、管理也是要对这一基本原理有一定的认识为前提。

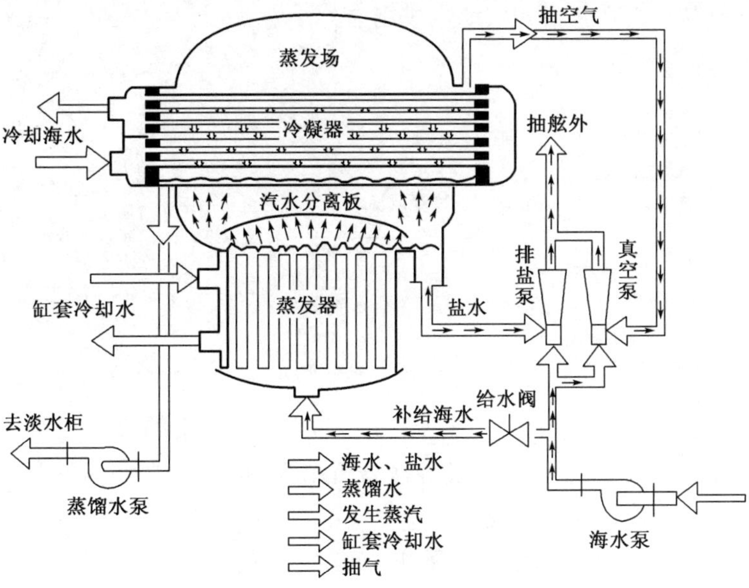

图12-1　海水淡化装置原理图

二、海水淡化装置思路线索

1. 目的功能

海水制淡装置能把含盐度≤35000mg/L的海水，蒸馏成含盐度≤50mg/L的淡水，满足船

上各处日常用水需要。(ppm 是含盐量的一种表示,指含盐量为水量的百万分之一)

2. 基本原理

海水淡化方法主要有蒸馏法、电渗析法、反渗透法、冷冻法。船用海水淡化绝大多数采用蒸馏法。

图 12-2 海水淡化装置外形图

根据盐分几乎不溶于低压干饱和水蒸气的原理,先加热海水使之汽化,然后再将产生的蒸汽冷凝,从而得到几乎不含盐分的蒸馏水。图 12-2为海水淡化装置外形图。

3. 装置组成及零部件作用

供水系统——加入海水,供造淡水之用;

加热系统——对海水进行加热,使之蒸发变汽;

抽空系统——保证蒸发场维持足够的真空度;

冷凝系统——将蒸汽进行散热冷凝,变为淡水;

凝水系统——将含盐浓度高的旧海水排出舷外。

4. 工作原理(图 12-3)

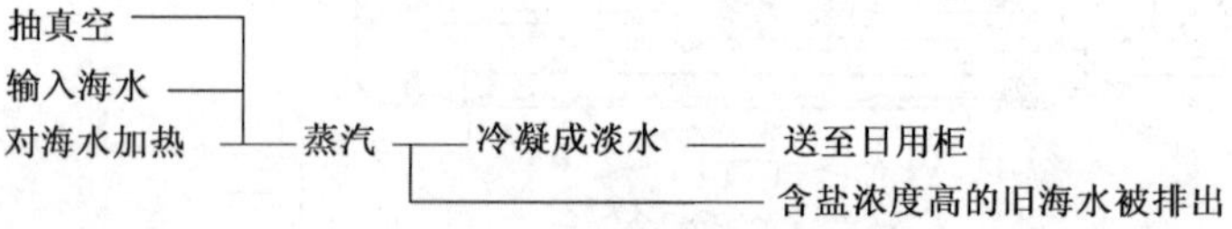

图 12-3 海水淡化流程

5. 特点或问题

(1)真空蒸馏造水机有两个特点,一是经济性高,因为利用的是主机缸套冷却水的废热;二是结垢轻,因为在低温下蒸发海水中各种盐分析出少,特别是真空闪发式,闪发室内没有传热面积,更有利于防止结垢,水质也提高。

(2)真空闪发式相比真空蒸发式(沸腾式)而言,又有:

①加热器改用板式热交换器,传热系数约为壳管式的 2.5 ~4 倍,热效率高,体积缩小 40%,易于实现组合式结构,有色金属消耗亦较壳管式减少 30% ~40%。

②无加热液面,可避免因船舶摇摆而引起的液面倾泼和飞溅,水质稳定。

③结垢情况大为改善,仅在闪发室外的加热器中有可能产生水垢,但因它没有海水沸腾现象,所以结构不严重且易于清除。

④两级或多级闪发造水,经济性又有提高。

⑤易于实现装置的自动化。

6. 失效形式

①真空度过大——凝水水质含盐量升高；

真空度不够——不能造水，或消耗加热工质过多。

②加热量不足——造水缓慢或不能造水；

加热温度过高——沸腾剧烈，水质变差。

③冷凝压力不足——真空度将下降，造水缓慢；

冷凝压力过大——真空度增大，沸腾剧烈，水质变差。

④盐水含盐浓度太大——所造淡水水质盐度升高；

⑤凝水输送能力不适应——同冷凝压力不足或过大情形。

7. 管理要点

①维持适当的冷水倍率，维持合适的盐水浓度和水位（冷水量3～4 造水量）。

②调节凝水泵排量使之与造水量相适应，以维持适当的凝水水位（水位计高度1/3～1/2 位置）。

③控制加热介质流量（4～5 造水量），以保持适当的蒸发量（即控制造水量）。

④控制冷却海水的流量，以维持适当的真空度。（控制在使其流过冷凝器后温升约为5～6℃）。

⑤要稳定蒸发室的水位，保证必要的蒸汽空间，限制蒸发速度，设置完好的汽水分离器等。

图 12-4　某轮海水淡化装置图

⑥防止漏水、漏气，及时清洗和除垢，参见图 12-4。

8. 故障分析与排除

（略）。

三、海水淡化装置多面包围

1. 外形尺寸

长宽高均不超过 2.5m，容积小，但管路占位多。

2. 主要参数

造水机九个参数是制造淡水量、淡水含盐量、加热淡水进入温度、凝汽压力、给水含盐量、加热淡水量、冷却水需要量、蒸发面积、冷凝面积。

例如某型造水机，制造淡水量 10～15t/h，另一型造水机，制造淡水量 10～60t/h。淡水含盐度 <50mg/L；凝汽压力 93% 真空。

3. 转速高低

全装置无运动部件（给水泵除外）。

4. 适用场合

无限航区,但一般离港口或海岸 20n mile 近时停止造水,防止用受了污染的海水制淡。

5. 安装位置

机舱内,以免主机缸套水引出过远。

6. 结构形式

蒸馏法造水见图 12-5。

- 真空蒸发式
- 真空闪发式
  - 单级
  - 双级
  - 多级

图 12-5　蒸馏法造水

7. 受力情况

除本身管路之间的连接,系统基本不受力。

8. 使用材料

淡化器壳体——钢板焊制。

壳体下端盖——ZHSi80—3 硅黄铜铸造。

蒸发器和冷凝器管板——SHn62-1 锡黄铜。

蒸发管——Φ19×1.5mm HAL77-2 铅黄铜管。

冷却管——Φ16×1mm HAL77-2 铅黄铜管。

喷射泵材料——喷嘴用不锈钢,其余部分用 ZHsi80-3 硅黄铜。

冷凝器板——钛金属。

9. 制造工艺

(略)。

10. 装配要求

保证系统的严密,不漏气、不漏水。

11. 温度压力

均属于常温、常压范围,无须格外留意。

12. 工况调节

装置产水量主要靠调节进入造水机的加热淡水的流量来控制。如果关小旁通阀,增大加热水的流量,则加热淡水流经蒸发器的温降就会减小,产水量提高;反之,则产水量就降低。通常,加热淡水流经蒸发器的温降为 6~9℃。

13. 典型实例

真空蒸发式(沸腾式)的代表是 ZSF-15 型,淡水产量 15t/d。在淡水产量小于 20t/d 的装置中,真空沸腾式海水淡化装置用得较多。

真空闪发式的代表是为阿法拉伐(Alfa Laval)公司生产的 JWP-26-C80 型海水淡化装置。淡水产量 10~60t/d。海水循环量大,使加热面积和泵的功率增大,故在淡水产量相同的情况下,其造价比沸腾式约高35%~50%。

板式换热器的淡化装置介绍：

采用板式换热器的真空沸腾式海水淡化装置已在船上获得广泛的应用，如图 12-6。

系统的工作参数为：蒸发温度约 40℃（真空度 93%）；加热水温度 55 ~ 90℃；加热蒸汽压力 0.3MPa；$1m^3/h$ 淡水产量平均耗热 767 ~ 814kW；淡水含盐量 < 1.5mg/L。

特点：该装置的蒸发器和冷凝器都采用板式换热器，因而蒸馏器的结构比较轻小，该装置增设了可用蒸汽加热的少量设备和管路外，其余与前述装置无差异。

图 12-6　海水淡化装置中的板式换热器

四、海水淡化疑难补问辅导

（一）造水装置中真空度的建立和保持

怎样才能在装置中建立并保持必要的真空度呢？在装置开始起动时，必须先用喷射式真空泵将装置中的空气排除，以建立起装置工作所需要的真空度（93%左右）。然后，当加热器投入工作，海水开始汽化时，冷凝器就必须投入工作，使所产生的二次蒸汽及时冷凝，然后由凝水泵不断抽出。

实践证明，单靠冷凝的办法是难以保持适宜的真空度的，原来，蒸汽在冷凝器中凝结时总是伴随有空气等不凝性气体，这些气体的一部分原来溶解于海水之中，只是在蒸发过程中释放出来；另一部分则是从外界经装置的不严密处渗透进来，因此，尽管在冷凝器中蒸汽的分压力已经很低，但由于所积聚的空气数量越来越多，空气的压力也逐渐增加，会使蒸发冷凝器组中的总压力大大超过所需维持的压力数值。所以，要建立起必要和稳定的真空度，除前述基本条件外，还必须设置有足够抽气能力的真空泵。

（二）淡水含盐量过多的原因

原因是海水在蒸发器中加热汽化时，并不仅限于水面而是在整个水空间进行的，蒸汽在水中形成许多气泡，不断向上浮起，当其到达水面破裂时，所产生的许多水珠被射至汽空间，并随汽流一同上升，但因水比汽重，部分较大的水珠升至一定高度后即开始下落，返回水空间，而部分细小水珠却由蒸汽带着，进入冷凝器中，致使造出的淡水含有一定盐分。

从上可知，装置所产淡水的含盐量，完全取决于汽流携入冷凝器中的水珠量和水珠的含盐量。

汽流携入冷凝器的水珠量与下列因素有关：细小水珠在蒸汽空间的充斥程度（由蒸发器负荷和盐水含量定）；蒸发器内汽流上升速度（由蒸发面的蒸发强度定）；整个空间高度（与盐水水位和含盐量有关）；二次蒸汽和水的比重差（与蒸发器工作压力有关）及汽水分离器完善

程度等。

总之,在冷凝器没有泄漏和汽水分离器可靠工作的情况下,如能保持适当的蒸发器负荷;维持正常的水位(调整给水量)和控制蒸发器内的盐水浓度(调整排污量),一般来说,所造淡水的质量就可保证。

(三)关于装置气密性检查

先关闭蒸馏器通外界的各阀,启动喷射泵将蒸馏器抽至93%左右的真空度,如在1h内真空度下降超过10%,即表明密封性不符合要求,可用烛火法或线香法查漏。

通常最容易漏气的地方是凝水泵轴封和阀杆填料。对于填料箱等处的泄漏可通过加大压紧度或增加填料的办法消除,固定部件结合处的泄漏可采用涂密封胶、油漆等方法消除;有些漏缝可先塞上适当的充填物,再在外面涂以环氧树脂、沥青等来解决。

(四)关于漏水的检查和预防

如果所产淡水含盐量过高而非操作方面的原因,可能是冷凝器中的海水漏入淡水空间,应进行检查;若主机缸套水系统的膨胀水柜补水太频繁(盐水水位也可能偏高),则可能是造水机蒸发器漏水。这时应停机开盖,对冷凝器和蒸发器进行水压试验,水压试验的试验压力是0.6MPa。

(五)关于换热器的清洁

使用淡水产量减少时,应及时(适时)对换热器进行清洗除垢。

板式换热器清洁方法:将蒸发器换热板用专用的化学药剂与淡水按一定比例混合成溶液(含抑制剂的酸溶液),浸泡后用软刷刷洗。冷凝器换热板可用软刷以不高于50℃的热水刷洗。如果个别换热板损坏而无备件,可以暂时将与其相邻的另一块换热板一起拆除。清洁好的换热板按正确顺序装复后,板组总厚度应与原尺寸相符。

(六)关于每月试验一次盐度计报警设备

传感器电极每月应拆出清洁一次,清洁时应先用热淡水浸洗,再用干净软纸或布揩拭,也可先用稀氨水或汽油沾洗。

(七)造水装置停用

如果造水机停用14d以上,应打开前盖,用淡水清洗内部,关盖前必须完全干燥。每次开盖应检查蒸馏器底部的防腐电极(锌块),至少工作2000h要开盖检查一次。汽水分离器每工作8000h也需要浸在前述含抑制剂的酸溶液中清洗。

第十三章
液压舵机

第一节　教学要求与概况

一、教学要求(机工培训、机工学历、机工长、三管轮适用)

掌握液压舵机的结构和工作原理,熟悉变向变量油泵的结构和工作原理;
了解转舵机构和工作程序,熟悉远操机构的组成和工作原理;
认识液压阀件的作用原理,熟悉液压舵机管理的基本知识。

二、概况

本章内容十分丰富,且学习有一定难度,一方面是"舵机"有难度,另一方面是"液压"有难度。舵机要转舵、要稳舵,走舵后要能自动恢复,还要能多处操作,包括满足转舵速度要求;液压系统的液压泵、各种阀件、系统、液压油,方方面面都是难点。现在是用液压系统解决转舵问题,可以说是两难的叠加。图13-1是海船船舵外形图。舵机是大管轮管理的设备,机工、三管轮职级学员重在理解。

图13-1　海船船舵外形图

第二节　液压舵机重点、线索、知识面梳理

一、液压舵机知识重点

典型的变向变量泵式液压舵机系统图及其工作原理是(图13-2)本章重点。
各种液压阀件的功能及符号也是重点。
图13-2是电液舵机的典型代表,学员们要很好地吃透它,做到能默写出系统图、理解、掌

握其工作原理。要真正掌握这种典型,然后其他就可以举一反三了。这个"典型"的掌握,可以从分析几个操舵点的切换,操舵后全系统的各部分的协调工作,防浪安全保护、系统维护管理等诸方面入手,不断加深理解。

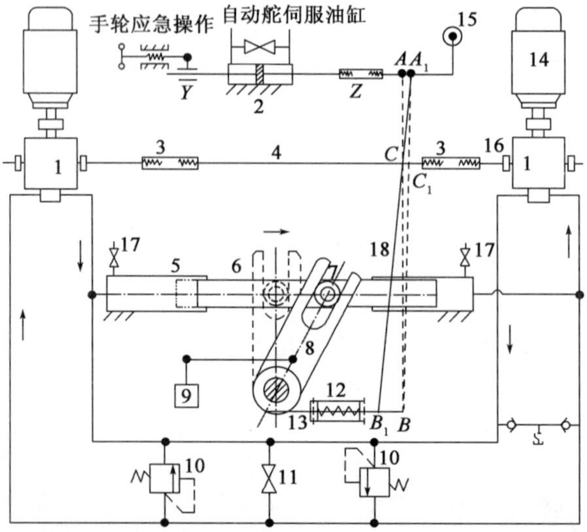

1-双向变量泵;2-伺服油缸;3-调节螺套;4-油泵控制杆;5-转舵油缸;6-柱塞;7-滑块;8-舵柄;9-舵角指示器的发送器;10-安全阀;11-旁通阀;12-储存弹簧;13-舵角反馈杆;14-电机;15-反馈发信器;16-泵变量机构限位器;17-放气阀;18-浮动杆

图 13-2 泵控型液压舵机工作原理示意图

液压阀件则是组成各液压系统,使系统安全、有效地实现其功能的重要组件。它形式多样,功能不一,但其符号形象地反映了自身功能,熟悉了它,牢记了它,就能看懂液压系统图,分析系统工作原理,所以,这一知识同样是极其重要的。

二、液压舵机思路线索

1. 目的功能

根据操纵船舶的性能要求,以及驾驶员的意图,来确定船舶在航行中的方向并实现转向,使船舶具有操纵性,以确保航行的安全。如图 13-3。

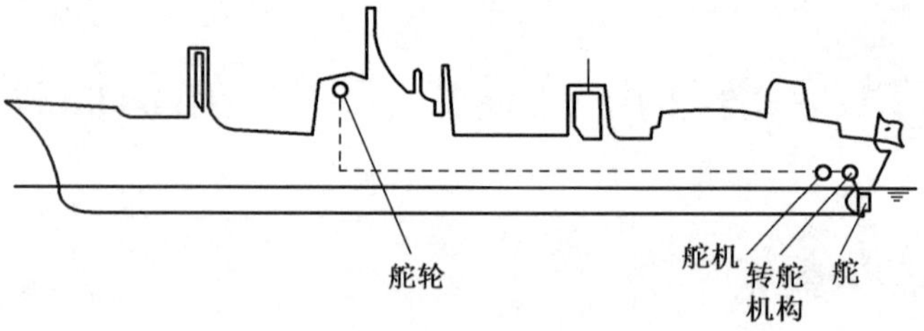

图 13-3 船舶操舵装置布置示意图

2. 基本原理

通过控制本身不可压缩的液压动力油的流向和流量,使转舵机构产生转舵力矩,实现舵叶偏转某一舵角并稳定之。

3. 装置组成各部分作用(图 13-2、图 13-4)

全系统的组成大体可划分为四个部分:

(1)远距离操纵部分:操纵控制系统是整套操舵装置的指挥系统,它把舵角指令变为电、液或其他信号传递输下去,变为受动器相应的机械运动,控制动力部分的工作。

图 13-4　液压舵机模型

(2)液压动力部分:把电能转换为液压能,再将液压能供给转舵机构,使之能按照所需的推舵力矩和舵叶转动速度进行工作。同时,还要求液压系统具备能自动防浪让舵,极限位置会停舵,没有强烈的液压冲击噪音,不能随意"跑舵"等特性。

(3)转舵机构:利用由液压系统提供的动力,产生推舵力矩,使舵柱和舵叶转动的一套机械设备。

(4)舵叶:承受水流的作用力,以产生转船力矩而使船舶转向的设备。

4. 工作原理(图 13-5 ~ 图 13-7)

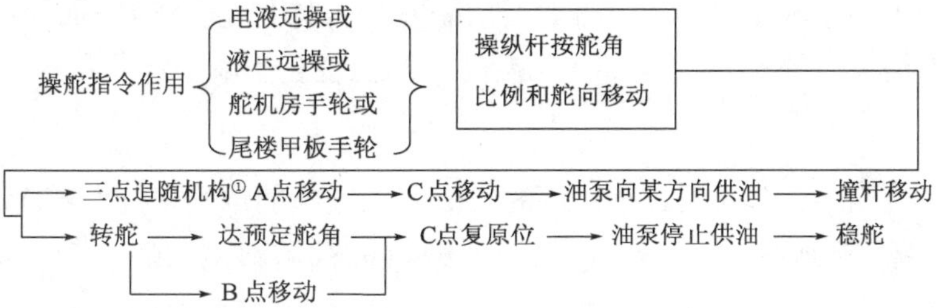

图 13-5　操舵指令工作程序

上述工作画出其框图如下:

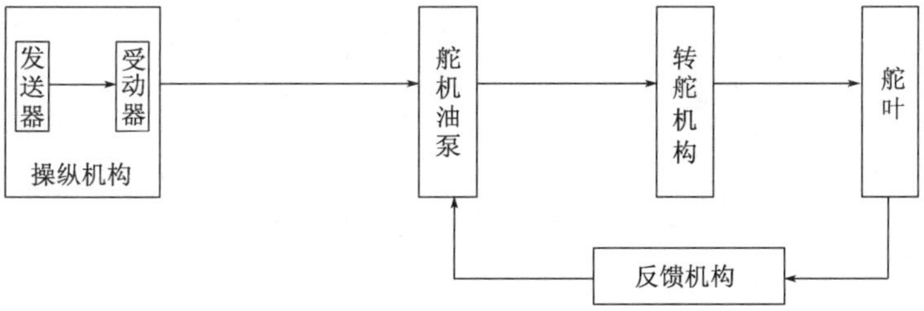

图 13-6　操舵工作原理

①参见"四、液压舵机疑难补问辅导(二)。"

另外，还有一类液压舵机，油泵是定向定量的，液流的方向变换靠换向阀，称为换向阀式液压舵机，其框图如下：

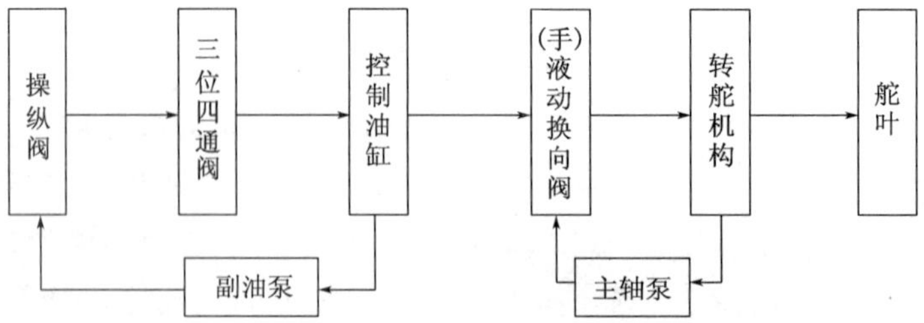

图 13-7　换向阀式液压舵机操舵工作原理

5. 特点或问题

(1)在相同的重量和体积下，能够产生远比蒸汽舵机、电动舵机大得多的转舵力矩，这是依靠液压传动能够使用很高的工作油压来达到的。

(2)液压传动系统能够满足舵机的各项工作性能要求，如无级变速和平稳变向；利用液压控制阀实现停舵、锁舵、超载保护、防浪让舵等要求，结构简单可靠。

(3)液压控制与电气系统易于结合，实现遥控和自动控制，并且操纵轻便、灵活。

(4)在相同输出功率和输出力矩下，液压舵机重量轻、体积小、占舱室面积小。

(5)维护保养简便，受船体变形或环境(温度、湿度)变化影响小等。

6. 失效形式

液压舵机是一个系统，它的失效有元件的失效和系统未能调整正确而产生的不协调工作，以及缺乏正确的操作管理。其失效形式是多种多样的，油液泄漏、积气、油量过少，油液不清洁、变质、系统工作油量过高、管路组件损坏或变形、油泵零件磨损、阀件调定位置或调定压力不对、换向阀芯卡阻、电磁阀线圈断路失电等原因造成。

学员们可以参考表 13-1“液压舵机常见故障分析与排除”，认识液压舵机的失效。

7. 管理要点

首先要遵从舵机管理总体原则：

(1)要保证不漏油、不漏气和不积气。

(2)各控制阀的工作应可靠，其所在位置应符合要求。

(3)安全阀、旁通阀要定期检查核对。

(4)除应急情况外，在通常情况下，电机起动后不要立即操舵。

(5)所加油液品种及牌号要切实遵照说明书规定使用。

(6)务必保证所充注的油液高度纯洁。

(7)加满系统油液后，应进一步排除可能残留在系统里的空气。

(8)舵机油泵的电动及其起动设备，应经常保持清洁和干燥。

(9)冬季应使舵机间温度不低于0℃,运行时系统中的油温则应不高于65℃。

(10)不准在舵机运动部件上堆放杂物。

其次,舵机的日常管理主要应注意以下方面:

(1)油位。工作油箱油位应经常保持在油位计限定范围的2/3左右,如油位增高,可能是油中进入过多空气或油冷却器漏水;如油位降低过快,则表明漏油严重,应查明修复,然后经滤器向油箱补油。

(2)油温。油温低于10℃不宜起动,室温太低时应启用舵机室加热器,如油温低于10℃但尚不低于-10℃,而又急需起动,可让油泵在油路旁通的情况下空载运转一段时间,或小舵角操舵,直至油温升到10℃以上再正常使用。

工作时最适合的油温是30~50℃,油温高于50℃时应使用油冷却器,油箱油温(泵进口处)通常应不高出室温30℃以上,且一般应不超过60℃。当油温超过70℃时,氧化变质速度将显著加快,一般应停止工作,查明原因,加以解决。

(3)油压。在主油路中,主泵排出侧油压应不高于说明书标定的最大工作油压;而主泵吸入侧的油压,则应不低于由补油条件(闭式系统)或吸油条件(开式系统)所确定的正常值。辅油路中各处油压应符合设计要求,油压表阀平时常关闭,只在检查时打开,以减少损坏机会。

(4)滤器。运行中经常注意滤器前后压差,及时处理或更换滤芯(依其种类而定)。初次使用的舵机应及早清洗滤器,如在滤器中发现金属,必须严密注意其属性及增长情况,如金属数量继续增加则表明系统内有部件损坏。

(5)润滑。油缸柱塞等滑动表面应保持清洁,浇涂适量工作油,长期停滞则应涂布润滑脂。其余需加油的摩擦部位,工作中应适时适量加油。如果设有油杯,应及时补充润滑油(脂),油杯中有油芯的应定期用煤油或苏打溶液清洗。

(6)漏泄。舵杆的舵承填料不应渗漏海水,油箱、油缸、阀件、油管及接头等处不应漏油。柱塞和活塞杆表面应覆有一层薄油,但不滴油;如有滴漏应调紧压盖。调紧压盖无效,则应换新V形密封圈。

(7)噪声。如有异常声响,应即查明原因,设法处理(见本节故障分析)。

(8)过热。泵和电动机不应有过热现象。注意轴承部位的温度,一般比油温高10~20℃为正常。

(9)联轴节。起动时可盘动联轴节确认泵无卡阻。工作泵联轴节下如发现橡皮碎末,则表明对中不良导致橡皮圈破碎,必须停泵校正并换新橡皮圈。备用泵在舵机使用期间联轴节不应反转。

(10)固定螺帽和阀。应检查各放气阀、旁通阀和截止阀以及各固定、连接螺帽,防止振动而松动。

最后,做好停泊时的管理:

(1)对柱塞和其他部位,用干净布擦拭,清除油污。然后在柱塞和各摩擦部位涂上新油。

(2)应定期用煤油或苏打溶液清洗各润滑油杯中的油芯,然后加足滑油。

(3)用小锤检查固定螺母和锁紧螺母的紧固情况。

(4)检查、清洁电器设备和绝缘,勿使受潮。查看电线接头、连接螺钉有无松动现象。

(5)阀、接头、油缸、密封填料处若有漏油现象,应予以消除。

(6)滤器要定期清洗。

(7)如果舵机长期停用,对机器精加工部分应涂布牛油。拆下有关仪表,保存在温度适宜的场所。

8. 液压舵机常见故障分析和排除(表13-1)

液压舵机常见故障分析和排除表　　表13-1

序号	故　障	产生原因分析	排除方法
1	操舵时,舵机不转舵	(1)操舵系统中机械连接件松脱,应该插入的插销未插入,或同时插入两套操舵装置的插销,导致装置运动件发生干涉、损坏或插销折断,开口销未装妥使连接销脱落; (2)舵系统或主油路系统在投入正常工作时应关闭的旁通阀未关或未关严; (3)液压系统故障,主、辅油泵损坏、安全溢流阀、分配阀箱、各种截止阀损坏或严重泄漏,或未调整好; (4)电力操纵系统断路,电磁线圈烧坏或滑阀卡阻,主油泵供电线路断电; (5)追随杠杆系统中的缓冲弹簧断裂、疲劳、张力不足	检查连接件的连接情况,重新正确安装; 检查、关闭应关闭的旁通阀; 检查、调整液压系统,更换液压组件; 检查电路; 调整弹簧预紧力,更换弹簧
2	操舵时舵机能转舵,但太慢	(1)主油泵排量不足,主油泵磨损、泄漏,最大排量限位调节不当; (2)液压系统严重泄漏,阀门未调整好,旁通阀泄漏或未关严,安全阀未调整好或泄漏,其他阀件、接头、油缸处严重泄漏	调整或更换; 调整或更换
3	操舵时单侧来舵,另一侧不来舵,只能作单向转舵	(1)电力式远操或电—液远操机构单侧电气线路断路,电—液式远操机构的换向阀卡死在一端或一侧弹簧碎裂,液压式远操机构中一侧皮碗填料密封破损; (2)电磁阀一侧线圈断路; (3)主油路中某侧安全溢流失灵或调节不当	检查电路并修复;检查换向阀,弹簧,皮碗填料密封修复或更换; 检查电磁阀,修复或更换; 检查安全溢流阀,调整或更换
4	操舵时产生"空舵"(舵轮的无效行程)	常产生于液压式远操机构,系统中有空气或产生较严重的泄漏。具体原因有: (1)皮碗、填料、阀门、接头等处有泄漏,空气进入系统; (2)拆装检修后没有驱尽空气,整个操作过程不严格遵守规程; (3)在使用过程中发送器补给油箱油位过低,甚至低于补给阀吸入口,补油时将空气吸入; (4)油管中弯头太多布置不合理,造成气室	检漏、堵漏,杜绝泄漏; 拆检时严守操作规程,排尽空气; 注意补油; 改进管路
5	操舵停止,舵叶继续转动,造成"冲舵"	(1)反馈装置失灵; (2)管路接反; (3)换向装置失灵,换向阀卡阻,不能回中	检修反馈装置; 纠正管路; 检修或更换

续上表

序号	故　　障	产生原因分析	排除方法
6	停舵时舵叶自动偏离原舵角位置	(1)主油路或电—液式远操机构中双向油路自动闭锁阀泄漏; (2)防浪阀调整不当或泄漏; (3)油缸泄漏; (4)电力式远操机构反馈装置或杠杆追随机构失灵或缓冲弹簧疲劳、断裂	检修或更换; 调整或检查; 杜绝泄漏; 检修或更换
7	操舵角与实际舵角不符	(1)反馈装置调整不当,舵转到给定舵角时发回的反馈信号不能及时与操舵信号相抵消而使油泵回中; (2)伺服电机的传动机构有运动惯性; (3)舵角指示器等仪表调整有误差	调整或检修; 消除传动机构的运动惯性; 操舵角、实际舵角、指示仪表,表尺应调整一致
8	舵机工作时有异常振动和噪声	(1)系统中存在空气; (2)轴和电动机对中不良; (3)地脚螺栓松动; (4)采用定量泵,换向阀换向的操舵系统动作过快、频率过高时会产生液压冲击	排除空气; 准确对中; 固紧地脚螺栓; 谨慎操作或加缓冲加能器
9	舵机工作时出现过载现象	(1)油泵本身机械摩擦损失大,工作不正常; (2)机械传动部分对中不良,润滑不良; (3)舵杆下沉、舵杆弯曲、导板故障,使转舵所需功率增加	检修或更换; 重新安装对中、改善润滑; 检修或更换

三、液压舵机多面包围

学员在学习中,可对典型的电液舵机系统,变向变量油泵本身,液压控制阀这三类设备分别进行“多面包围”。

1. 外形尺寸(图 13-8)

电液舵机结构紧凑,转舵力矩大,但占地倒不大。不过,为绝对保证安全和在需要时快速转舵,液压舵机的油泵、机组一般都是双套布置的(一台工作、一台备用、或双泵并用)这样,舵机的外形尺寸就增大了,随着各元件制作的精巧和单位重量功率的增大,整套系统的体积就可更紧凑些。

2. 主要参数

(1)额定转矩

(2)最大舵角

(3)从一舷最大舵角转至另一舷

(4)最大舵角所需时间

(5)主油泵最大工作压力

(6)主油泵额定排量

(7)主油泵额定转速

(8)主油泵安全阀调定压力

(9)辅泵排量

(10)辅泵安全阀调定压力

(11)电动机功率

图 13-8　某轮液压舵机

3. 转速高低

主要运动部件是主油泵,转速约 1500r. p. m。“见典型实例”。

4. 适用场合

舵机要达到如下基本要求:

(1)基本性能,应设有一套主操舵装置和一套辅操舵装置。主操舵装置和舵杆应有足够的强度,并能在船舶最大航海吃水和最大营运前进航速时进行操舵,使舵自任一舷的35°转到另一舷的35°,并且于相同条件下自一舷35°转至另一舷30°所需时间不超过28s。辅操舵装置从一舷15°转至另一舷15°所需时间不超过60s。

(2)操舵控制系统,在驾驶台和舵机室都设有控制器。

(3)安全阀:安全阀开启压力应不小于1.25倍最大工作压力,安全阀最小排量应不小于所有泵能通过其排放的总容量的110%,在此情况下,计及在预定外界环境温度下液压油黏度的影响后,压力的升高不应超过开启压力的10%。

(4)监测和报警:发生下列故障时,应能给出声光报警:动力设备或控制系统的动力故障、自动舵装置故障、电路或电动机断相及过载、液压油柜油位低、液压油温度高、液压油滤油器压差大、可能导致舵机失灵的液压阻塞等。

5. 安装位置

位于船艉的专设舵机房,远操机构一部分在驾驶台。

6. 结构形式(图 13-9)

- 舵机系统
  - 泵控型闭式系统
  - 阀控型开式系统
- 舵机油泵
  - 径向柱塞泵
  - 轴向柱塞泵
    - 定向定量泵
    - 变向变量泵
- 转舵机构
  - 柱塞式(撞杆式)
  - 活塞式
  - 转叶式——{单转叶、双转叶、三转叶}按结构形式分
    - 翻边式
    - 固定端盖式
    - 浮动端盖式
  - 其他
- 液压控制阀
  - 压力控制阀
  - 流量控制阀
  - 方向控制阀
- 远操机构
  - 电液远距离操纵机构
    - 控制电磁阀式
    - 控制向服电机式
    - 控制自整角机式
  - 液压远距离操纵机构
  - 电力远距离操纵机构
- 追随机构
  - 机械杠杆反馈式
  - 电力反馈式

图 13-9　舵机系统各部件结构形式

7. 受力情况

全系统受力最大的是转舵机构部分,其中转叶式转舵机构叶面上的推力都用来推舵回转,受力合理;但十字头式往复油缸工作时,十字头上的油压推力,只有垂直于舵柄转轴的分力才产生推舵力矩,另一垂直于柱塞的分力,对柱塞产生侧向推力,为避免由此而引起的柱塞出现太大的挠曲,该力须由专设的导架承担。

8. 使用材料

(略)。

9. 制造工艺

(略)。

10. 装配要求

液压舵机系统是一个封闭的压力系统,各个环节、各部件保持高度的密封是装备的基本要求。另外,整个系统要协调工作,必须经过严格的调试,甚至在每次开航之前,都还要试舵、对舵,协调远操机构、追随机构和转舵机构三者的工作。内部的绝对清洁,排净空气,各阀件所处位置正确,都是确保正常工作的前提。

11. 温度压力

开航前,舵机油泵的马达始终在运转而运动将产生热,因此,管理人员要注意检查油泵工

作温度，运行时系统中的油温不应高于65℃，故一般的系统中设有油冷却装置。

压力方面，油泵、油管、阀件油缸都处在高压下工作，工作时压力还是变化的，例如FL65型液压舵机系统要承受的最高压力达11.5MPa，压力高带来的内外泄漏，组件的形变都应引起特别的重视。

12. 工况调节（以DF65或FL65为例）

如图13-10所示，舵机两台主油泵平时是一台工作，一台备用，必要时可双泵并用，以加快转舵速度。四个转舵油缸，不仅可以四个同时推舵，必要时也可选其中任一对来进行推舵工作。

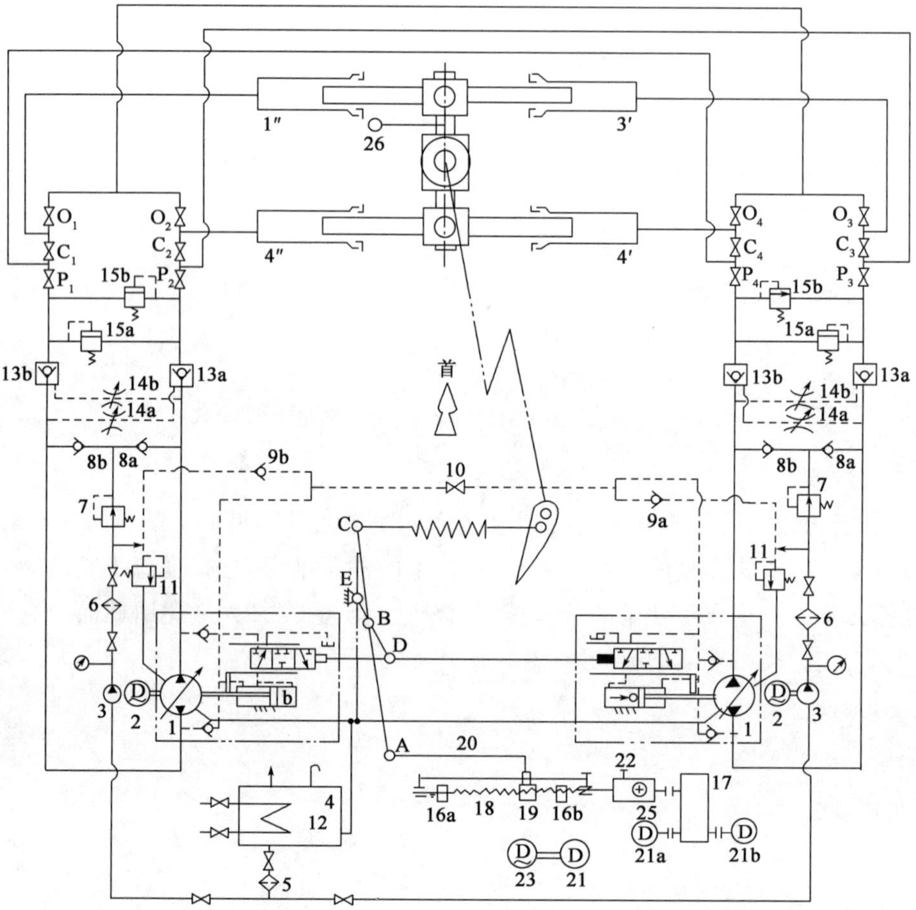

1-主油泵；2-电动机；3-辅油泵；4-油箱；5-机滤器；6-细滤器；7-减压阀；8、9-单向阀；10-旁通阀；11-溢流阀；12-冷却器；13-液控单向阀；14-可调节流阀；15-安全阀；16-限位螺帽；17-减速器；18-螺杆；19-导块；20-连杆；21-伺服电动机；22-手轮；23-交通电动机；24-直流发电机；25-操舵角反馈装置；26-舵角发讯器

图13-10 某泵控型舵机液压系统原理图

13. 典型实例

课本所列FL65型液压舵机和DF65型液压舵机都属于泵控型舵机，大同小异，被较广泛

地采用。

其中,DF65 型主油泵使用的是 JT-13 型径向柱塞泵,接受驾驶室发出的电力控制信号远距离操纵,电力反馈式追随机构,广泛用在早期建造的船舶上,作一般了解即可。

FL65 型主油泵使用的是 ZB1-227 型轴向柱塞泵,采用直流伺服电机式电气遥控系统及三点式机械杠杆追随机构。闭式系统是一个比较成熟的系统,学员应重点掌握。FL65 型液压舵机主要技术性能如表 13-2。

FL65 型液压机主要技术性能 表 13-2

额定转矩	65/75N·m
最大舵角	+/-35°
一舷最大舵角所需时间	<30 秒
最大工作油压	9.8MPa
舵机油泵组	2 组
主油型号	ZB1-227
主油泵额定工作压力	13.7MPa
主油泵最大油量	227L/min
主油泵额定转速	1500r. p. m
辅油泵型号	BC-100 齿轮泵
辅泵额定工作压力	2.45MPa
辅泵额定流量	160L/min
电动机型号	JO2-81-6-H JO3-82-6-H
额定电压	380V
电动机转速	970r. p. m
功率	30/40kW
主油路阀调整压力	10.5~12.5MPa
变量控制油压	1.5MPa
辅助泵补偿油压	0.8MPa
撞杆直径	250mm

注意,船上各种辅机同样是在不断改进发展中,新设备、新型号层出不穷。学员重要的是以某一型号设备为样本,看看有哪些技术参数,说明了什么问题,以便举一反三,一通百通。

四、液压舵机疑难补问辅导

(一)液压传动有哪些优缺点

液压舵机只是船舶液压设备的一种,也是个典型代表,后面还有液压锚机、起货机等等。

液压传动与电气或机械的传动方式相比,优点如下:

(1)同样的功率,液压传动装置的重量轻、体积小、惯性小。

(2)能在很大的调整范围内实现无级调速。

(3)运转平稳,便于实现频繁而平衡的换向,易于吸收冲击负荷和自动防止过载。

(4)与电气和压缩空气相配合,可以实现多种自动化。

(5)由于系统中充满油液,对各液压组件能够做到自行润滑和有效地冷却,不易磨损,工作可靠,经久耐用。

(6)液压元件易于实现通用化和标准化。

(7)系统布置方便、灵活,并有利于实现集成化。

缺点是:

(1)泄漏难以避免,影响工作效率和转动的平稳性,而且不适用于要求较高的定比传动,为了防止漏油,配合件的制造精度要求较高。

(2)油液的温度及黏度的变化,会影响传动机构的工作性能。

(3)油液中如渗有空气,或因阀件损坏等原因,会产生噪声并使动作不平稳。

(4)液压元件的制造及系统的调整均需较高的技术水平。

(5)当环节较多而结构又复杂时,往往给排除故障工作带来一些困难。

(二)三点杠杆追随的工作及储存弹簧的作用

如图13-11,杠杆A点与远操机构的输出端——受动器拉杆连接,C点与变向变量泵的操纵杆相连,B点则通过储存弹簧后连到舵柱上。

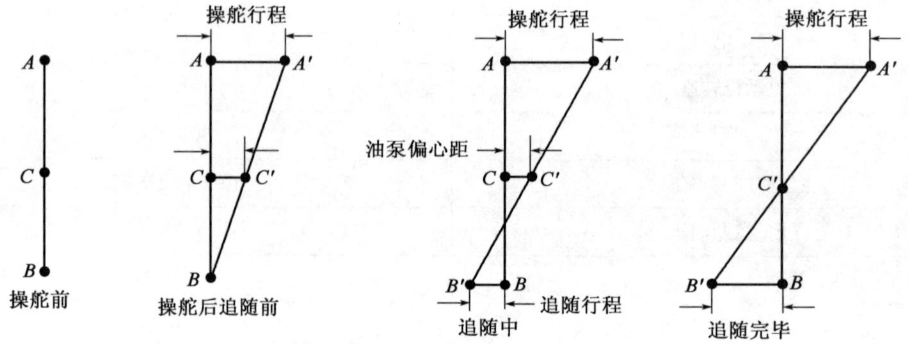

图13-11 三点杠杆追随的工作原理图

操舵前杠杆ACB处于垂直位置。当转动舵轮操舵时,假设受动器的拉杆带动A点向右移,由于储存弹簧的初力大于移动油泵浮动环时所受到的反力,拉杆就绕B点顺时针摆动,并带动C点亦向右移动,于是,油泵的浮动环就被推向右边,直至受到油泵最大排量限制器的限制为止。此时,A就移动到A′,C就移动到C′,油泵已在最大排量下工作。

(1)若此时就停止操舵,则舵柄的偏转就通过追随杆带动B点向左移动,因A′已固定,杠杆就以A′为支点顺时针摆动,并带动C′向左移动,油泵的偏心距就减小。当舵叶转至要求的舵角时,B 就移动到 B′,而 C′正好回到 C,油泵停止供油,舵就准确地稳定在要求的舵角上。

同理,当反向转动舵轮操舵时,油泵的浮动环就被拉向左边。油泵吸、排油的方向改变,舵也就向相反的方向偏转。当舵叶转至要求的舵角时,追随杆又把油泵的浮动环推回至中间的位置,舵也就稳定在所要求的舵角上。

(2)如果油泵的浮动环到达最大行程后,操舵还要继续进行,此时,由于操纵杆上的 C′点受到油泵最大排量限制器的阻挡,无法继续前进,而追随杆因舵叶转动后,尚未发生追随或追随较慢,杠杆只能绕 C′摆动,这样储存弹簧就受压变形,缩短自己的长度。当 A′点走完最大的行程时,弹簧将由于实际舵角的落后,而被压缩了一定长度,为追随杆的运动预留了一段行程。如图 13-12,也就是说,在弹簧恢复到原来的安装长度之前,由舵偏转所产生的追随行程,被弹簧的伸长所补偿,而不改变油泵的浮动环位置。因此,在这一时间内,油泵浮动环便一直保持在最大的偏心位置上,油泵在最大排量下工作。

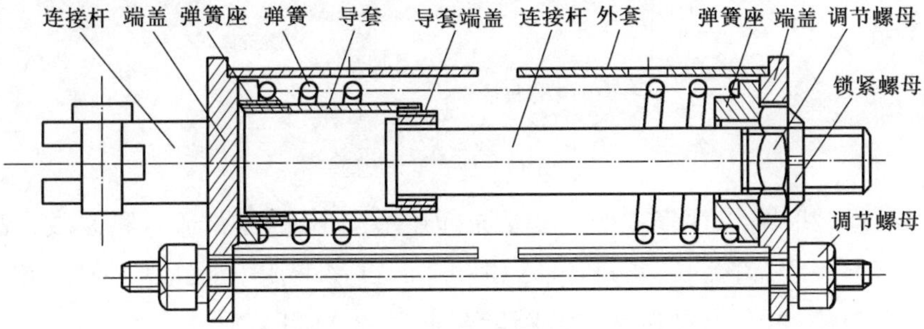

图 13-12 储存弹簧结构

当弹簧的压缩长度,因舵叶的偏转产生不断追随,其延伸完毕后,追随杆的工作就恢复正常,并带动 B 使杠杆绕 A′偏转,从而把浮动环拉回至中央位置,停止转舵。

可见,储存弹簧不但使操舵角较大时操舵工作得以连续进行,而且更重要的是保证油泵有较长的时间在最大的排量下工作,从而提高转舵速度。

必须指出,储存弹簧的刚度必须合适,因为油泵控制机构移动时有一定的阻力,储存弹簧太弱可能使 B 点先于 C 点移动,操舵难于进行,这很危险;太强则需要的操舵力太大,如果无法达到,则反馈杆实际上相当于刚性的,操大舵角时 A 点难以一次移动到位。

三点杠杆追随作图注意点,如图 13-11:

①A 点的移动,方向与舵向相反;A 点移动的距离与舵角大小成正比;

②每一次操舵应画出操舵后追随前和追随完毕后的两条线位置;

③B 点的移动肯定与 A 移动方向相反(因为它是负反馈机构)。

(三)带副杠杆的追随机构有什么改进?

如图 13-13,把三点杠杆追随机构改成带副杠杆的追随机构后,同样的操舵使 A 点的移动量比原来增加了(由 S 增至 S_C),即起到机械放大的作用。这样,在同样大小的操舵角条件

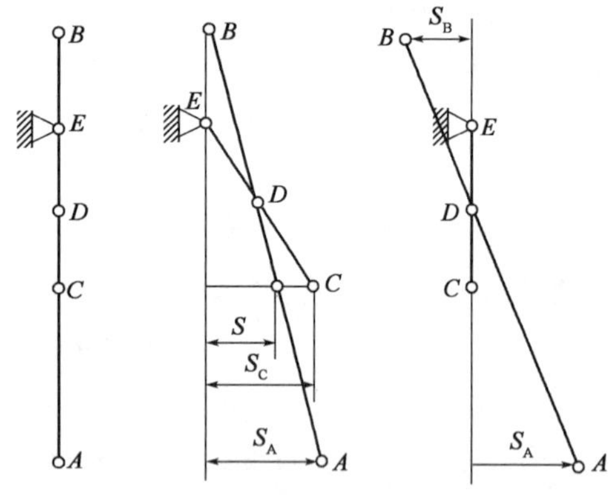

图 13-13　带副杠杆的追随机构原理图

下，油泵排量迅速增大，完成推舵的时间就可缩短。可见，使用具有副杠杆反馈的追随机构可以适当提高操小舵角时的灵敏性，缩短转舵时间，也将有利于缩小组件的结构尺寸和其他参数。

（四）两种舵机油泵的工作及性能认识

舵机油泵是把电能转变为油液压力能传递出去，为转舵机构提供动力的设备，型式有定向定量柱塞泵和变向变量柱塞泵两种。柱塞泵分类如图 13-14。

- 柱塞泵
  - 按柱塞排列形式分
    - 径向柱塞式
    - 轴向柱塞式
      - 倾斜轴式
      - 倾斜盘式
  - 按泵的工作特性分
    - 定量柱塞泵
    - 变量柱塞泵

图 13-14　柱塞泵分类图

目前，在液压舵机中，以柱塞式变向变量泵使用最广泛，这是由于这种泵效率高，密封性能好，工作可靠，运转平稳，寿命长，噪声小，单位功率的重量小，以及易以实现变向变量等。但柱塞式变向变量泵有结构复杂，制造和安装精度要求高、价格贵等缺点。

1. 径向柱塞泵

如图 13-15，为径向式柱塞泵的工作原理图。原动机经传动轴带动缸体和柱塞回转，滑履靠摩擦力带动浮环一起回转。当浮环处于中央位置时正与缸体同心，泵运转时柱塞不在油缸内产生任何往复运动，不产生吸排作用，泵流量为零。

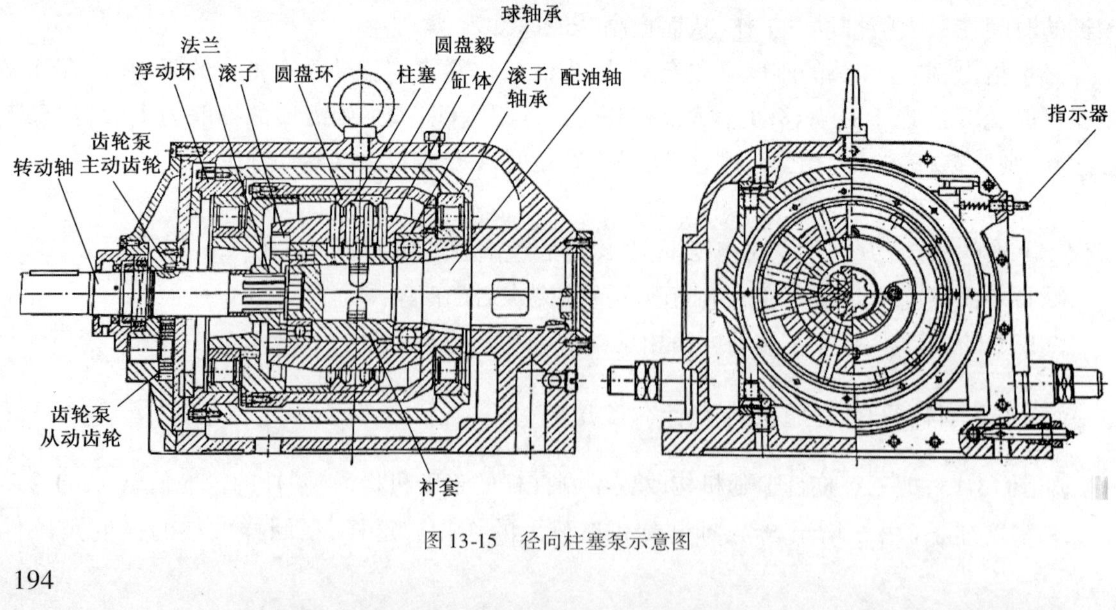

图 13-15　径向柱塞泵示意图

如果通过操纵杆拉动浮动环，使其偏离中央位置而移向右侧，则浮动环相对缸体向右偏心。这时如缸体顺时针方向回转，则吊挂在浮动环滑轨上的柱塞在转过上半周时，将从油缸中退出，并经油道 A 吸入油液；而当柱塞转过下半周时，则又压入油缸，将缸内的油液从油道 B 排出。显然，浮动环相对缸体中心偏心距越大，柱塞的行程就越长，泵的流量也就越大。

当浮动环向相反方向偏离中央位置时，则油泵吸排方向与图所示情况相反，即从油道 B 吸油，从油道 A 中排出。这种泵的容积效率，一般在 0.85 ~ 0.95 之间，单列柱塞个数常取 7、8、9、11、13。

2. 轴向柱塞泵

课本已有轴向柱塞泵的工作原理图，其变向变量原理比较容易理解，这里不重复。这种泵的容积效率，当工作油压 P 为 20MPa，一般可达 0.95 ~ 0.98，当 P 大于 20MPa 时容积效率为 0.92 ~ 0.95。现附比较直观的 10SCY14—1B 型轴向柱塞泵的装配图（图 13-16）、外形图（图 13-17），帮助大家看懂结构。

a)缸体、倾斜盘外形图

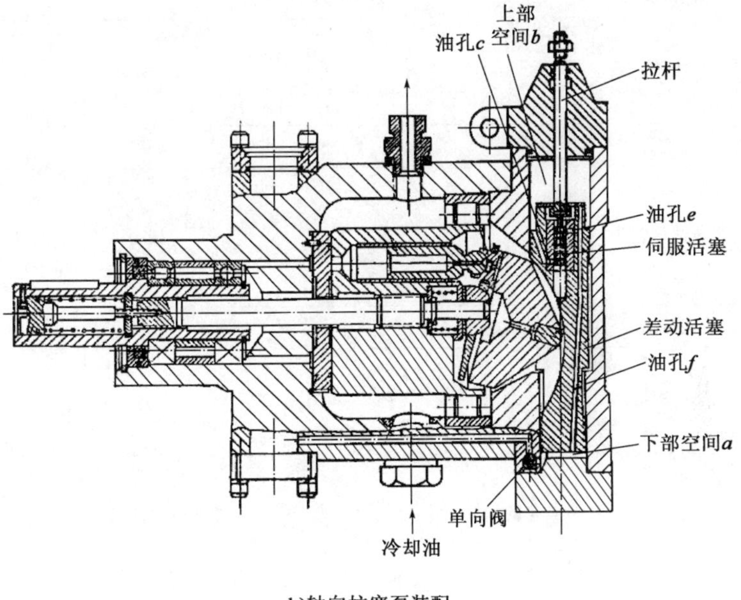

b)轴向柱塞泵装配

图 13-16　轴向柱塞泵装配图及缸体、倾斜盘实物图

这种泵难点在伺服变向变量机构的动作过程，简述如下，参看图 13-16b）：

（1）主要组成：伺服活塞，差动活塞、单向阀。

（2）控制前状态：差动活塞下部空间 a 中已通由辅油泵提供的压力油，处于封闭的 b 空间也有油。

（3）控制过程：

拉上拉杆——伺服滑阀上移——c 孔开启——b 腔油经 c 泄入泵体后至油箱——差动活

图 13-17　轴向柱塞泵外形图

塞被推上(变量头偏转)——直至 c 重新关上为止——主油泵工作。

压下拉杆——伺服滑阀下移——e 孔开——a 压力油,经 f 和 e 进入 b 空间——差动活塞下移(因上下面积是上大下小)——e 孔关闭——主油泵排量排向改变。

可见,控制拉杆动作距离大,变向头偏转角度也大。为求得较快的转舵速度,一般油泵流量都在设定的范围内调至最大。

(4)只要拉杆不动,则空间 b 的油液处于封闭状,倾斜盘就静止。

“有比较才有鉴别”。为加深学员对两种泵的认识,特对两种泵进行比较,见表 13-3。

两种舵机泵性能比较　　表 13-3

	径　向　式	轴　向　式
最高排压	20MPa 以下	32MPa 以下
排压与流量	$P=9.8\sim19.6$MPa $Q=0.04\sim0.1\text{m}^3/\text{min}$	$P=31.03$MPa $Q=10\sim250\text{l/min}$
配油方式	配油轴	配油盘
磨损后情况	在配油轴和衬套地方发生磨损后,在结构上不易得到间隙补偿,容积效率下降,是这种泵的重大缺点	转子与固定不动的配油盘的摩擦密封面是端平面,磨损后能自动补偿,为承受高压提供了前提条件
特点	供油稳定、脉动小工作可靠、寿命长	加速性好、体积小、变量范围小
损坏	配油轴与被套磨损后不能通过压力补偿,故排压不能提高	配油盘若受污染,小小的划痕也可能引起泵工作失常
尺寸与重量	泵的径向尺寸和重量较大,转子转动惯性大,限制了泵的转速和流量。当转速高于 1500rpm 时,径向泵离心力很大,柱塞和圆盘环摩擦力之间的挤压力太大且磨损严重	柱塞油缸的排列是轴向的,这样使结构更紧,体积和重量也较小,因而惯性小,动作灵敏,可以提高转速,单位重量的功率指标更高

作为常用泵,轴向变向变量泵的常见故障与消除办法,见表 13-4。

轴向变向变量泵的常见故障与消除办法　　表 13-4

序号	主要症状		消 除 方 法
1	故障原因	油箱内油面过低	加油至要求油位
2		泵轴折断	换新
3		吸入管路上的过滤器阻塞	清理或更换过滤器
4		辅泵没有起动	起动时应注意先起动辅泵

续上表

序号	主要症状		消 除 方 法
5	故障原因	油液黏度过高	换用推荐黏度的工作油液
6		溢流阀调整压力过低	重新调整压力
7		主液压系统漏损过大	检查系统,消除泄漏
8		伺服变量机构的两单向阀阻塞	检查变量机构
9		吸入管漏气	拆换
10		中心弹簧折断	拆检、修复或换新
11		倾斜盘斜角太小	检查修理
12		伺服变量机构外漏严重	检查修理
13		转速过低	提高转速
14		泵内部磨损严重	修理或更换
15		溢流阀工作不正常	换新
16		温度太低	用加热器升温
17		辅泵排量不足	检查辅泵及其溢流阀
18		闭式液压系统中存在空气	拆开位置最高处的接头或经排气阀排气
19		吸入管径过小	调整改换管径较大的导管
20		转速过高	降低转速
21		泵轴与原动机轴不同心	重新安装
22		管路与阀固定不牢	加以紧固
23		油箱容量过小(无冷却器)	加大油箱容量或装冷却器
24		环境温度过高	采取降温措施
25		管路内流速过高	将管内流速降至 3 ~ 4 米/秒
26		工作压力过高	换新检查管路阻力与负荷情况
27		冷却器效果差	检查冷却器、排除故障
28		泵的轴承磨损	修理或更换
29		配油盘与泵壳贴合不佳	研配
30		泵内的单向阀弹簧损坏	更换
31		伺服活塞卡阻或装配不良	清理、修研
32		辅泵排压不足	研配
33		倾斜盘轴与变量机构的轴承侧面卡住	更换
34		变量活塞大小端同心度差、卡阻	修研或调整
35		变量活塞通油孔堵塞	清理
36		伺服滑阀卡阻	加油
37		轴端密封环破损	修研或更新

(五)液压控制阀总结

液压控制阀是用来控制和调节液压系统中油液的压力、流量、方向的元件。在认识各种液压阀件功能、机能符号图基础上,学习下面总结表,进行对比、加深认识。

1. 液压控制阀类别与总体认识(表13-5)

液压控制阀类别与总体情况表 表13-5

<table>
<tr><td rowspan="2">压力控制阀</td><td>溢流阀</td><td colspan="2">减压阀</td><td colspan="2">顺序阀</td></tr>
<tr><td>功用:通过泄压可稳定阀前压力和安全保护
种类:直接作用式溢流阀(适用于低压);
先导式溢流阀(适用高压)</td><td colspan="2">功用:节流降压,并保持一个低以口压力的稳定的供油压力
种类:保出口压力恒定;
保进出口压差恒定</td><td colspan="2">功用:结构、动作与溢流阀类似,但其动作后的输出油不足去油箱,而是去推动执行件</td></tr>
<tr><td rowspan="2">流量控制阀</td><td>节流阀</td><td>单向节流阀</td><td>调速阀</td><td>溢流调速阀</td><td>行程节流阀</td></tr>
<tr><td>通过改变节流孔(通流截面大小)调节流量</td><td>一个方向畅通无阻,反向流动时通过节流控制流量</td><td>带压力补偿,节流阀前后的压力差,不随负载变化而波动,从而使流量稳定,工作部件速度稳定</td><td>可使阀前后压力不变,节流阀流量稳定,但供油压力P1又能随负荷变化而变化,油泵能耗小</td><td>限位作用</td></tr>
<tr><td rowspan="2">方向控制阀</td><td>单向阀</td><td colspan="4">换向阀</td></tr>
<tr><td>使油液单向流动不能倒流
液压单向阀</td><td colspan="4">功用:变向流液流向,连接或关闭油路
{手动、机动 转阀:二位式、三位式
液动、电磁 滑阀:二位(二痛、三通)
电液 三位(三通、四通:O、M、H、Y、P、J、N、C、K、X型)</td></tr>
</table>

2. 液压控制阀机能符号认识与对比(表13-6)

液压控制阀机能符号认识与对比表 表13-6

<table>
<tr><td colspan="5">压力控制阀</td></tr>
<tr><td rowspan="3">1</td><td rowspan="3">溢流阀</td><td colspan="2">功用:一种是作安全阀用,在系统正常工作时常闭,仅在油压超过时调定值时开启;另一种是作为定压阀用,在系统工作时常开,靠自动调节开度改变溢流量,以保持阀前油压基本稳定。
种类:直接作用式溢流阀(适用于低压)
先导式溢流阀(适用高压)</td><td>溢流阀一般符号
或直动型溢流阀
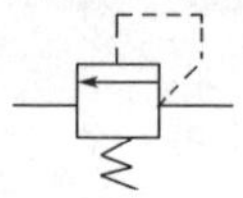</td></tr>
<tr><td>符号
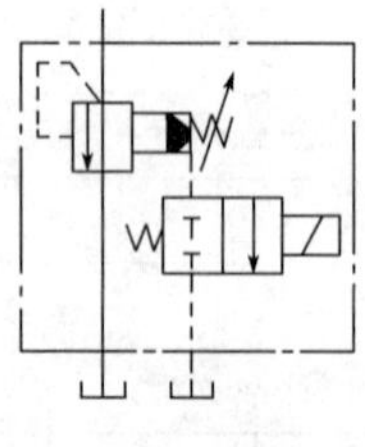</td><td>符号
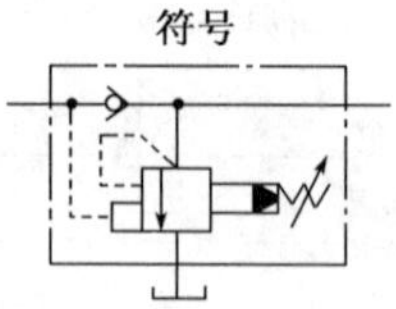</td><td>详细符号
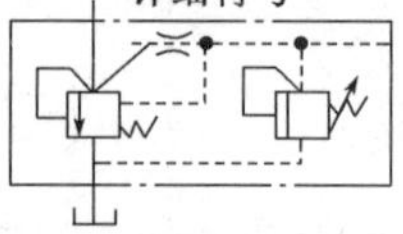
简化符号
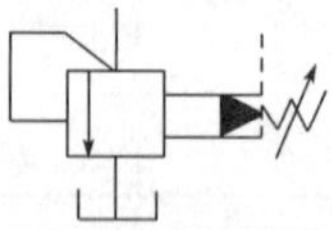</td></tr>
<tr><td>电磁溢流阀</td><td>卸荷溢流阀</td><td>先导式溢流阀</td></tr>
</table>

续上表

<table>
<tr><td colspan="5">压力控制阀</td></tr>
<tr><td>2</td><td>减压阀</td><td colspan="2">使用最普遍的是定值减压阀(简称减压阀),它能根据阀出口压力的变化改变阀的开度,以使阀后油压降低并大致保持调定值。定值减压阀也有直动型和先导型之分,后者性能好,较常用。
还有能使阀进、出口的压差或压比保持恒定的定差减压阀或定比减压阀,这些阀通常采用直动型。</td><td>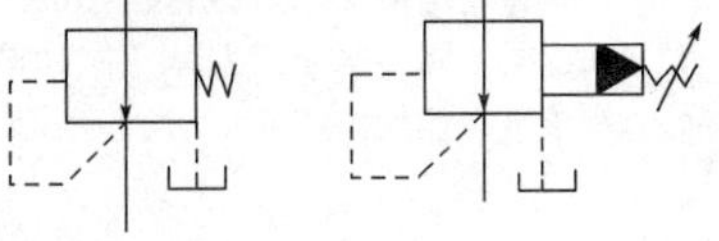</td></tr>
<tr><td rowspan="3">3</td><td rowspan="3">顺序阀</td><td colspan="2">功用是用油压信号控制油路接通或隔断,可用来控制执行元件的动作顺序。顺序阀也有直动型和先导型之分。当油压信号达到调定值时开启</td><td>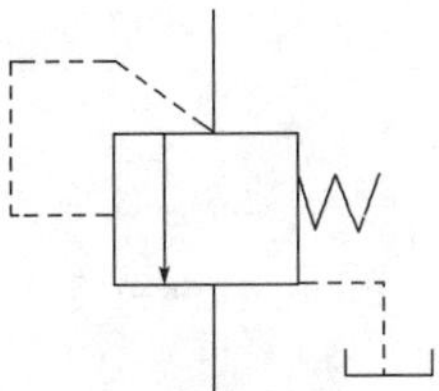</td></tr>
<tr><td>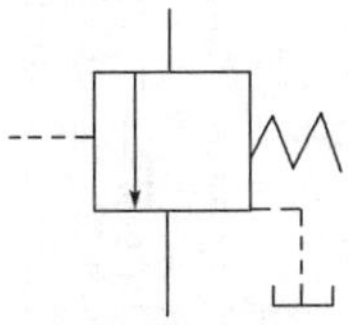</td><td>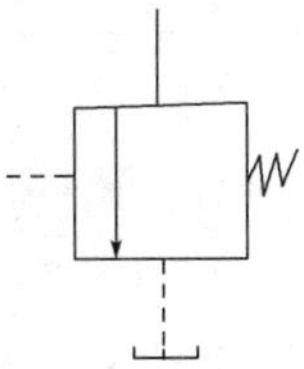</td><td>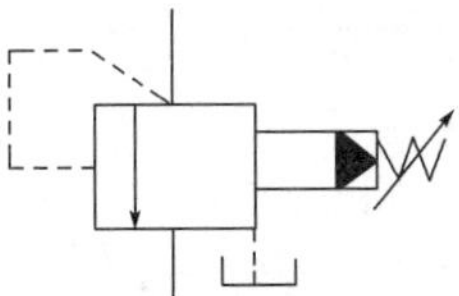</td></tr>
<tr><td>外控顺序阀</td><td>顺序阀</td><td>先导型顺序阀</td></tr>
<tr><td colspan="5">小结:(超压)多出的部分放掉叫溢流;全部放掉叫卸荷。
阀前压力控制——为顺序阀;阀后压力控制——为减压阀。
外控顺序阀、先导型溢流阀,可以作为卸荷阀使用。</td></tr>
<tr><td colspan="5">流量控制阀</td></tr>
<tr><td rowspan="2">1</td><td>节流阀</td><td colspan="2" rowspan="2">装在定源油路中或定量源的分支路上。</td><td>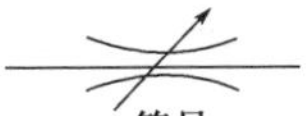
符号</td></tr>
<tr><td>单向节流阀</td><td>符号 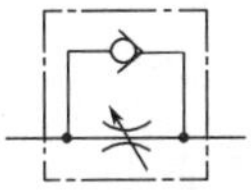</td></tr>
</table>

续上表

流量控制阀			
2	调速阀	阀件流量即关系到执行机构的工作速度。 普通的调速阀由定差减压阀和节流阀串联而成，在负载变化时定差减压阀能使节流阀前后压差近似不变，从而使通过阀的流量大致恒定。	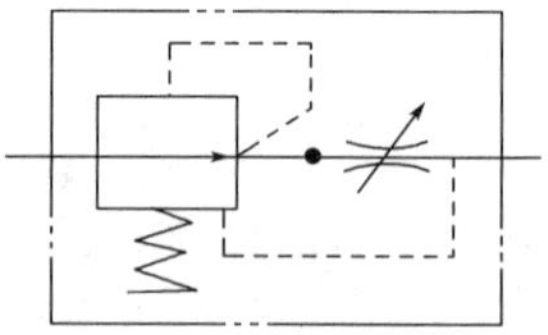 符号 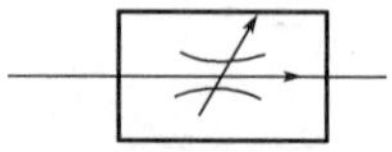 简化符号
3	溢流节流阀	溢流节流阀由定差溢流阀和节流阀并联而成，亦称旁通型调速阀，负载变化时定差溢流阀能使节流阀前后压差近似不变，从而使通过阀的流量大致恒定。 采用溢流节流阀，液压泵的排出压力，随负载而变，故功率损耗较少，液的发热程度较轻。 流量稳定性不如调速阀。	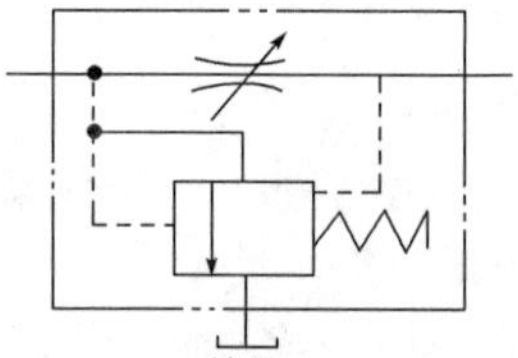 符号 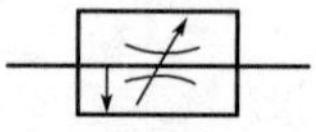 简化符号
4	行程节流阀	又叫限位阀，它是串联在系统的回油管路上。当油缸运动到规定位置时，挡块碰触到行程节流阀，使油缸减速并逐渐停止，以达到限位和精准挡位目的。	符号 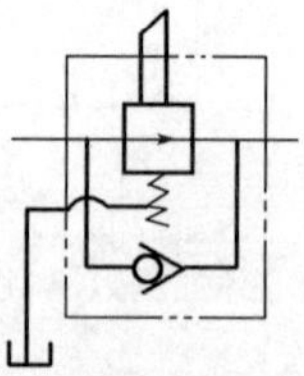
方向控制阀			
1	单向阀	液体只能单向流动	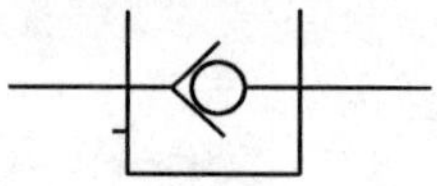 符号
2	液控单向阀	有液控时可反向通。	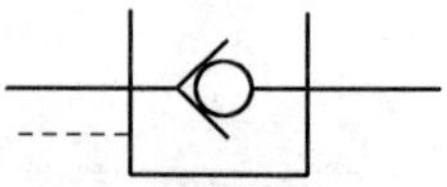 符号
3	液压锁	当 A、B 皆无压力油进入时，两侧的单向阀皆关。可使油路锁闭。 打比方：液压锁——自己火车前开，对面火车就可开过来。	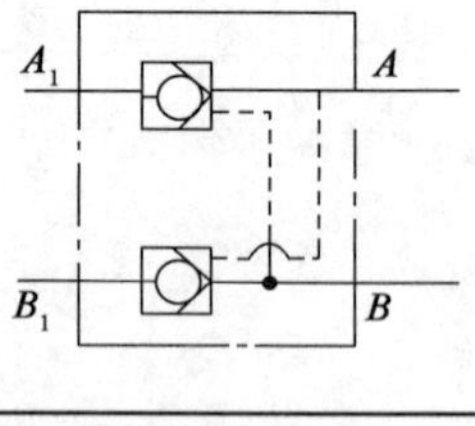

续上表

方向控制阀			
4	三位四通电磁换向阀	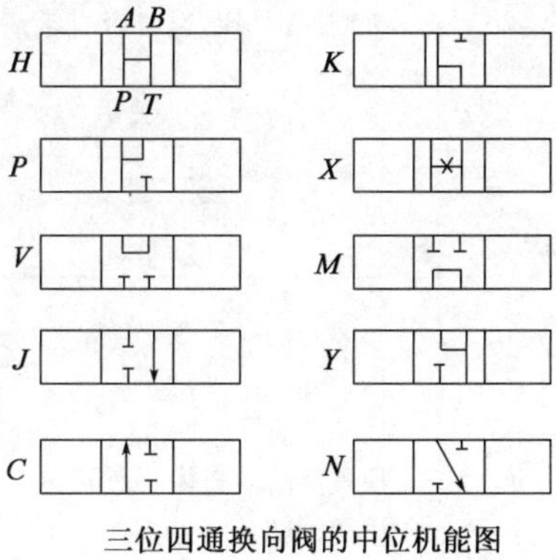 三位四通换向阀的中位机能图	符号 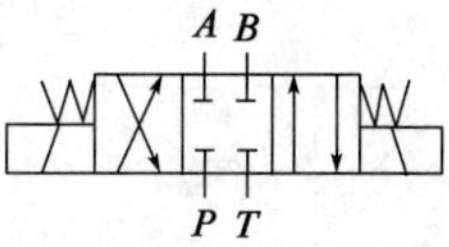
5	电液换向阀	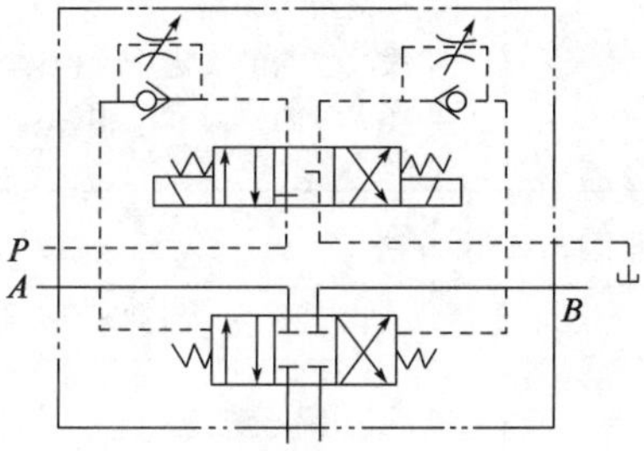 详细符号	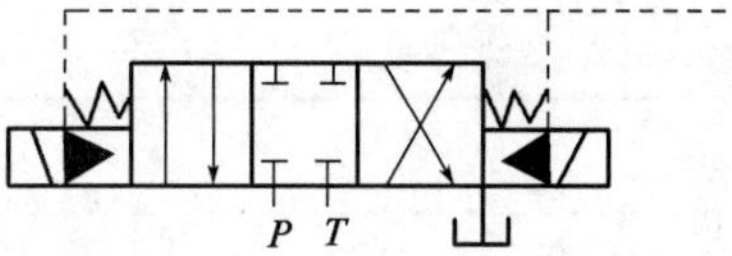 简化符号
6	梭阀	即为液控二位三通阀。 特点:压力油由任一入口供入,推动阀芯关闭另一侧入口,使进油单独与出口沟通。	符号 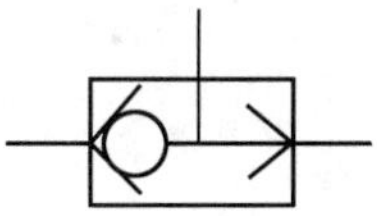

3. 溢流阀、减压阀、单向阀、换向阀、节流阀的故障原因与排除方法(表13-7~表13-11)

溢流阀的故障原因与排除方法　　表13-7

故障现象	产 生 原 因	排 除 方 法
压力波动	(1)弹簧弯曲或太软; (2)阀与阀座的接触不良或磨损; (3)球不圆,钢球与阀座密合不良; (4)滑阀变形或拉毛:油不清洁,阻尼孔堵塞	更换弹簧; 阀磨损或有毛病就更换,如锥阀是新的即卸下,调整螺帽,将导杆推几下,使其接触良好; 更换钢球,研磨阀座; 更换或修研滑阀 更换清洁油液,疏通阻尼孔
调整无效	(1)弹簧断裂或漏装; (2)阻尼孔堵塞; (3)滑阀卡住; (4)进出油口装反; (5)锥阀漏装	检查、更换或补装弹簧; 疏通阻尼孔; 拆出、检查、修整; 检查油源方向并纠正; 检查、补装

续上表

故障现象	产生原因	排除方法
显著泄漏	(1)锥阀或钢球与阀座的接触不良; (2)滑阀与阀体配合间隙过大; (3)管接头没拧紧; (4)接合面纸垫冲破或钢垫失效	锥阀或钢球磨损或者有毛病时则更换新的锥阀或钢球; 更换滑阀,重配间隙; 拧紧连接螺钉; 更换纸垫或铜垫
显著噪声及振动	(1)螺母松动; (2)弹簧变形不复原; (3)滑阀配合过紧; (4)主滑阀动作不良; (5)锥阀磨损; (6)出口油路中有空气; (7)流量超过许值; (8)和其他阀产生共振	紧固螺帽; 检查并更换弹簧; 修研滑阀,使其灵活; 检查滑阀与壳体是否同心; 更换锥阀; 放出空气; 调换流量大的阀; 略微改变阀的额定压力值(如额定压力值的差在0.49MPa以内,容易发生共振)

减压阀的故障原因与排除方法 表13-8

故障现象	产生原因	排除方法
压力不稳定,有波动	(1)油液中混入空气; (2)阻尼孔有时堵塞; (3)滑阀与滑体内孔不圆度超过规定使阀卡住; (4)弹簧变形或在滑阀中卡住,使滑阀移动困难或弹簧太软; (5)钢球不圆,钢球与阀座配合不好或锥阀安装不正确	排除油中空气; 疏通阻尼孔及换油; 修研阀孔,修配滑阀; 更换弹簧; 更换钢球或拆开锥阀调整
输出压力低,升不高	(1)顶盖处泄漏; (2)钢球或锥阀与阀座密合不良	拧紧螺钉或更换纸垫; 更换钢球或锥阀
不起减压作用	(1)回油孔的油塞未拧出使油闷住; (2)顶盖方向装错,使出油孔和回油孔沟通; (3)阻尼孔被堵住; (4)油阀被卡死	将油塞拧出,并接上回油管; 检查顶盖上的位置是否装错; 用直径为1mm的针清理小孔并换油; 清理和研配滑阀

单向阀的故障原因与排除方法 表13-9

故障现象	产生原因	排除方法
发生异常的音响	(1)油的流量超过允许值; (2)与其他阀共振; (3)在卸压单向阀中卡住,用于立式大油缸等的回油,没有卸压装置	更换流量大的阀; 可略为改变阀的额定压力也可试调弹簧的软弱; 补充卸压装置回路

续上表

故障现象	产 生 原 因	排 除 方 法
阀与阀座有严重漏泄	(1)阀座锥面密封不好； (2)滑阀或阀座拉毛； (3)阀座碎裂	重新研配； 重新研配； 更换或研配阀座
不起单向作用	(1)滑阀在阀体内咬住； ①阀体孔变形； ②滑阀配合时有毛刺； ③滑阀变形胀大。 (2)漏装弹簧	相应采取如下措施： 修研阀座孔； 修除毛刺； 修研滑阀外径。 补装适当的弹簧(弹簧的最大压力不大于29.4N)
结合处渗漏	螺钉或管螺纹没拧紧	拧紧螺钉或管螺纹

换向阀的故障原因与排除方法　　表13-10

故障现象	产 生 原 因	排 除 方 法
滑阀不能动作	(1)滑阀被堵塞； (2)阀体变形； (3)具有中间位置的对中弹簧折断； (4)操纵压力不够	拆开清洗； 重新安装阀体的螺钉使压力均匀； 更换弹簧； 操纵压力必须大于0.34MPa
工作程序错乱	(1)因滑阀被拉毛,油中有杂质或热膨胀使滑阀移动不灵活或卡住； (2)电磁阀的电磁铁坏了,力量不足或漏磁等； (3)液动换向阀滑阀两端的控制阀(节流阀单向阀)失灵或调整不当； (4)弹簧过软或太硬使阀通油不畅； (5)滑阀与阀孔配合太紧或间隙过大； (6)因压力油的作用使滑阀局部变形	拆卸清洗,配研滑阀； 更换或修复电磁铁； 调整节流阀、检查单向单向阀是否封油良好； 更换弹簧； 检查配合间隙使滑阀移动灵活； 在滑阀外圆上开10.5mm的环形平衡槽
电磁线圈发热过高或烧坏	(1)线圈绝缘不良； (2)电磁铁芯与滑阀轴线不同心； (3)电压不对； (4)电极焊接不对	更换电磁铁； 重新装配使其同心； 按规定纠正； 重新焊接
电磁铁控制的方向阀作用时有响声	(1)滑阀卡住或摩擦过大； (2)电磁铁不能压到底； (3)电磁铁铁芯接触面不平或接触不良	修研或调配滑阀； 校正电磁铁高度； 清出污物,修正电磁铁铁芯

节流阀的故障原因与排除方法 表 13-11

故障现象	产 生 原 因	排 除 方 法
节流作用失灵及调节范围不大	(1)节流阀和孔的间隙过大,有泄漏以及系统内部泄漏; (2)节流孔阻塞或阀芯卡住; (3)节流阀结构不良,老式针形节流阀调节范围小,微量调节时,节流变化较大且易被油污阻塞	检查泄漏部位零件损坏情况予以修复更新,注意结合处的油封情况; 拆开清洗,更换新油,使阀芯运动灵活; 可改为细螺纹三角槽形式的节流阀,当它和锥形面开口面积相等时,由于它的宽度大于五度以上,不易堵塞,比较稳定
运动速度不稳定,如逐渐减慢突然增快及跳动等现象	(1)油中杂质沾附节流口边上通油截面减小,使速度减慢; (2)节流阀的性能较差,低速运动时由于振动使调节位置变动; (3)节流阀内部、外部有泄漏; (4)在简式的节流阀中,因系统负荷有变化使速度突变; (5)油温升高,油液的黏度变低,使速度逐步上升; (6)阻尼装置堵塞,系统中有空气,出现压力变化及跳动	拆卸清洗有关零件更换新油,并经常保持油液的净洁; 增加节流联锁装置; 检查零件的精度和配合间隙修配或更换超差的零件,连接处要严加封闭; 检查系统压力和减压装置等部件的作用以及溢流阀的控制是否正确; 液压系统稳定后,调整节流阀或增加油温散热装置; 清洗零件在系统中增设排气阀,油液要保持净洁

(六)液压舵机用油介绍

液压装置中,液压油不仅传递动力的作用,也起润滑、散热和防锈作用。课本因篇幅所限,介绍甚少,但对机工长来说,这一知识需要熟悉。

1. 对液压油的要求

(1)黏度适宜,黏度指数要高。黏度是选择液压油应考虑的首要因素。若黏度太高,液压泵排出压力会过高,装置机械效率下降,而且泵的自吸能力降低,泵起动时会吸空;若黏度较低,则漏泄量增加,装置容积效率下降,油容易发热,执行元件运动速度降低。

(2)质地纯净,水分和机械杂质含量极微。

(3)安定性好,不易因氧化、受热、水解而变质,因节流而反复受到剪切时,黏度变化小。

(4)有良好的润滑性和较高的油膜强度,以减少液压元件的磨损。

(5)防锈性好,不锈蚀金属。

(6)抗乳化和抗泡沫性好。

(7)与橡胶材料相容性好,不会使密封件、软管变形、变质。

(8)开口闪点至少要高于135℃,要能满足防火要求;倾点至少要比最低温度低7~8℃。

为了改善液压油的使用性能,在某些液压油中,还常加入适量的各种添加剂如抗氧化、抗磨损、防泡沫、防锈蚀,降低固点,稠化以及可提高黏度指数的添加剂等。

2. 船舶液压设备适用的国产矿物型液压油的主要品种

L-HH(精制矿物油),用于简单的低压液压设备。

L-HL(普通液压油),加入抗氧化(改善液压油化学性能)、防锈、抗泡沫等添加剂精制矿物油,使用寿命比机械油长一倍。主要用于低压系统,适用环境温度为0℃以上,最高使用温度80℃。

L-HM(抗磨液压油),在L-HL油基础上增加了抗磨添加剂(改善液压油物理性能),能使摩擦面油膜强度提高,降低摩擦和磨损。适用于低、中、高压系统。倾点一般为-9~15℃,最高使用温度80℃。

L-HV(低温液压油),L-HM基础上加入改善黏温性的添加剂,使黏温指数提高到130以上。适用于环境温度变化大和工作条件恶劣的低、中、高压液压系统。倾点一般为-21~-33℃,最高使用温度95℃。

另外还有L-HR油,是将L-HL油加入增粘剂而成,适用于环境温度变化大的低压液压系统。每种产品牌号后面附带的数字如32、46、68等为名义黏度(mm^2/s),相当于该种液压油40℃时运动黏度变动范围的中心值。

第十四章
起货机、起锚机、绞缆机

第一节　教学要求与概况

一、教学要求(机工培训、机工学历、机工长、三管轮适用)

掌握船检规则对“三机”的工作性能要求;
了解液压起货机的结构原理;
熟悉油马达的结构原理及应用;
了解起锚机、绞缆机的工作内容。

二、概况

目前,大、中型船舶上使用的甲板机械如起货机、锚机、绞缆机,以下称“三机”,都是液压的,只有小型船舶上仍有电力直接驱动设备,故本章内容仍是液压系统的应用,且共同点是液压动力源油马达。这里也充分体现了液压系统具有更多的优点,才能总体上替代电动设备。“油马达 + 液压阀”构成的本章主要内容,再结合不同设备的特殊要求,总体架构就明朗化了。液压控制阀在上一章已学,这里大家对油马达和“三机”的各项性能要求作为重点进行认识、理解。

第二节　甲板机械的重点、线索、知识面梳理

一、甲板机械知识重点

油马达是重点。由于液压传动与电动机相比,有许多显著的优点,随着生产和管理水平的提高,液压甲板机械的使用日益普遍。作为液压系统来说,形式是多种多样的,把各种液压元件有机地连接起来,就能方便地实现各种功能,这里,把压力能转变为机械能的设备——油马达(图 14-1),是一个必不可少的主角,起货机也好,锚机也好,绞缆机也好都需要最终把液压控制和液压能量变为适应工作要求的运动和机械能量,所以油马达知识是本章的重点,也是

“三机”联系的一个纽带，但由于其结构较复杂，需要较大的篇幅的介绍，且是一个难点。

1. 油马达基本原理

油泵的功能是把电动机输出的机械能转换为油液的压力能，反之，若将压力油输入到油泵使油泵转动并输出机械能，这就是油马达了，可见，油泵与油马达是一对可逆性液压元件。一般地说，容积式泵都可作为油马达使用，如图 14-1 为某型活塞式油马达的外形图。

2. 油马达类别

按速度分：高速马达。输出扭矩小，转速高，需配备减速机构；

低速马达。输出扭矩大、转速低，可直接拖负载。

定量油马达：供油量一定时，输出的转速为一定值。

变量油马达：供油量一定时，输出的转速为可变换值。

详见图 14-2。

图 14-1　某型油马达外形图

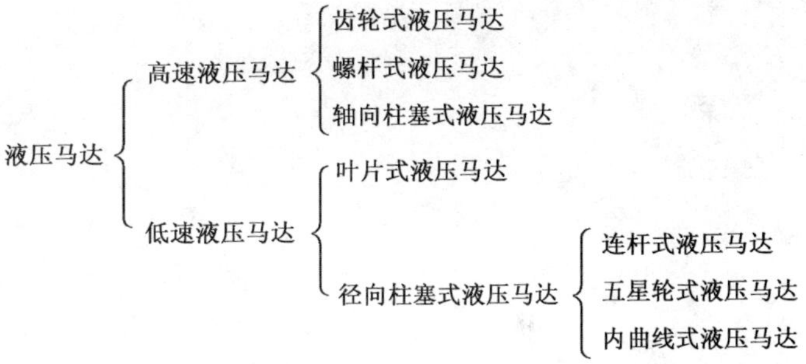

图 14-2　马达分类图

3. 连杆式液压马达工作原理

当马达的偏心轮处在图 14-3 所示位置时，若经 A_2 口输入压力油，并使 B_2 口通油箱或液压泵吸口，则压力油就要经 A_2腔进入 1、2 号缸。油压力作用在两缸活塞上所产生的沿连杆方向的分力 F_1、F_2传递到偏心轮上，指向偏心轮的圆心 O_1，对输出轴（中心线通过 O）形成扭矩，使其逆时针回转；而 4、5 号缸中的油则经 B_2腔从 B_2 口回油。当进油缸的活塞被推至下止点（如 3 缸所在位置）时，由于配流轴在随同转动，该缸将与 A_2腔错开而与 B_2腔接通，准备回油。而当活塞到上止点时，则该缸又将与回油腔错开，接通进油腔，如图中 5 号缸即将到达的位置那样。所以，一旦曲轴和配流轴在进油油压作用下转动，各缸就会按顺序轮流进油和回油，从而使马达连续运转。

连杆式马达回油背压需大于 0.2MPa，转速越高则背压应越高，否则活塞从上止点回行的后半行程减速时，连杆的抱环和球承座可能因活塞惯性力过大而损坏。

如果改变进、回油方向，则图示位置压力油将从 B_2腔进入 4、5 号缸，而 1、2 号缸中油则经 A_2腔回油，于是马达将反转。

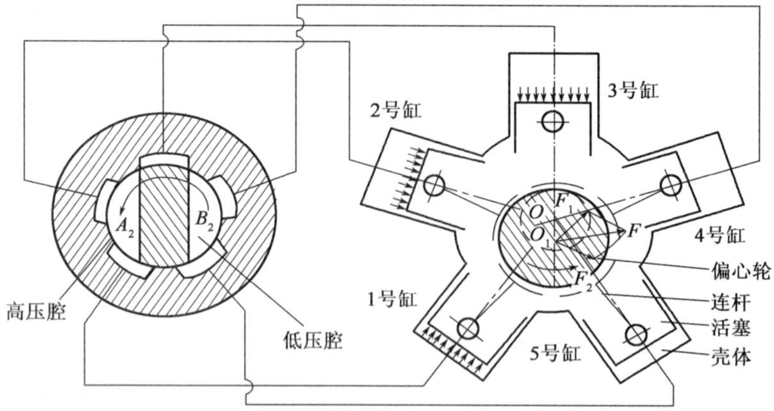

图 14-3　活塞连杆式液压马达工作原理

图 14-4　某型油马达原理及外形图

总之,如果把油马达的结构原理、特征搞清了,本章其他知识的理解也就好办了,我们该把这一内容当成本章重点。见图 14-3 如图 14-4 为某型油马达原理图外形图。

二、甲板机械思路线索

1. 目的功能

根据不同工作内容(吊货、起锚、绞缆)使卷筒实现不同速度和扭矩的正转、反转和停车、制动及过载保护。

2. 基本原理(图 14-5)

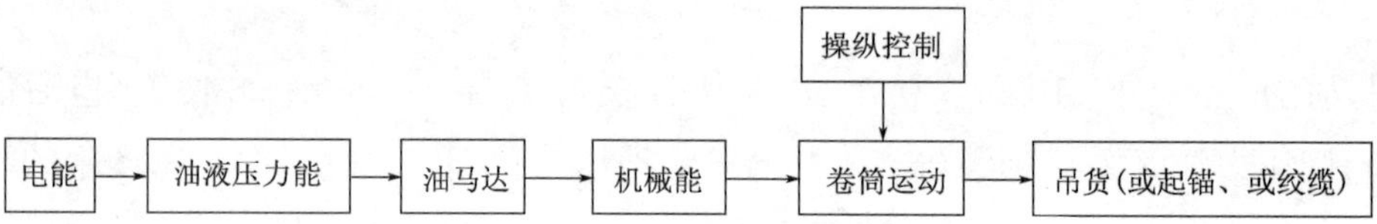

图 14-5　卷筒工作原理图

3. 装置组成及元件作用

液压油泵——把电能变为压力能,提供高压油(主泵);提供一定压力较小流量的压力油,满足系统补漏润滑、调控、冷却的需要(辅泵)。

液压阀件——通过各油路方向、压力、流量的控制,使系统实现最终的功能。

油马达——把油液压力变为机械能,实现一定转速、转矩、运动的执行机构。

操纵机构——根据现场工作需要,调控执行元件的运动。

液压油——能量输送、转换的载体,并起冷却、防锈、驱气作用。

4. 工作原理

以液压锚机工作原理为例。

通常采用定量叶片泵和有级变量叶片式液压马达(两级或三级)组成阀控型闭式系统。如图 14-6。通过换向节流阀和变量马达实现调速(换向靠换向节流阀)。

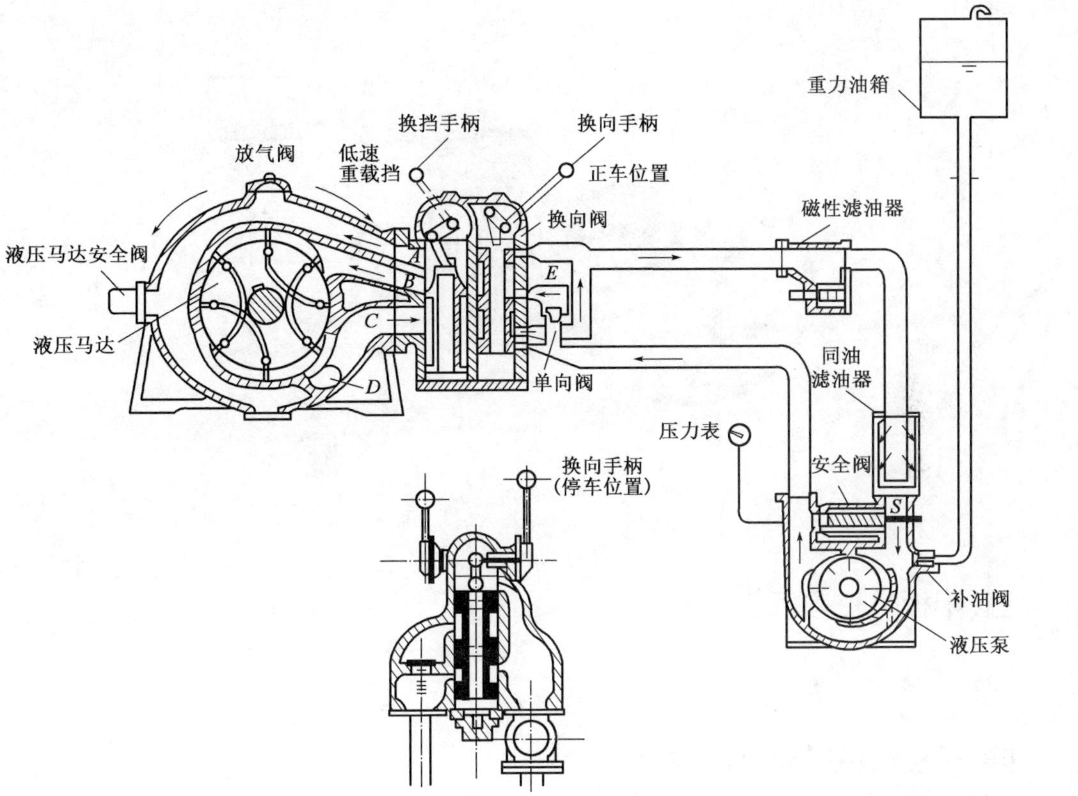

图 14-6　叶片式液压锚机原理图

高位油箱的作用是为系统补油和容纳系统油温升高时的膨胀量,依靠液压油重力产生的静压改善泵的吸入条件。

该液压锚机分正车重载(慢速起锚,如图 14-7 所示)、正车轻载(快速起锚)、倒车轻载(快速抛锚)三种工况,扳动两个手柄组合操作就可以了。

5. 特点或问题

液压传动与电动相比,可采用低速大扭矩油马达而省去减速机构,使装置尺寸、重量减小;而且便于实现无级调速和微速转动;起停时对电网的冲击小;能平稳地频繁地起停和换向;此外还易于实现过载保护,又能吸收冲击负荷;如管理得当,使用寿命也较长。缺点是对制造和管理的要求较高,价格也比一般电动的要高。

6. 失效形式

泄漏、积气、油液变质、系统油液过热、管路破损、阀件调定位置不对、油泵或油马达磨损、电磁阀意外失电等。

7. 管理要点

与液压舵机类似。

8. 故障分析与排除

参见上一章液压舵机。

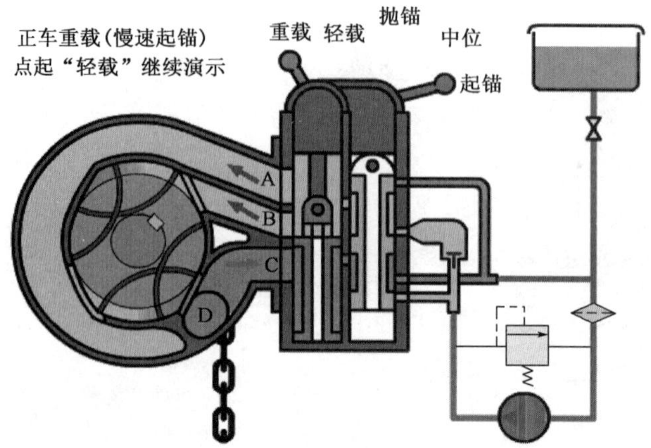

图 14-7 锚机液压系统工作原理图

三、甲板机械多面包围

(略)。

四、甲板机械疑难补问辅导

(一)甲板机械基本要求

1. 对船舶起货机的基本要求

(1)能以额定的起货速度吊起额定负载,即要求有足够的功率。

(2)能依操作者要求方便灵敏地起落货物,即要求便于换向。

(3)能根据吊货轻重、空钩或货物着地等情况,在较大范围内调节运行速度。

(4)船舶克令吊或吊杆规定的试验负荷最低应不少于安全工作负荷的 1.1 倍。

(5)克令吊或吊杆试验时重物离甲板后悬挂的时间应不少 5min。

(6)单吊杆起货机一般有 3 台绞车。起货机有起重、回转、变幅绞车。单吊杆起货机加强后可作为重型吊杆用。作业周期比双吊杆起货机长,工作效率低。

(7)双吊杆起货机一般有 2 台绞车。只有起重绞车。双吊杆起货机必须两人操作。

(8)不论在起货或落货过程中,能可靠地制动。

2. 对锚机的基本要求

(1)必须由独立的原动机或电动机驱动并能倒转。对于液压锚机,其液压管路如果和其他甲板机械管路连接时,应保证锚机的正常工作不受影响。

(2)船上试验起单锚的公称速度应不少于9m/min将单锚从水深82.5m处(三节锚链入水)拉起至27.5m(一节锚链入水处)。

(3)应有足够功率,在满足规定的平均速度和额定负载时,应能连续工作30min;应能在过载拉力(额定拉力1.5倍)作用下连续工作2min,此时不规定速度。

(4)所有动力操纵的锚机均应能倒转。

(5)链轮与驱动轴之间应装有离合器,离合器应有锁紧装置;链轮或卷筒应装有可靠的制动器,制动器刹紧后应能承受锚链断裂负荷45%的静拉力;锚链必须装设有效的止链器。止链器应能承受相当于锚链的试验负荷。

(6)液压锚机的系统和所有受压部件应进行液压试验。液压泵试验压力为1.5倍最大工作压力(不必超过其6.9MPa);系统和其他受压部件试验压力为1.25倍设计压力(不必超过其6.9MPa)。

3. 对绞缆机的基本要求

绞缆机应能保证船舶有受到6级以下风力时,仍能系住船舶。其拉力大小应根据船舶的尺度按《钢质海船入级建造规范》所推荐的数字选取。绞缆速度一般为15~30m/min,最大可达50m/min,达到额定的速度取下限值。

(二)液压起货机知识

(1)按额定工作油压高低分:低压(6.3MPa以下)、中低压(6.3~10MPa)、中高压(10~20MPa)、高压(20MPa以上)。高压系统的优点:尺寸和重量较小,效率较高,制造和管理要求高。

(2)按控制流向和流量的元件分:阀控型(分开式或闭式)、泵控型。

(3)按油循环方式分:开式系统(泵从油箱吸油,执行机构回油至油箱),如图14-8;闭式系统(执行机构回油至泵进口),如图14-9,闭式系统特点是散热条件差,漏油应及时补充(常用单向阀从低压端补入),初置费用高,采用变量泵实行容积调速、运行经济性高,可反馈能量(落货时能再生限速),油箱较开式小。

(4)按负载特点分:起重机构、走行机构(克令吊的回转机构、移动机构)。

(三)起锚机和绞缆机

1. 液压锚机

液压锚机是主要依靠液压装置来执行和控制动作的锚机,如图14-10,它具有下列特点:

(1)具有与直流电动锚机相当的良好调速性能。

(2)通常采用低速大矩液压马达,如图 14-11,转速低,输出力矩大,不再需要设置庞大的机械减速器,可以直接驱动锚链轮。

(3)液压传动的具有自制动性能,工作安全可靠。

(4)结构紧凑,单位功率的重量和尺寸小。

(5)操作方便,保养维护简单。

(6)易于实现遥控和自动化。

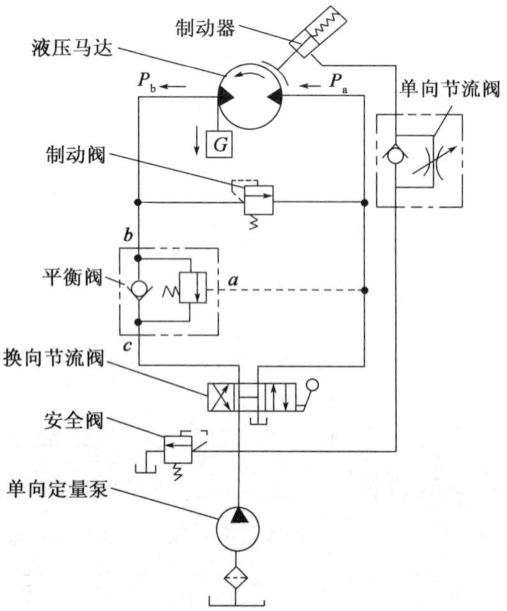

图 14-8　用平衡阀限速的阀控型开式液压系统

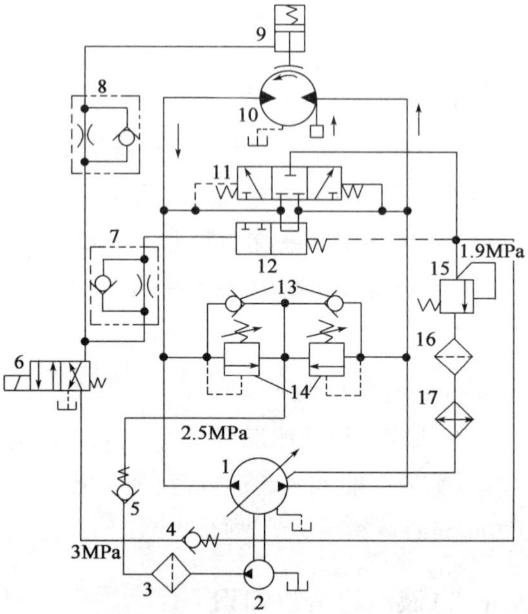

图 14-9　泵控型闭式(半闭式)液压系统

图 14-10　液压起锚机外形图

图 14-11　某型低速大矩液压马达

2. 自动系缆绞车液压系统

为弥补课本缺少的液压绞缆机实例,本书介绍一例自动系缆绞车液压系统,又称恒张力绞缆机。其原理如图 14-12。

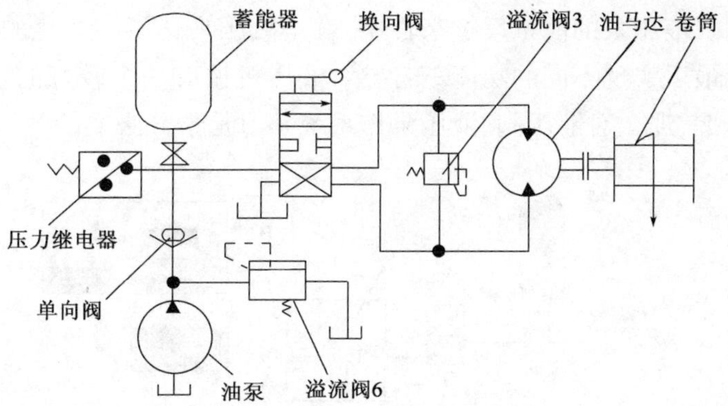

图 14-12　带蓄能器的定量泵式自动绞缆机工作原理图

该系统设有专用的自动系缆油泵(定量泵),为定量油马达提供动力源,油泵供油施加在油马达上转轴上的动力矩由溢流阀 3 调定,即缆绳最大张力由溢流阀 3 调定压力决定。自动系缆工作原理:

(1)自动收缆。当缆绳张力较小时,油泵供油侧中油压较低,溢流阀均关闭,则压力油驱动油马达旋转进行收缆加载,缆绳张力和系统中的油压将随收缆工作的进行而升高,见图 14-13。

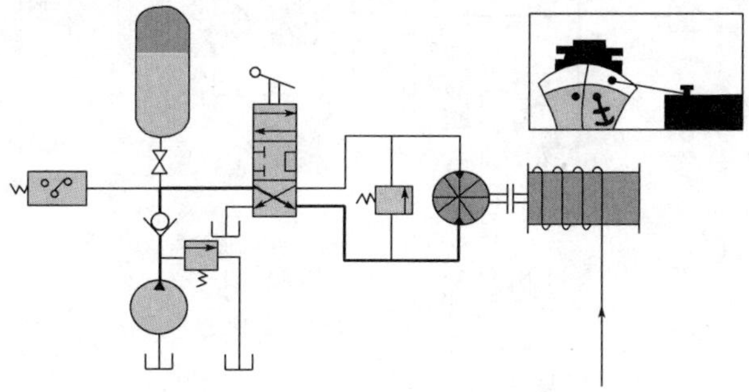

图 14-13　自动收缆工作图

(2)油马达制动。当缆绳张力达一定值时,油压升高,低压溢流阀 6 开启溢流。油泵供油至管路经溢流阀 6,流回油泵的吸入口。随后在缆绳张力作用下,使 A 侧油压升高,并关紧单向阀口,则使油马达处于制动状态,主卷筒停止转动,收缆速度变为零,见图 14-13。

(3)自动放缆。若缆绳张力骤增,迫使油马达倒转,此时系统中 A 侧油压升高,当超过高压溢流阀 3 的弹簧调定值时,A 侧的油便至高压溢流阀而来到 B 侧,则油马达反向旋转,遂放出缆绳,见图 14-14。

(4)人为放缆。若需缆绳放长,操作换向阀使油马达倒转,放出缆绳,见图 14-15。

(四)章尾小结

计入上一章液压舵机与本章“三机”,我们学习了四种液压设备。我们也认识到,大的来看,液压设备 = 液压泵(或液压马达) + 液压阀 + 管路 + 附件 + 液压油。在第十三章里,液压泵、液压阀、液压油都作过学习总结，再加上本章的液压马达就算齐全了，所以，基础的地方还是液压泵和液压阀。液压泵的能量反过来转换，就是液压马达了。变化的地方在于这些液压元件，不同的组合，最后实现不同的功能。若要对液压机械有一个较好的认识，对其规律和共性有一个更好的掌握，那么对液压阀、液压泵作系统学习是十分必要的。

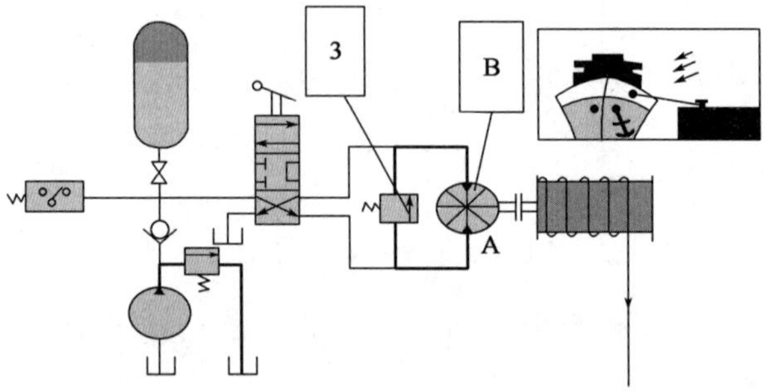

图 14-14　自动放缆工作图

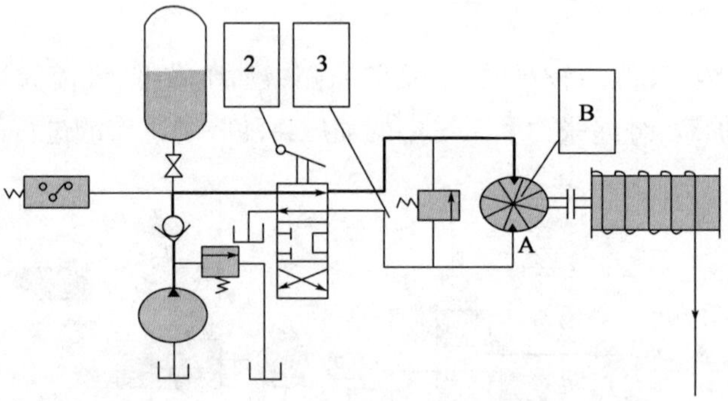

图 14-15　人为放缆工作图

附论文
专业课《船舶辅机》教学中的点、线、面

广州海运技工学校　　吴增华

船舶辅机是海运轮机专业最重要的专业课之一,能否培养出轮机管理人员较为扎实的专业理论知识和分析判断能力,对今后的工作、学习,业务提高有十分直接影响。辅机课教学内容包括了船舶主机之外的船上所有机械设备,包罗万象,繁杂分散,各种设备独立成章,联系甚少。怎样把丰富而分散的知识联系起来,帮助学生找到联系的纽带,避免机械、空洞乏味的记忆,这是辅机教学中面临的一个现实的问题,在多年的教学实践中,本人通过摸索和试验,利用"点线面"教学法,收到很好的教学法效果。

(1)"点"就是抓住重点,突出重点,讲透重点。

首先要帮助学生抓住重点。例如泵浦这章,各式泵各自有其工作原理,繁杂难记,按平时我们强调的"工作原理是重点",那么学生就很容易被各种泵的动作原理所拖累。而事实上,虽然泵浦各式各样,但其基本原理无非属于容积式、叶轮式和喷射式三大类。其中容积式泵的原理是:通过工作部件的位移,使泵内封闭容积发生变化,实现吸排。往复泵的活塞直线往复,齿轮泵齿轮、螺杆泵螺杆、叶片泵的叶片转子旋转,其实都是形式不同的位移,位移后泵内封闭容积都发生了变化。共同的地方找到了,上述四种泵的原理也就好记了。所以说,只有抓住了泵的基本原理,才算抓住了泵这一章的重点,各式泵的"工作原理"只不过是"基本原理"的具体化。

抓住了重点,当然要讲透重点。离心泵是叶轮式泵的一种,产生吸排的泵因是因为液体做圆周运动产生的离心力,泵工作时,叶轮也做高速转动,但内部各处的容积找不到变化的地方和变化的时候,它的基本原理与容积式泵有根本的区别。其次,根据离心力计算公式和伯努利方程,可推出反映泵传递给液体多少能量的压头公式 $H = K \times N^2 \times D^2$,式中,$K$ 为系数,N 为泵转速,D 为叶轮外径,从公式可以直观到找到改变能量转换的途径和进行压头估算。再有,根据这种泵吸排靠离心力的原理,如果起动时泵内有空气的话,虽然驱动流体同速旋转,但空气质量只是水质量的一千八百分之一,产生的离心力很小,在吸入管路上必然不能造成足够大的真空把水从井面吸上来。我想,对离心泵工作原理一般讲解的基础上,指出其根本,指出其与别泵的区别,并从根本(离心力)出发作适当延伸推想,学生对这一原理的理解就比较透彻了。

(2)"线"就是要帮助学生在学习各章内容时,形成正确的思路串成有机的一条联系线,避免死记硬背,同时要注意"线"中各环的逻辑关系,碰到疑难问题应能从已知的上环或再上环

推想而知,顺藤摸瓜。

学习思路步骤是:

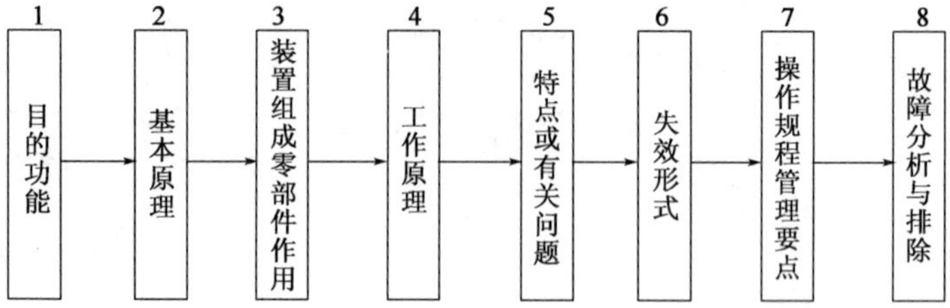

附图 1　学习步骤框图

思路公式的特点是直线思维,向纵深发展,达到最后目的——正确操作管理和维护设备,如离心泵这一设备,学生应形成思路:

①把液体从低处输送到高处。

②可以通过离心力给液体增加机械能。

③离心泵组成 = 叶轮 + 泵壳 + 附件,零部件的作用(略)。

④离心泵吸排动作原理:

A. 充液排气;

B. 叶轮驱动液体做圆周运动;

C. 离心力使液体向四周甩出(排);

D. 叶轮中心形成真空吸进新的液体(吸);

E. 新液又在离心力作用下排出。

⑤离心泵的特点:

A. 无自吸能力;

B. 可封闭起动;

C. 排量均匀压头稳定;

D. 结构紧凑工作可靠;

E. 适应性广。

⑥失效形式及后果:

泵内有空气——吸不上液体;

阻漏环径向间隙超值——内漏严重,容积效率低;

轴线不直——振动和机件磨损;

吸入路线阻力大——吸液减少,汽蚀现象;

轴封漏或太紧——效率变低甚至吸不上液体,功率大,磨损严重;

轴承磨损——机件破坏、噪声;

零件松脱——机件破坏。

⑦管理要点:(略)

⑧故障原因及排除方法:(略)

在上述思路索中,2环到3环之间的发展不难推想,那就是:要使液体产生离心力,必须有叶轮驱动它旋转,就要消耗电动机功率;甩出来的液体要收集起来,较高的速度能要转化为静压头以减小水力损失,这就要有特定外形的壳;轴要伸入静止的泵壳中回转,泵内外压力又不相等,故应设轴封装置;为防泵内部因压力不等造成的漏泄,还须有阻漏环。这样,一台离心泵的结构模型就想象出来了,再要问零部件的作用,就可马上回答出来,零部件的失效,所带来的后果,也当然可以推而得之。

(3)"面"指针对课题,在"线"的基础上,继续从不同的侧面去加深认识,丰富已知,即主干已成,再添枝叶,逐渐达到"成竹在胸"的境界。分析时,一般要考虑的有如下方方面面:外形尺寸、主要参数、转速高低、适应场合、安装位置、结构形式、受力情况、使用材料、制造工艺、装配要求、温度压力、工况调节、实例介绍,疑难补问,等等。

这最后一个疑难补问,即凡不能在点、线、面的前述环节梳理的疑点、难点、补充、问题,,放在最后处理。疑难补充问题中的一些,可能本身就需要较大篇幅才能搞清,而且这个框也足够大,装得下所有未清内容。

仍以离心泵内容为例,除"线"已理清的知识以外,"面"的部分要认识是:

①外形尺寸:结构紧凑,外形尺寸小,从叶轮外径可计算压头高低,从吸入口径可估算排量大小。

②主要参数:排量 Q、压头 H、输入功率 N、总效率 η。

③转速高低:必须有较高的转速,泵与电动机一般直接相联,大体在1000到3000r/min。

④安装位置:泵至水井面间的吸入高度受限制(<10m),为防汽蚀吸高越小越好,最好为负值。

⑤结构形式:

叶轮:开式、半开式、闭式

泵壳:蜗壳式、导向叶片式

阻漏环:圆柱式、锯齿式、迷宫式

轴封:普通填料式、带水环填料式、机械轴封

附图2　结构形式图

⑥适应场合:适应很广、不同液质、不同干净程度、不同工况均可。

⑦受力情况:泵内压力不均,受一指向吸入口的轴向力,较大时必须采取平衡措施。

⑧使用材料:多用铸铁,而船用泵怕生锈,多有铸铜,价高。

⑨制造工艺:铸造,机床切削。

⑩装配要求:主要控制阻漏环径向间隙,泵轴与电动机轴的对中,轴封的装配,有严格的数值限制。

⑪温度压力:轴承、轴封温度较高,防止超限;吸入侧为有一定真空度的低压区、排出侧为高压区,内内、内外压力不,易发生内漏和外漏。

⑫工况调节:可以通过串联、并联、混联、节流、旁通、切割叶轮、降速等法调节工况,但切不可用关小吸入阀的办法。

⑬实例介绍:典型实例如书中6CBLZ-7型,自带引水泵,对称布置叶轮,可串可并,适应消防和紧急排水需要。

对所学课题,通过上述重点、线索、方面的梳理,一个比较完整的知识体系已经构成,抓住主线,突出重点,多面包围的点线面教学法,有时寓于授课中,有时用作复习总结,对开头第一、二章的引导教学要进行特别强化,形成“以学生为主体,教师为主导,能自学自练”的局面。有道是“授之以鱼,不如授之以渔”。一法在手,何时不能发挥?

(参考文献:见全书参考文献。)

参考文献

[1] 杨全才主编. 船舶柴油机[M]. 大连:大连海事大学出版社,2002.

[2] 杜荣铭主编. 船舶柴油机[M]. 大连:大连海事大学出版社,1990.

[3] 李长栋主编. 船舶柴油机拆装与检修[M]. 大连:大连海事大学出版社,1993.

[4] 李斌,黄连中,苏博宇主编. 主推进动力装置[M]. 北京:人民交通出版社,2002.

[5] 李斌等主编. 主推进动力装置[M]. 大连:大连海事大学出版社,2012.

[6] 曹永年主编. 船舶辅机[M]. 大连:大连海事大学出版社,1991.

[7] 潘新祥主编. 船舶辅机[M]. 大连:大连海事大学出版社;北京:人民交通出版社,2012.

[8] 魏海军,金国平主编. 轮机维护与修理[M]. 大连:大连海事大学出版社;北京:人民交通出版社,2008.

[9] 中国航海学会,上海海事大学. 航海技术[M]. 上海:上海浦江教育出版社,2005.